项目资金

2015年中央高校基本科研业务费专项资助项目
(The Fundamental Research Funds for the Central Universities)
张志培主持"东南汉人社区田野调查与研究"
(编号20720151153)

梅村调查：
东南汉人社区的人类学研究

蓝达居　刘家军　张志培　/主编

图书在版编目(CIP)数据

梅村调查:东南汉人社区的人类学研究/蓝达居,刘家军,张志培主编. —厦门:厦门大学出版社,2017.12

(东南族群关系与海洋文化丛书)

ISBN 978-7-5615-6715-9

Ⅰ.①梅…　Ⅱ.①蓝…　②刘…　③张…　Ⅲ.①农村调查-武夷山　Ⅳ.①F327.53

中国版本图书馆 CIP 数据核字(2017)第 251533 号

出 版 人	蒋东明
责任编辑	薛鹏志　章木良
封面设计	蒋卓群
技术编辑	朱　楷

出版发行	厦门大学出版社
社　　址	厦门市软件园二期望海路 39 号
邮政编码	361008
总编办	0592-2182177　0592-2181406(传真)
营销中心	0592-2184458　0592-2181365
网　　址	http://www.xmupress.com
邮　　箱	xmup@xmupress.com
印　　刷	厦门市明亮彩印有限公司

开本	720mm×1000mm　1/16
印张	15.5
插页	2
字数	260 千字
印数	1～1 000 册
版次	2017 年 12 月第 1 版
印次	2017 年 12 月第 1 次印刷
定价	58.00 元

本书如有印装质量问题请直接寄承印厂调换

厦门大学出版社
微信二维码

厦门大学出版社
微博二维码

东南族群关系与海洋文化丛书　总　序

从"东南"到"南洋":跨越世纪的再出发

张先清

凡是具有悠久学科传统的人类学、民族学研究机构,其学科发展几乎都与某个区域紧密联系在一起,形成一种"地缘—流派"的学术格局。相反,假若飘忽无根,则很难发展出连贯的学科积淀与学派风格,由此也不易被学界同行所认可。回顾厦门大学的人类学、民族学学科史,这一特征也颇为鲜明。除了人类学、民族学、考古学三科并重之外,厦门大学人类学、民族学所具有的另一个重要特色就是其一直以东南与东南亚地区作为重点研究区域,深挖根植。在相当长一段时期内,从南方民族史与百越民族史的历史民族志考察,到东南民族与海洋考古及东南地区畲族、回族、台湾原住族群以及客家人、疍民、惠东人等族群社会与文化研究,再到东南亚诸族及华侨华人的探索,围绕上述议题迄今为止已经历经了前后四代人、将近一个世纪的积累,成果可谓荦荦大观。

这种立足东南与东南亚地区的研究取向,是与当初厦门大学人类学、民族学、考古学学科的创始人林惠祥先生(1901—1958)的学术构想分不开的。早在20世纪三四十年代,立志要在厦大发展人类学、民族学的林惠祥先生已经酝酿了一个庞大的研究计划,那就是以厦门大学所在的东南区域为中心地,着力研究这一区域的族群文化,然后由此扩展到广袤的"南洋"地区。在林惠祥先生看来,厦门大学地处东南,因此,本校的人类学、民族学发展方向应该重点研究分布在本区域的"畲族、疍民、黎族和台湾的高山族"。众所周知,畲族是分布于东南地区的一个主要少数民族,疍民则是东南地区极富特色的水上族群,至于台湾原住民,则更是理解南方族群源流上重要的一环。以上都是东南地区族群分布格局中的重要组成部分,自然是东南人类学、民族学首先要重视的研究方向。

在林惠祥先生的研究设想中,除了东南地区之外,"南洋"似乎又是重中之重。而且这两个区域在学术脉络上又是互联互动,不可分割的。他认为,东南地区与"南洋"即东南亚地区,在地缘与族缘上有着十分密切的关系。因此,厦门大学的人类学、民族学学科也要注重从东南延伸到"南洋",重点研究"南洋诸族",因为"南洋民族繁多,地方广大,人类学材料极为丰富,欧美学者尚远来研究采集,中国东南部密迩南洋,自然更可就近取材"。他还特别指出,"我们如和这些南洋各民族互助合作,必须对他们的情况能够了解,所以对南洋民族应加以研究"。换言之,他很早就以一种学者的敏锐眼光,看到了东南亚区域在沟通海上通道与文化接触方面的枢纽作用,而中国要发展与东南亚地区的关系,推进地区间的互助交往,实离不开人类学的学科参与。厦门大学人类学、民族学以"南洋"为主要研究方向,还有不可多得的地利之便,"南洋到处都有华侨,如要到南洋做短期的采集考察或长期的居留研究,都因有侨胞的帮助而方便得多。华侨半数属福建南方人,又以厦门为出入港口,故厦门大学要做这种工作比别地大学容易"。他还认为,这也是一种学术反哺,因为"厦门大学原是南洋华侨创办的,本来应负研究南洋的责任"。此外,从民族考古学角度而言,在探讨大洋洲族群起源诸问题上,因为历史上东南与"南洋"族群互动的紧密关联性,也使得这一区域成为一个无法绕开的田野,"南洋太平洋民族的来源,究从何方,也是人类学上一个问题,这个问题的解决,似乎也须看华南,尤其是中国东南部的史前发掘。"

很显然,林惠祥先生所擘画的这个以东南与"南洋"为中心的研究计划,其构想是十分宏大的,而其背后所蕴含的学术价值也是十分突出的,对于今天我们发展人类学与民族学学科而言,至少有着以下两点重要的启发意义:

一是人类学研究中的区位坚守问题。人类学研究以田野为基石,因此无一不是依赖一定的区域社会,通过长久的研究以获取深度的地方经验,洞察地域人群的生活智慧,进而提炼出人类文化的一般规律。最先发展现代人类学的欧美各国,就是因为依托海外殖民地建立起了最早的一批稳定的田野点,撰写出了许许多多经典民族志,并形成了上述鲜明的"地缘—流派"格局,如英法学界的非洲与澳洲田野、美国学界的美洲、大洋洲田野,荷兰学者的印尼群岛田野,等等。一些欧美学者甚至坚持在同一个区域社会中开展长时段的田野工作,通过数十年的耐心沉淀,生产出杰出的学术成果,而这些长时段的田野点也相应地变成了人类学史上具有重要象征意义的名区。这方面一个经典的案例就是美国加州大学以赞比亚河谷为中心的长时段人类学田野调查计划(Gwembe Tonga Research Project, GTRP)。虽然这种在一个较为固定的区域中开展持久观察的研究方式,在当下这个讲究速战速决的时代似乎不合时宜,一些人类学学者更热衷于天马行空式的田野旅行,或采用游击战策略,打一枪换一个地方,但窃以为,要真正达至对人类文化逻辑的深度理解,除了这种长时段的田野外,确实别无他法可以更好地累积出丰富的民族志资料。这也是人类学学科能真正对世界文明做出贡献的必由之路。因此,对于中国人类学、民族学学科而言,目前应该大力倡导基于传统优势区位的田野研究,尤其是在这些田野点开展类似GTRP这样的长时段调查计划,以一种足够的耐心来经营我们的田野工作。在这方面,厦门大学人类学与民族学学科必须要坚守东南地区田野区位,这是我们必须紧握的沃土。

二是人类学研究中的海外民族志问题。人类学本质上是一门跨文化学科,因此不能只局限于研究熟悉的文化,否则就难以摆脱马林诺夫斯基所谓的本文化束缚。凡能称为人类学强国的,必然都有着丰富的海外研究成果。而在相当长时期之内,中国人类学、民族学因为缺乏这种必要的海外民族志调查与研究,由此也就无法积累起足够丰富的不同文化的民族志经验,从而完成应有的跨文化比较,自然也就无法自如地运用本文化的认知体系发展出更多的具有世界意义的核心学术概念。林惠祥先生在20世纪40年代提出要从东南到南洋,到东南亚去开展"南洋民族"研究,甚至明确点明有机会要做"长期研究"。尽管此处林惠祥先生所提的"南洋"研究,还离不开当时文化区域说的影响,但他应该是中国最早倡导并身体力行从事海外民族志的先驱之一。而且,他已敏锐地认识到东南亚民族志经验对于中国人类学发展的重要作用,尤其是有助于理解中国文明发展的一些核心问题。例如,他很早就认识到要理解中国南方民族起源问题,是无法绕开东南亚海外民族志研究,这种重视海外民族志研究的视野,也是他随后得以据此提出"亚洲东南海洋地带"这一统领性学术概念的原因。

由东南而"南洋",尽管林先生英年早逝,幸运的是,他的继任者一直都没有偏离这个指导思想。20世纪五六十年代,厦门大学人类学与民族学学科广泛开展了畲族、回族、疍民、惠东人等领域的研究,尽管在"文革"中有所中断,但20世纪80年代改革开放后,很快又重新恢复了东南研究传统,在百越民族史、东南民族史、东南畲族、东南回族、台湾原住族群以及惠东人、客家人研究方面，涌现出了一大批研究成果。此时期的研究视角，也逐步拓展到了东南亚地区，尤其是东南亚华侨华人研究方面。经过长时期的积累，可以说，厦门大学目前已经成为研究上述领域的重要中心。

这套"东南族群关系与海洋文化丛书"也是由林惠祥先生的思想延伸而出，它体现了新一代厦门大学人类学与民族学研究者对于东南研究传统的珍视与继承。近年来，厦门大学人类学与民族学学科一直十分重视东南与东南亚地区研究，不仅每年的研究生田野实习工作都安排在东南地区进行，还克服重重困难，到台湾地区开展了为期七周的研究生密集田野实习，这在大陆高校中尚属首次。此外，借助厦门大学开展哲学社会科学繁荣计划的有利时机，我们也适时启动了"东南族群关系与海洋文化研究"这一研究计划，其初步设想是继承东南与"南洋"研究传统，围绕东南族群关系与海洋社会文化开展扎实的田野调查工作。编入本丛书的就是这个研究项目的第一批成果，其讨论范围主要包括东南民族村寨景观、东南民族艺术、台湾兰屿族群、东南海洋族群、东南科技考古以及东南汉人社区、客家民系等，这里面既有针对传统议题的新阐发，也有新问题的初步探索。

需要特别说明的是，本研究项目是厦门大学哲学社会科学繁荣计划的人类学专项组成部分，为此我们特别感谢厦门大学社科处的大力支持，尤其是陈武元处长，一直十分关心这套丛书的出版。当然，由于研究工作量大，时间仓促，书稿中一定存在着不少需要改进的地方，也请读者诸君指正。

目 录

导 论 ··· 1

第一章　梅村的历史与社区营建 ··· 11
 一、梅村的政治历史沿革 ·· 11
 二、梅村自然与人文景观 ·· 13
 三、从个人生活史看社会历史变迁 ··································· 15
 四、社区的营建 ··· 23

第二章　梅村的茶叶经济 ·· 27
 一、天驿古茗：传统、遗产与创新 ··································· 27
 二、邹府家茶：一个地方宗族力量的象征符号 ··················· 35
 三、景隆号：地方知识精英与茶文化建构 ························· 38

第三章　梅村的市场交易 ·· 44
 一、"墟" ·· 45
 二、梅村的墟市现状 ··· 46
 三、梅村墟市的历史沿革 ··· 52
 四、武夷山的墟市体系 ·· 54
 五、墟市的社会功能 ··· 63

第四章　梅村的民居建筑 ·· 66
 一、民居现状 ··· 66
 二、三类民居 ··· 68

    三、房屋的建造工作 ………………………………… 70
    四、建房风水和仪式 ………………………………… 75
    五、民居中的厌胜物 ………………………………… 83
    六、基督家庭的住 …………………………………… 86

第五章　梅村的饮食文化 ……………………………… 88
    一、日常饮食 ………………………………………… 88
    二、调料品 …………………………………………… 92
    三、炉灶与厨房用具 ………………………………… 93
    四、特色小吃 ………………………………………… 94
    五、糕点 ……………………………………………… 97
    六、饮品 ……………………………………………… 99
    七、节日特色饮食 …………………………………… 102

第六章　梅村的邹氏宗族 ……………………………… 108
    一、村落概况 ………………………………………… 109
    二、宗族的源流及传衍 ……………………………… 110
    三、宗族的象征 ……………………………………… 113
    四、宗族的运作 ……………………………………… 118
    五、祭祖 ……………………………………………… 122
    六、宗族的兴衰 ……………………………………… 124

第七章　梅村的婚姻、家庭与姓氏迁移 ……………… 127
    一、人口结构 ………………………………………… 128
    二、家庭结构 ………………………………………… 140
    三、通婚圈及亲属关系 ……………………………… 150

第八章　梅村的正式权力 ……………………………… 159
    一、梅村政府管理制度 ……………………………… 160
    二、不同时代背景下基层组织的变迁 ……………… 165
    三、官民关系 ………………………………………… 173

第九章　梅村的非正式文化权力 ········· 179
一、选举中的社会文化权力网络 ········· 180
二、宗教组织 ········· 181
三、乡规民约和权威裁决 ········· 188

第十章　梅村人的生命礼仪 ········· 196
一、梅村人的生育与养育习俗 ········· 196
二、梅村人的婚嫁习俗 ········· 200
三、梅村人的丧葬习俗 ········· 208

第十一章　梅村的医疗保健系统 ········· 216
一、梅村人的疾病、致病、治病、健康观 ········· 217
二、梅村的草药实践 ········· 222
三、梅村的医疗体系 ········· 226
四、梅村人的食疗与保健 ········· 234

导　　论

※ 蓝达居

　　人类学是一门从事人类体质和文化之探索研究的学科,经过一百六十多年的发展,已经成为当代社会最为重要的关于人类社会的学科门类,内容涉及人类的体质演化发展和文化生成发展的方方面面,十分广泛,精微深入。人类学在高等院校的存在和发展,是这门学科作为独立科学的重要标志之一。作为高等院校的人类学专业,一方面要集成人类学学术社会的研究成果,进行系统深入探索研究,推进人类学学科对于人类社会的充分认知,这是高等院校里的人类学学术研究;另一方面承担着将学术社会积累发展起来的学科知识与技能,予以专业化的传承,即人类学后继专业人才的培养,这是高等院校里的人类学专业教学。高等院校的人类学学术研究是人类学教学的基础前提,而人类学专业教学是学科发展传承的条件与途径。学科的历史发展到今天,两个层面相互独立又相互联系。

　　根据人类学专业教学发展的实际,人类学专业人才的培养可以分为本科人才的培养、研究生人才培养两大类,研究生人才培养又分硕士研究生和博士研究生人才的培养两个层面。当然,我们也可以分别把本科人才看作是人类学初级人才、硕士研究生人才看作人类学中级人才,而博士研究生看作是高级人才。对于不同等级的人才的培养目标有不同的要求和内容。人类学的本科生需要全面系统地接触人类学学科的知识,对于人类学科学的基本概念、基本理论和基本方法有基本的了解,初步掌握人类学学科的基本技能,并且能够运用人类学基本的概念、理论和方法对社会现实进行初步分析。硕士研究生需要在全面系统了解人类学的基础上,比较深入地理解人类学某一学科领域的知识与技能,并且能够基本独立地从事人类学的科学研究。博士研究生则需要在全面系统深入地把握人类学知识体系的基础上,对于人类学的某一领域有系统而精深的了解和把握,并且能够独立地提出研究课题和独立从事人类学的科学研究,贡献于人类学学科的创新发展、服务于人类社会的福祉。

厦门大学人类学传统始于20世纪20年代,至1984年成立了人类学系,成为大陆第二个人类学系,并形成人类学博物馆、人类学研究所和人类学系"三位一体"的专业科研教学格局。始设考古学和人类学两个本科专业,同年秋季开始招收本科生。人类学与考古学两个专业隔年招生,每年招生15人左右。1984年设系第一年招收考古学本科16人,1986年招收人类学本科20人,至1994年已经培养数百名本科毕业生。1994年秋,厦门大学撤销人类学系建制,保留人类学专业,但停止招收本科生,从1994年至2006年,只招收培养研究生。2004年,根据新的社会环境与条件,厦门大学复办人类学系,招收培养人类学专业本科生、硕士生和博士生。复系至今已经十多年了,目前已发展成为我国人类学系专业人才最重要的教学训练基地之一。

田野工作能力的训练是人类学专业学生培养的关键一环。现代人类学的知识体系是以田野调查为基础而建立起来的,它以田野工作作为方法论的支撑,通过田野工作获得建立学科的资料信息库,通过田野工作维持人类学作为社会科学的实证研究传统,并且以田野调查的研究方式作为学科的个性特征与其他社会科学区分开来。田野工作被认为是人类学者的成年礼或通过仪式。毫无疑问,没有田野工作,就没有人类学;不懂得田野工作,便不真懂人类学。因此,作为人类学专业的学生,了解田野工作,并且通过实习理解田野工作,通过田野实习而掌握田野工作的基本技能,是一项基本的学习任务。为提供学生良好的田野工作实习机会和训练,也是人类学专业教学工作中一项关键性的内容。

厦门大学自成立人类学系以来,始终把田野工作实习作为培养人类学专业人才的一项重要而关键的课程来抓。我们把田野工作方法作为一个整体来把握,就是既要让学生理论上了解人类学的田野工作方法论,也要实际掌握田野工作的基本途径和方法。为达此目的,一方面要通过课程设置和课堂讲授,让学生在理论上充分了解田野工作的基本方法,另一方面要通过实际的田野调查实习,让学生体验现实社区、族群和文化,在体验中学习人类学田野工作的参与观察、访谈等基本技能。除了在教学计划中确定相关的训练课程外,也创造机会让专业学生参与有关的科研项目研究,通过参与科研项目,从事相关的田野调查工作,获得专业的训练。

我们的人类学专业学生可以通过几种方式获得田野实习机会。第一种是最重要的和主要的方式,即团队教学实习。我们适时安排接受了系统的理论课程学习的学生,由专业骨干教师带领学生前往教学实习基地,驻留一定的时间(一个月左右),体验田野工作的参与、观察、访谈、记录、整理材料等技能;第二种是学生参与教师相关的科研研究计划,承担科研项目的部分田野资料收集工作,在此过程中了解和体验田野工作的方式;第三种途径是参加人文学院组织的武夷山世界文化遗产监测实习团队。该团队由人文学院四个系的学生组成,包括本科生和研究生,由学院教师带队,与福建武夷山世界遗产地有关机构共同组织实施相关的文化遗产保护调查工作,在此过程中学生获得从事田野调查的训练。第四种途径是学生独立体验实习:在人类学本科四年级第一学期开始指定各学生的指导教师,由指导教师指导协助学生独立进行田野调查实习,在田野调查实习基础上撰写毕业论文。硕士研究生则根据课题研究方向,选择一个地点,独立从事数月的田野调查。按培养计划,博士研究生则需要独自进行为期一年左右的田野工作,在此基础上撰写毕业学位论文。人类学专业的学生通过上述的方式,获得田野实习的体验,通过田野调查实习了解掌握人类学专业的最基本的研究方法,加深对人类学专业的理解,培养激发对人类学的兴趣。

　　田野工作实习训练也是人类学专业教学的有效途径。具备一定专业理论基础知识的学生,通过田野工作训练,在社会文化现场中把在课堂上接受的专业概念与现实具象的社会文化事物相连接,把思维的抽象转化为丰富饱满而又立体有序的物像,感受到现实的经济、政治、社会组织、信仰、仪式、充满意义的各种符号等等万象,并且感受到不同物象、人事之间表面相隔而实质相连的微妙关系,从而建立人类学专业学生的文化感、整体感、历史感,这些对于优秀合格的学生而言所必需的专业素质。学生只有在田野中才能感受和真正理解人类学的整体观。比如,在对惠安女群体的田野调查中,要接触很多方面的事物,在此过程中逐渐地了解到惠安女的种种习俗是相互联系的。她们的衣着习惯是和当地的生活方式分不开的。生活不是孤立的,各种元素之间有着千丝万缕的联系。只有深入到现场的生活中去,才能了解到为什么会长住娘家,才能理解这个与她们生活的生态环境、劳动分工等等是相联系的。而这种联系只有在现场中观察思考才会发现。通过田野这一人类学的通过仪式,我们才能真正建立一种与书本上学到的那种整体论的文化观。这种文化感,其实就是一种文化的视野,一种人类学的眼光。当你在看待人类社会的纷繁复杂的万象时,你眼中看到的都是文化事物,而不是别什么范畴。所谓满眼皆文化,处处都是文化,这就是人类学的文化视野。看到的是文化,就必须用文化的概念、文化的范畴去描述和理解文化事象。具备文化感,是一个人类学研究生必要的基本专业素质,是人类学专业学生不同于其他专业的学生的一个标志,而这种素质是必须在田野调查工作中养成。没有田野工作,便没有人类学的眼光,也就没有人类学。

为了有效实施对学生的田野工作教学,我们制定和实施相关的教学方案和计划。2008年6月,我们曾经向厦门大学提交一份项目申请,即《人类学田野实践》,作为厦门大学人文社科研究生实践项目,以便得到学校在经费方面的支持。我们提出,人类学社会实践项目建设的指导思想是服务于从事人类学教学与研究的较高层次人才和从事公共族群/文化事务较高层次的应用型人才的培养,贯彻落实厦门大学"精英教育"的理念,以科学系统规范的田野教学手段,促成我校研究生掌握一流的人类学田野调查技术与方法,使《人类学田野调查》(包括理论基础与田野调查技术)课程成为厦门大学乃至国内人文社会科学领域研究生教育培养的精品课程,使厦门大学人类学系/研究所成为国内一流的人类学田野调查培训中心。在项目特色方面,我们主张,第一,本项目重在专业学科建设,锻造专业精品课程。人类学田野调查是本专业不可或缺的社会实践,合于人类学科学性规范的田野调查通常在交通不够发达的偏远山区农村或少数民族的村落当中进行,硕士生半年,博士生要一年的时间,工作时间长,条件艰苦是其特色。选择偏远地区的小社区做研究的目的,是让学生置身于一个自身文化完全无法发生作用之异文化环境,感受到"文化休克"(cultural shock)的体验,从而能对人类学研究最核心的概念—文化—能有具体的了解;研究时间求其长的原因在于人类学最主要的研究方法是参与观察,从与被研究者的同食同宿、作息与俱的长时间观察以获得第一手的研究资料。我们希望借助本课程项目建设,规范、系统、规模地培养高质量的能够从事人类学田野调查研究的高级人才。同时,通过该项目建设,进一步提升我校专业教师在人类学田野调查方面的专业研究与教学技能,形成一支强有力的能够从事田野调查教学与研究的专业团队。第二,本项目明确社会服务定位,发挥社会服务功能。厦门大学人类学以研究社会文化为科学目的,其专业的社会功能可以发挥在如下几个方面:一、福建/海西地方文化的研究,服务于福建省物质与非物质文化遗产的保护、抢救、利用与传承发展,服务于闽南文化生态区的建设;二、闽台区域文化的研究,服务于海峡两岸的文化交流、民族和解与互信、中华民族与国家的统一;三、配合我国社会主义市场经济发展与跨国经营发展战略,开展企业与商业社会的文化研究,开展异域海外文化的研究,为工商社会的跨国商务经营提供专业化的文化咨询服务。而人类学的服务社会需要的功能需要建立在切实的田野调查研究基础之上。本专业建设项目将改变过往那种缺乏明确社会服务定位的研究生田野研究教学模式,着力于建立一种具有明确社会服务定位意识的研究生田野研究教学模式。以明确的社会服务定位来确定和规范选题过程;以明确的社会服务定位来动员研究课题的社会力量与资源;以明确的社会服务定位来组织与运作田野教学流程;以明确的社会服务定位来制作田野教学的产品(包括人才与科研成果)。我们期待在一定的时期内,在获得必要的经费支持的条件下,科学规范系统地、有规模地训练研究生,使其在学与毕业之后,均能够针对当前社会的实际需求,能够以人类学的田野调查手段与方法,专业地展开相关的课题研究,形成为政府、组织和社会大众提供咨询、决策与操作服务的专业研究产品。

在学科与课程建设方面的预期目标方面,我们的计划是:一、每年暑假有六至八周的人类学田野调查实习,一则从短期的实习中锻炼学生的田野研究技能,为其日后学位论文的田野研究打下基础;其次,田野实习报告将结集出版,每年都将以本系名义出版人类学田野调查报告一册。二、学生获得充分的经费支持之后,可以进行长时间、符合人类学学科规范的田野调查,将可搜集到丰富的第一手田野研究材料,不仅将能写出内容更丰富的学位论文,也能有充裕的资料撰写其他短篇论文,或增加本系刊物的稿源,或投稿其他学术期刊增加本系与本校的学术能见度。三、获得田野调查经费的支持后,本系即可系统性规划学生田野调查地点,分期分区做调查,以累积地区性的民族志资料,形成本系研究的专长地理区,从资料的累积逐渐发展出区域性的讨论议题,再进而发展出区域性的人类学理论,建立本系区域研究的强固学术地位。我们期待,通过人类学田野实习训练,达成发挥社会服务功能方面的预期目标:一、训练每个研究生既有明确的学术意识,又有明确的社会服务定位意识,使这种意识自觉化于研究工作的整个流程之中;使二分之一以上受训学生能提供良好的且具有明确社会服务定位的研究成果;使四分之一以上受训学生能够制作优秀的具有明确社会服务定位的研究成果。二、使厦门大学人类学系成为福建省内能够提供有关公共文化管理、族群社会和谐建构、地方经济发展方面的专业的、有重要影响力的咨询服务机构与中心,成为实现"产研学"有机结合的人类学教学典范。

在制定项目的指导思想和预期目标基础上,我们还制定了该项目实施详细计划。第一阶段(2008—2010年)项目行动方案:本阶段重点在于规范的人类学田野教学专业课程之培育,形成和确立厦门大学人类学专业田野教学规程,寻求将专业训练与社会服务结合的切入点,搭建社会服务的平台,建立2个社会服务基地。本阶段引进一流的人类学田野教学专业教授,负责具体制订和实施"人类学专业研究生的田野调查课程与训练方案"。2006级、2007级硕士和博士研究生部分实施,2008级新生正式全面实施该计划。

根据研究生培养计划,硕士生一年级下学期必修《人类学田野调查法》,暑假将有六至八周的《田野实习》。由本系规划选取一个偏远的少数民族或汉人农村社区进行实际的田野调查实习,每隔三、四日授课者将召集谈论会,由学生依序报告其资料收集进度,学生一方面将从同学之报告中吸收非自身调查主题之资讯,例如研究宗教者可因此获得经济、社会、政治等层面之资料;另一方面授课者可透过学生之报告,了解其收集资料之方向是否正确,适时给予指导。返校后在二年级上学期必修《人类学田野实习》课,是学生撰写田野报告的个别指导,学生缴交报告草稿后一周内,授课者将与其就报告内容进行面对面的讨论,并依个别之主题建议可资参考之阅读书目;讨论次数将视学生报告撰写之优劣而定,直至完成一篇符合学术出版规格的报告为止。

硕士生与博士生接受田野调查经费之资助,一则田野调查时间必须符合规范(即硕士生半年,博士生一年),再则须接受本系对于田野地点的指派,本系将以区域资料累积的考量,每年设定进行集中调查的区域。依本系目前已有的研究成果来看,应该是一方面深化福建、台湾等华南地区的研究,再方面就既有基础上强化西南云贵地区的研究,确实建立本系在闽台及华南地区与西南地区社会文化比较研究的优势地位。

第二阶段(2011—2015年)项目行动方案:在确定人类学田野调查课程训练规范与社会服务互动平台基础上,建立5~10个"人类学专业研究生社会服务基地"。通过社会服务基地设立,发展与地方政府与社会机构的战略合作、形成学术单位与社会的互惠关系。将人类学研究生专业训练与社会服务有机结合起来,建立和加强与福建省有关地方政府部门或社会机构(工商企业)、民间社会组织等的联系与合作,适应社会的需求,有针对性地展开

田野教学与研究工作。社会服务基地的建立,着眼于传统的学术活动区域,重点在海西地区,并逐渐扩展服务与影响范围。本阶段还将通过社会服务基地的建立与研究,发展厦门大学应用人类学的学术研究与社会服务体系,使厦大人类学专业研究生成为满足社会发展需要的、基础研究与应用研究兼备的高级人才。

我们的这个项目计划在总体上得到了顺利的实施。第一阶段和第二阶段的计划任务基本顺利完成。由余光弘教授作为该项目的首席专业导师带队进行近十年的田野教学实习,取得丰富成果,不仅连续出版了教学实习田野报告,包括《闽西庵坝人的社会与文化》(2008年)《闽南璞山人的社会与文化》(2010年)《闽南顶城人的社会与文化》(2012年)《闽南北山人的社会与文化》(2012年)《闽南陈坑人的社会与文化》(2013年)《闽南绵治人的社会与文化》(2014年)《闽南山河人的社会与文化》(2015年)《闽南蔡坂人的社会与文化》(2016年)等,而且训练培养了众多的人类学研究人才,并在厦门大学人类学专业形成了《人类学田野理论与方法》、《人类学实地调查训练》和《人类学民族志写作》三门课程环环相连,以后期调查文集出版为句点的研究生田野调查训练模式。

2015年暑期研究生梅村田野调查实习是此一教学训练模式的延续。根据厦门大学人类学研究生培养方案,我们按计划实施了2015年的田野实习教学。田野调查实习教学需要师生离开学校,到校外进行。人类学系已经制订制度,规定由本系教师轮流担任实习教师。原计划带队教师因外出进修等原因而不能参与,故系里安排由我和刘家军两人临时顶替接受任务,担任2015年夏学期的田野实习教师,由我主要负责现场教学指导,刘家军老师主要负责外联及相关工作。

由于人类学田野调查实习现场教学需要得到地方社会的配合与支持,为此我系任课教师在短学期开始之前即联系有关地方社会,希望得到地方社会的许可与支持。最初我们计划与云南民族大学合作,到云南中缅边境地区进行现场教学,后因顾虑中缅边境安全问题以及时间安排等其他原因,我们不得不放弃了合作计划。后我们计划联系选点并前往闽西上杭九洲村,又因此地已有我系博士生正在那里从事博士论文的田野调查工作,为了避免重复调查,我们只能另外选点。最后经反复考虑和联系,我们选闽北武夷山市的历史文化名村梅村作为现场调查地点,主要的理由是此前我系有师生前往那里做过短期的调研,与当地村委有较好的联系,易于解决入村问题。在带队老师向系主任汇报并获得系主任同意之后,我们最终确定前往武夷山市梅村从事田野教学实习。

由于需要反复联系与协商,所以我们的课程虽然安排在短学期,但未必会在时间上与学校内部的"短学期"时间完全同步。我们在确定了地点之后,才能确定时间。相关的工作才能跟上安排。我们组织学生订购车票、准备个人行李装备与学习用品,在一切准备就绪之后,我们于6月29日由系主任张先清教授主持举行了田野实习行前动员会,第二天即6月30日傍晚我们实习团队坐上了从厦门开往武夷山的列车,经过整整一个晚上的旅行之后,于次日安全地点目的地。为了便于集中管理和有效地保证学生安全,我们一行15人集体入住梅村村民开办的民宿饭店。

我们此次的田野实习教学希望达到两个目标:一是培养训练研究生独立从事田野调查的能力,即通过此次实习,养成良好的、必备的独立从事田野调查的技能,为其在导师指引下独立从事学位论文的田野工作做好准备。二是通过整个师生团队的努力,完成关于万里茶路起点梅村社会文化的充分调查,最终撰写并出版了一份关于梅村的田野调查报告。因此,我们的田野调查教学,兼具了教学与科研的双重目标与双重性质。为了实现我们的教学科研目标,我们从几个方面着力工作。

首先,我们科学安排调查的时间长度。我们计划安排七周时间,前后五十天,即从7月1日至8月20日,来实施教学进程。给予学生必要充分的时间与社区文化各方面充分互动,充分感受专业的特点,充分感受田野调查的特点,充分感受田野的特点。其次,科学合理地把握教学进程。田野调查实习教学的整个过程,不同的阶段学生与社区互动的情况不同,感受不同,学生的心态不同,教师必须根据不同阶段学生与社区互动情况,敏锐把握进程,进行阶段性的教学指导,帮助启发而非代替学生解决问题。比如我们安排最初的三天时间,让同学们以一种比较随意的方式在村庄里进出、散步、闲聊,熟悉村庄环境,拜访村委干部。之后再逐步全面深入地开展工作。由于我们能够科学把握实习特点,所以整个实习教学过程得以顺利实施与完成。第三,合理的分工协作。根据学生兴趣特点,我们将13名研究生分成历史、生计方式、物质生活、社会结构、民间信仰、生命周期与节日习俗、社区本土医疗体系七个小组,每个小组集中负责的专题领域,进行入户访谈、观察、参与有关活动,认真做好记录和资料的整理。各个小组内部随时进行沟通交流,彼此启发、积极配合,共同完成各个专题任务。同时,为了让学生感受人类学有关概念的实际内涵,特别是人类学的文化感、整体观,我们也鼓励不同小组之间的相互参与、协作分享,尽可能地了解各自专题之外的社区社会文化内容。第四,通过团队分享会,让学生分享调查信息,互相启发借鉴。我们每周至少开一次田野调查的团队分享会,由指导教师召集组织,提出要求。让各个学生汇报本周调查收获、碰到的问题以及下一步的打算。指导教师根据每个学生的汇报进行针对性的点评。也让学生之间互相点评。通过这样的团队分享会,教师及时了解各个小组、各个学生具体调查的情况,给予及时的指导。同时在分享之中,让各个学生得到信息的交流借鉴、相互启发,也起到互相督促以协调同步进程,保障整个团队调查的整体推进。第五,保证整个调查实习过程的师生有效互动。这是研究生田野调查实习教学的十分重要的方面。指导教师必须了解田野调查过程的发展规律、掌握好整个田野实习的节奏,要及时了解学生团队的调研心态变化,既要进行学生团队的整体遥控,又要根据学生个性进行必要的跟随指导,促成每个学生的收获与进步。指导教师要注意不能代替学生的调查,而是要尽可能地锻炼学生独立发现、分析与处理问题的能力。学生敢于并且能够独立从事田野调查,这才是教学实习成功的一个标志。

梅村田野的主要收获是:第一,教学方面,我们成功实施了本年度的专业田野教学,研究生们得到了训练,每位学生学会了人类学的参与观察法、学会了如何进行人类学访谈研究,都在田野教学过程中收获了丰富的田野调查资料。回到校园的学生们正在老师的指导下,整理调查所得资料,写作调查报告。整个团队完成调查报告字数近20万字。第二,锻炼了学生的思想品质与专业情操。学生在田野中克服了天气炎热、蚊虫叮咬、水土不服等困难,也克服了饮食方面的不适应,克服了畏惧心理,在意志品质上得到锻炼,也增长专业上的信心。第三,学生们学会了如何与社区人们打交道,并与社区人们建立了深厚的情谊。在整个田野调查实习过程中,我们注意与当地村民保持良好的接触,建立密切的联系。学生们尊重村民、与村民友善相处,并积极参与村民事务,提供村民需要的服务,得到村民的一致好评!我们也在这个过程中进一步深切感受到了社会对大学生研究生的关爱、对我们厦门大学教学工作的大力支持!

本书是师生共同努力的结果。参加此次田野教学实习的学生有2014级硕士研究生李雪、张云鹤、阿迪娜、吴院琴、陈燕、陶亚楠、胡兰、戴洁茹、金焱、朱志林、涂翔、张亚磊、庄柳。在调查分工方面,李雪负责历史人文环境专题,张云鹤、金焱和阿迪娜负责经济生计和物质生活专题,朱志林与张亚磊负责社会家庭与宗族专题,胡兰与涂翔负责政治专题,戴洁茹负责民间信仰专题,陈燕负责饮食文化专题,吴院琴负责建筑文化专题,陶亚南负责生命周期与节日习俗专题,庄柳负责民间医疗专题。他们各自在教室组织指导下,完成了实习任务,均提交数万字的专题调查报告。本书是在这个田野调查报告的基础上整理而成。需要说明的是,由于戴洁茹与阿迪娜两位研究生已先期将其负责的民间信仰及梅村旅游经济方面的田野报告整理发表了,为避免重复,其田野报告内容不再收入此书中。

  我们感谢为我们此次的田野教学实习顺利进行而提供支持和帮助的人们!首先感谢梅村全体村民接受我们团队的进入,我们驻村田野得到了梅村村民热情的接待,没有乡亲们的支持,我们的工作是无法进行的。因为支持我们并提供我们热情帮助的村民如此众多,我们在这里实在无法一一列出,而要特别致谢的是中共梅村党支部书记吴二龙先生、印象下梅掌柜李先美先生、邹全荣先生、杨凤泉先生与彭导游。同时感谢厦门大学人文学院党委王炳华书记、王瑛慧副书记、人类学系主任张先清、副主任俞云平到田野实习现场的探望指导。最后,感谢厦门大学研究生院提供的田野经费支持!

第 一 章

梅村的历史与社区营建

✵ 李 雪

一、梅村的政治历史沿革

梅村隶属于武夷山市,据1994年的《武夷山市志》记载:在唐以前,相传武夷山名字的由来是因长寿之神彭祖在此隐居,其与两个儿子彭武、彭夷共同开发蛮荒大山,后人称此地为武夷山,同时也把二兄弟神化为武夷君。① 武夷山是夷人用武之山,是夷人根据地。淮南王安上汉武帝书:"越方外之地,断发文身之民也。……越非有城'郭'邑里也,处溪谷之间,篁竹之中,习于水斗,地深眜而多水险","以是断发文身以除蛟龙之害,而栖身于岩壑之间"。后汉末年,孙吴占有江东之地,此应为越人所据,秦汉之世设立郡县并移其族于江淮之间,尽虚其地,其被迁者并非全部,应如《宋书·地理志》所说:"彼逃亡山谷者频出",是武夷犹为越族根据之重地,沿武夷山区而北雄踞浙赣之境,将欲复其故土,与新孙吴政权争锋,其见于《三国志·吴志》史不绝书。②

宋咸平元年(998年),建阳所管辖的上梅、梅村、会仙、周村、将村、黄村六里划归崇安县。③ "真宗咸平元年,析建阳之上、梅村等六里(上梅、梅村、

---

① 武夷山市志编纂委员会编:《武夷山市志》,北京:中国统计出版社,1994年。
② 中国人民政治协商会议福建省崇安县委员会文史资料办公室编:《崇安县文史资料》第2辑,1982年。
③ 武夷山市志编纂委员会编:《武夷山市志》,北京:中国统计出版社,1994年,第9页。

会仙、周村、黄村、将村)入崇安。"①宋淳化五年(994年),崇安县建置后,设城防和东、南、西、北四乡,共19里,元朝沿袭旧制,未加变动。当时,梅村与从政、籍溪、上梅、内五夫、外五夫一起属于东乡的范围,共有6里。清雍正年间(1723—1735),四乡划分为武泰、新塘、武夷、上仁义、新丰、下仁义、开耀、崇政九个乡,共19个里,89个图。其中梅村里归武夷乡管辖。清代的梅村,是武夷山的一个重要的茶叶集散地。据《崇安县志》记载:"其时武夷茶市集崇安梅村,盛时每日竹筏三百艘,转运不绝。经营茶叶均系江西人。光绪后,茶市由梅村而移赤石。"

1935年,崇安县划分为9个区,其中下梅属于第二区公所所在地。1940年,全县分为4区,其中双梅属于第三区,包括十个保,其中梅村头属于下洋保,梅村街则属于梅前保和梅后保,为二等乡镇。

1949年,崇安县全境解放。1951年1月,全县划分为6个区,其中梅村与集贤、里仁、南兴、赤石、黄柏、公馆同属于第一区。1954年的时候,第一区的范围扩大,其中梅村乡管辖的范围是梅村、大洲、勾山、坑头、上厂、下厂、脑头、上沿、山头、溪坪11个村。1981年,行政划分时梅村属于梅村大队,隶属于武夷公社,共辖13个小队,包括梅村、坑头、均头、脑头、后山、山头、上沿。崇安县1981年行政区划表中,可以看到:当时梅村隶属于武夷公社,有13个小队。从小队的个数我们可以猜测,梅村的规模在当时是属于中等的。1984年,应全国形势要求,在现有的范围基础上,改公社为大队,其中,梅村与赤石、大布、角亭、天心、公馆、溪洲、吴齐、黄柏、樟树、柘洋、高苏坂一起属于武夷山管辖。②同时,乡镇驻地在高苏坂。到1989年,经国务院批准,撤销崇安县,改名为武夷山市。

在不同时期,梅村也是有着不同的称呼的。据邹全荣老师介绍,在宋的时候,梅村,被称为"当坑坊",后来又改成"中坑坊"。1984年6月,改名为梅村。2014年,被列入中国历史文化名村。梅村现有3个自然村,13个自然小组,每组一组长,两个代表。

梅村各个姓氏的迁入,也是有一个过程。据邹老师介绍,江姓是在宋代入居的,在明代,周、余、岳、孙姓以及张姓、方姓、陈姓、彭姓,逐渐迁入。在

---

① 刘超然,郑丰稔纂修:《崇安县新志》,台北:成文出版社,1975年。
② 武夷山市志编纂委员会编:《武夷山市志》,北京:中国统计出版社,1994年。

清代,邹姓自江西南丰迁入;在民国的时候,各姓随即迁入。① 在梅村黄泥山山坡中考古发现隋墓群,有印纹硬陶,锲形砖。这可以看出,在隋代,梅村已经有人居住了。因此有介绍说,梅村村落建于隋代,里坊兴于宋代,街市隆于清代。

二、梅村自然与人文景观

梅村自然地理环境属于中亚热带地区,地势呈西北—东南走向。《崇安县综合农业区划》中记载崇安县属于山地丘陵区,地势自西北向东南倾斜。② 这是武夷山市的总体地形,说明梅村的地形是符合整体的趋势。梅村北面的下竹岭和南边的君山相互呼应。根据当地一位文化精英(Z老师)的解释,两山相互对应形成了一个空气的对流,增加了梅村的降雨量,对于当地的农作物生产以及茶叶的生长都是极为有益的,同时也会增加当地的作物的生长周期。境内人工运河—"当溪"正是沿着这个走向,自西北流向东南进入梅溪。梅溪源头是岭南黄瓜楼,全长49.7公里,流域面积283.5平方公里,平均比12.84。③ 在1994年武夷山市志中记载,武夷山地区大多是中亚热带常绿阔叶林地带性植被,目前原生植被基本已被破坏,属于次生植被。

梅村的人文环境主要是以下几个方面:贯穿全村的人工运河、运河边的"美人靠",村庄的大门"祖师桥",以及已经开发成旅游景点的建筑、集市等等都是人为的环境景观。在这里,我们可以看看梅村在发展的过程中,对于其某些景观的意义建构。

1. 祖师桥:是行帮业会的舞台。一个行业或者相关的几个行业为了共同的利益,会共同寻找维护共同利益的中心体系,都会选择历史上与本行业有关的行业代表作为本行业的祖师。祖师桥是一个集桥、戏台、亭子为一体的木构建筑。④ 或许在历史上,祖师桥曾经有着不可磨灭的贡献,但是在我的调研中,祖师桥在当地人的眼中并不是一个有着特别作用的建筑,当地很

---

① 邹全荣:《中国历史文化名村》,香港:国际炎黄文化出版社,2006年。
② 参见崇安县农业区划委员办公室编:《农业生产发展的概况和问题》,出版年份不详。
③ 武夷山市志编纂委员会编:《武夷山市志》卷二,北京:中国统计出版社,1994年。
④ 邹全荣:《武夷山村野文化》,福州:海潮摄影艺术出版社,2003年。

多人不知道祖师的含义是什么,现在祖师桥更多的是一个地标:是梅村的地标,是梅村展示给外人的一个窗口。

2. 坤井:梅村村落布局,遵阴阳五行原理,含八卦意象,掘乾坤二井,供饮水之需,为邑人祭祀之场所。坤井,位于伯石社旁,取坤卦之意,象征阴,凡邑人每逢春秋两社祭,必饮坤井之水,以祈风调雨顺。

3. 乾井:乾井位于邹氏家祠旁,取乾卦之意,象征阳,凡家族祀祖日,必饮乾井之水,以增强后人思源意识。

4. 芦下巷:曾是梅溪畔的芦苇荒地,雍正五年(1727年)建景隆号茶庄后,得名芦下巷。全长108米,原与景隆码头连接。与茶商邹茂章的景隆号、景隆焙坊、景隆仓间形成巷道,巷口留有检验茶货进出的券门两处。

5. 邹氏大夫第:据武夷山邹氏宗亲会描述:先祖邹英章为邹氏大夫第的第一代主人,因儿子邹茅轩而诰封奉直大夫,后因孙子邹杰为官出色,加封中宪大夫。邹氏大夫第是为了庆祝先祖六十大寿建造的,当时一共平行建造了4栋,现在邹氏大夫第为主房,其余为偏房、书房及客房。邹氏大夫第以及邹氏家祠在梅村是极其具有影响力的。

在梅村,我们可以看到上饶集中营的牌子。1927年底,中共崇安县委成立。1928年9月至1929年1月,党领导了两次震撼闽赣边界的"上梅暴动",成功建立了崇安革命根据地。1929年10月,中共工农红军第五十五团在崇安成立,下辖3个营、9个连和一个特务连,拥有500多人,100多只快枪,崇安县委书记陈耿任团长。至1930年1月,崇安县抓住良机,集中红军主力,以连为单位,全面出击,很快占领了县城北部的大部分乡村,并进入建阳、浦城、江西铅山、上饶等地作战,控制了邻省邻县的大片乡(镇),扩大了崇安根据地范围。1930年5月,成立了县级苏维埃政府,崇安成为闽北苏区的首府。当年秋,党中央决定闽北革命根据地与赣东北合并,武夷山成为闽浙赣革命根据地的组成部分,后发展为中央苏区的一部分,方志敏率领的红十军曾两度进入崇安。① 上饶集中营是国民党专门为1941年"皖南事变"后,囚禁被俘的新四军抗日将士和爱国志士而设立的。国民党原本是准备将集中营迁到崇安县下梅乡的,但是由于日本军队的日益逼近以及赤石暴

---

① 金文莲主编:《山水交响:武夷山新闻报道十年》,福州:福建教育出版社,2014年,第5页。

动的发生,以至于国民党改变了迁移地址。①

此外还有很多景观,每一处都有相关的介绍。比如"婆婆门",是一道石雕门。婆婆门位于西水别业中,而西水别业由茶商邹英章出资建立,以水景为主题,内有水榭亭台、拱桥、回廊。当溪往西流去,故曰"西水",别业就是"别墅"。婆婆门,又叫芭蕉门。曲线是衡量女性身材的重要依据。当年邹氏为娶身材姣好的媳妇而特制,作为标准来选择未来的儿媳。在传统图案中芭蕉门象征着招财进宝。门内空高2米,宽0.6米,右边大曲线约1.7米,与身材高挑的窈窕女子形体曲线相当吻合,而左边的曲线约1.5米,正适合玲珑娇小女子的形体曲线。婆婆门创造的一边大S、一边小S曲线,实际上是一道考核女子身材高矮体形美的标准答案。②婆婆门是邹茂章的媳妇设立的,目的在于选拔与自己一样能干的窈窕媳妇。而邹茂章的这个媳妇在当地是有着传奇的历史故事,已然到了神话其为鲤鱼精的状态。因此,婆婆门是一种对于过去历史的一种强调,同时也是为了呼应邹家其他的景观历史。

三、从个人生活史看社会历史变迁

(一)WBX 老人

见到 WBX 老人的时候,他正拿着一本日历,聚精会神地看着。老人今年(2015年)84岁,读过一年书,会写字,有一定的文化,在大集体的时候做过干部。1958年的时候入党,现在是村里的老党员。目前住在巷子里,有8个孩子:五个儿子,三个女儿。由于之前大水冲坏了房子,现在一家在新区总其分到3栋房子。1966年24岁时因为讨老婆,所以搬来荷墩。后来在荷墩住的房子由于九十九天太保爷爷③的故事,就搬了出来。老人是一个老党员,我在他家看到了许多书籍,主要是故事集,有常州、福州、南京等地的故

---

① 中共崇安县委党史资料征集办公室:《崇安党史参考资料》第6辑,1983年8月。
② 邹全荣:《婆婆门:凄美的性感写真》,《福建乡土》2006年第4期。
③ 九十九天太保爷爷:由于腿伤,太上老君治疗的时候说一百天不能碰水,但是太保爷爷在第九十九天的时候就不小心碰到了水,因此腿瘸了。家禽都归其管,不能得罪,因此也被称为九十九天太保爷爷。

梅村调查：东南汉人社区的人类学研究

事,由老人用水笔写成。另外还有几本医书,其中一本是河北那边的书。老人的房子是自己花了230多元建的。他经历过供销社,刚迁来的时候,这里有1000多人,到现在已经有将近3000人了,人口的增长不仅反映了当地经济的发展,同时又促进了当地的发展。

由于家里的孩子很多,只靠小队的工资是不够开销的,因此自己会在凌晨5点左右的时候背上100斤左右的东西,到邻近的村庄赶墟去卖。到崇安一天一次班车,有时走小路去赶墟的。一个月六个墟,还有七个墟的。在赶墟的日子老人会挑笋干、拖鞋（稻草做的）到赤石、星村等等去卖。30多里路,可以赚3块多钱。早上,点火把照路。还有更早的,半夜起来做饭,然后挑着100多斤的商品。当时他家一天要消费10多斤米。老人在大队工作一天的工资1元多,但是这是按照小队的支出多少,有的多有的少。5元100斤谷子,一年300多元。

此外,关于梅村的集市,在民国《崇安县志》中记载:"商场以城坊为大,赤石、星村、兴田次之,岚谷、吴屯、五夫又次之。一六日墟:五夫,上梅,仙店,澄浒,黎口;二七日墟:梅村,白水,官埠头,吴屯;三八日墟:曹墩,公馆,黄土,黎源,岚谷;四九日墟:赤石,星村,兴田,四渡,大浑。……曰场曰市为都会之大者,至于村镇则大率五日一市,就其聚日而言则曰集,就其散日而言则曰墟。"梅村如今还是延续着这一"五日一墟"的做法,只不过是赶墟的位置发生了变化。以前是在当溪两边祖师桥附近,现在改到广场上,一方面可以看出当地经济的发展对于市场的影响,另一方面,通过集市,我们可以看出当地的各种需求的多样性,以及各地之间的关系。

老人的大儿子,在三姑做过保安,之前在各个村里轮流放电影。大儿媳妇就是大儿子在放电影的时候遇到的。村里以前是有一个电影场的,不过很久都没有再用过。据《崇安县文化馆志》记载,农村俱乐部是群众自发组织的文娱组织。根据1958年农村俱乐部的建部数的统计,梅村有高级社4个,建部数4个。1983年,梅村有自己的影剧院、图书室、台球、宣传栏、黑板报、放映机。当时梅村就有这样的活动,比如幻灯片放映。①

如果从WBX老人的个人生活史中,我们能发现的是梅村的经济人口以及村落自发的娱乐文化追求的变迁的话,那么接下来谈到的这位WJS老

---

① 参考自崇安县文化馆未出版的资料。

人,更是对于这种变迁的补充。

(二)WJS老人

WJS老人,今年(2015年)83岁,现主要从事以下工作:古装照相20元;跌打损伤药酒(主要是56度的高粱酒,加一些草药)一瓶50元;还有唱一些当地的山歌,唱山歌的价钱随游客给,但是一般是点2首,不低于10元的。他出生在建阳,由于当时日本鬼子到处烧杀抢掠,所以他就逃到了没有日本人的梅村。在1958年,还是大集体吃饭的时候,他在五夫用黑色的石头炼过钢铁。也在这一年,他娶了媳妇,在娶媳妇的时候由于没有地方去买衣服、烟酒等,他就坐一天的车到浙江去买衣服,烟酒自己做,平均一斤烟草可以做三条烟。后来,他就自己做烟卖钱,一包烟3角。他做过很多的工作,药酒是祖上传下来的。他有三个儿子,一个女儿,最小的儿子在做电焊,但是后来不小心伤了一只眼睛,有一儿一女。大儿子之前和别人一起去外边谋生,他给了5瓶可乐瓶的药酒,但是自己的儿子被骗出去后,就把其中的四瓶给了那个姓刘的同乡,自己拿着一瓶回来了。他说人家赚了很多钱,但是自己的儿子最后穷得没有车费回来。

关于圣旨庙,老人说之前有土匪在上面住着,自己和同伴一起上去的采红菇的时候,碰到土匪后,土匪说把红菇留下,就可以放他们走。后来土匪听到解放军来的消息,就认为是他们说出去的,要把他们的头砍掉。解放军救了他们,放火烧了圣旨庙(以前不叫圣旨庙)。和老人一起上山采红菇的同伴,在给解放军做饭的时候,红菇没有煮熟,就中毒了,还毒死了一个通讯员。

关于这一点,我们可以得出几点:第一,土匪的存在。在唐知群的《追缴匪首刘午波》云:"从1949年下半年起,就开始实行剿匪运动,但是'中华人民救国军闽北七县总指挥'刘午波却率领残部,东躲西藏。刘午波在当地是'地头蛇'。后来躲在梅村正南的大山里。一日碰到采香菇的王岩福老汉,就逼着他给自己送一餐三饭,并且不能告诉别人。当时,剿匪解放军正驻扎在梅村,王老汉将自己知道的告知了解放军。解放军决定挑选十名战士伪装成老百姓的样子,一同跟去。最后,成功地击杀刘午波,从此崇安地区的土匪也就基本剿灭了。"① 第二,红菇的采集。在目前我们仍能看到部分人家在红菇季节采集红菇,这也是当地的一个副业。第三,圣旨庙的再建。

此外,老人从事唱山歌的工作,其山歌是自己写的,在刚解放的时候,也就是说老人是在自己九岁的时候就开始撑竹筏,当时主要是往返运些货物给这边的东家,随之就有了山歌。老人在之前总共提了三个方案,第一个是在十五的时候舞龙,可以在市区赚1万余元;第二个是花轿;第三个是撑竹筏,当时200元入股,大家集资买竹筏,游客坐竹筏每人30元,可以从中获利不少,但是最后老人说,旅游公司认为自己挣不到钱,这个是私家的,就强制停止了。

撑竹筏的项目,在《下梅,一个村落的涅槃之路》中有介绍说:"1999年,武夷山竹筏日渐兴起。一些村民自发成立竹筏公司,并投入股本12.6万元,拦河筑坝,供游人乘竹筏。游人的增多以及古民居游的兴起,让人看到了古民居的商业价值所在。2000年,梅村古民居公司成立,专事古民居观光服务。两家公司各有所得,但也等于把梅村的旅游资源人为割裂开来。这种各自为政的局面,显然不利于梅村旅游的整体开发。2002年4月,武夷山决定大力开发乡村游,梅村是其中一个重要景点。市里召开协调会对其进行改善。"②

同时邹全荣、潘晓明,在2000年关于梅村民俗旅游线路和娱乐设施的规划中提出,当时梅村的情况是这样的:

> 梅溪逶迤,波光潋滟,出租的小竹筏让你自己撑,可随波荡漾,也可随波逐流。民间唢呐队奏出古色古调,你可以欢快起舞。还有一项绝活你可试试:用清代从日本进口的一种"水铳"进行灭火演戏。这把相当于现代灭火器的古火铳,很好玩的。③

在我们看来,各自为政的局面确实不利于景区的长远发展,但是在老人看来,自己明明可以多挣很多钱,却只能放弃自己的想法。因此对景区的负责人是有一定的意见。

山歌就是老人在撑竹筏的时候自己即兴作的,部分歌曲还配有动作。

---

① 中共崇安县委党史资料征集办公室:《崇安党史参考资料》第6辑,1983年。
② 金文莲:《山水交响:武夷山新闻报道十年》,福州:福建教育出版社,2014年,第182页。
③ 邹全荣:《梅村民俗旅游线路》,《武夷山报海峡旅游周刊》,2000年。

后来由于需要出来自己唱歌挣钱,所以才把歌词写出来。在之前,旅游公司的人提出,一天可以给老人10元钱,让其唱山歌,但是老人认为太少了,就拒绝了。关于山歌,老人在无意间提到,在报业集团还在的时候,是有人培训的。当时一起唱的还有很多人,不过慢慢就放弃了,老人由于家庭的原因,不得不出来唱山歌。在梅村本来就有自己的山歌,后来为了更好地发展,就集体给以培训。但是由于报业集团的退出,以及歌者认为在别人面前唱歌的羞涩感,让更多的人放弃了。

老人还有一个经历:就是在自己小的时候,和别人一起举着火把,在田地里抓虫子,因为那时田地里的虫子太多了。在这里,可以联想到梅村茶叶衰落的部分原因。在光绪三十年即公元1904年,发生蝗灾,蝗虫吃光所有的竹叶。① 蝗虫的灾害在当地是有先例的。

老人现在住的房子是自己盖起来的。目前和自己的三个儿子生活在一起。由老人的说法,自己的儿子都不怎么有出息。有出息的话,早就出去自己买房子了。现在自己的孙子是国家级导游,这是老人引以为豪的。从老人言语间的那种浓厚的自豪感,我们可以看出国导在当地的作用,尤其是梅村有自己导游的情况下,国导这一更高层次的职位在当地人的心中是有着举足轻重的地位。在具体参观老人的房子时,可以看见有三个厨房,各家自己做饭。二楼的房子是用竹竿撑着的,目前已经成了危房,旁边一家和老人家的情况差不多。

附录收集的山歌:

梅村采茶歌

由西点少校整理(报业集团)

清明过了谷雨边,背起竹篓去采茶。
绿绿茶叶层层砍,太阳出来飘茶香。
一杯清茶解烦恼,山下村庄升炊烟。
采茶妹妹想情郎,挑青哥哥赶路忙。
山村代代育茶苗,辈辈牢记开荒难。
情义好比水流长,好茶可飘万里香。

---

① 武夷山市志编纂委员会编:《武夷山市志》,北京:中国统计出版社,1994年,第27页。

人人心想好山村,勤劳好客好心肠。
湾湾溪水起波浪,张张竹排过河湾。
担担茶叶换银钱,永远不愁吃和穿。

砍柴歌

砍柴郎仔,不要慌,落了太阳又月光,月光落了有星星,落了星星大天亮,早上起来下大霜。哥哥砍柴去哪方?深山树林不要去,野兽出来把哥伤,妹妹开口叫哥哥,哥哥听见在一帮,娘来听见在一起,婚姻大事娘主张,同心合意回家乡,从头到尾到白头。

第一多来什么多

第一多来什么多?第二多来什么多?第三多来什么多?第四多来什么多?第一多来天上星,第二多来凡间人,第三多来山中鸟,第四多来河中鱼。何人收得天上星?何人收得凡间人?何人收得山中鸟?何人收得河中鱼?乌云收得天上星,阎王收得凡间人,打猎收得山中鸟,鸬鹚收得河中鱼。何人收得瓦上霜?太阳收得瓦上霜?何人收得妹妹心?哥哥收得妹妹心。

对面的女人穿花鞋

对面的妹妹穿花鞋,没有老公来跟我,没盐没有哥会买,没水没柴哥会挑。哥哥犁田翻翻转,哥来插秧行行直,没有项链哥会买,没有花楼哥会盖?哥来挣钱妹放心,挣到银钱早回家。一切开支都不怕,怕就怕你嫁别人。

好吃都很难

什么好吃难爬树?什么好吃难种田?什么好吃刺刺人?什么好吃难做梗?杨梅好吃难爬树,白米好吃难种田,草莓好吃刺刺人,豆子好吃难做梗,什么好吃娘打人?娘奶好吃娘打人。

八月十五下南京

八月十五下南京,去买样数送姐心,一买上身绿条袄,二买下身女罗裙,三买三尺桃红布,四买四尺葡萄青,五买五包颜色线,六买六包绣花针,七买头梳镜篦子,八买水粉满口红,九买九个金戒指,十买胭脂点口红,十样东西都买过,没有东西来谢哥,姐如有心哥有意,十五月圆人团圆。

第一黄什么黄

第一黄,什么黄?第二黄,什么黄?第三黄,什么黄?第四黄,什么黄?第一黄来黄帮虎,第二黄来黄牛股,第三黄来黄鸡母,第四黄来黄扫把。现在何人收得黄帮虎?打猎收得黄帮虎,何人收得黄牛股?杀猪收得黄牛股,何人收得黄鸡母?妇产收得黄鸡母,何人收得黄扫把,产妇收得黄扫把。

过路郎郎多辛苦

过路郎郎多辛苦,撑把雨伞好当凉,走到前头就有水,吃了青山凉水透心凉。前面的哥哥慢慢走,一男一女透心凉。

(三)Z老师:落地一啼已甲子,历经沧桑看世界

Z老师,是梅村的文化精英,1956年生。福建省武夷山市人。中国民主同盟会会员,武夷山市第八、第九届政协委员,福建省作家协会会员,南平市政协文史研究员,武夷文化研究院研究员,《中国人民教师》2009年第7期封面人物。

Z老师认为自己是在红旗下长大的革命红色接班人。《记忆中的红与黑》这本书对其影响很大。1977年恢复高考的时候,由于自己的成分问题(Z老师的是富农),不能考试,1978年的时候,和自己的学生一起考试,(在1978年的时候,成分问题已经放松很多了,所以Z老师,在考上的时候,还是有人来查,但是最后说成分问题已经不是特别影响其升学了。)考上了建阳师范学院。1980年的时候,就发表了自己的文章《希望》。后来是分到柳永家乡工作,在自己床下发现了很大一框子书籍,这对Z老师以后的发展方向有很大的影响。现在Z老师在民主党派的宣传部任副部长,当了10年的政协委员,福建省作家,非遗的评审委员。梅村的发展在很大程度上与Z老师是分不开的。他申请了国家发改委400万的改造基金,在2013年福建省改造梅溪,又申请了1200万。2014年的时候,申请了国家古村落建设与保护资金300万。总共2200万左右的基金,用来建设梅村。Z老师写了三本书,

目前在写自己的最后一本书。老师的知识渊博,已经得到了很多的认可。无论是在市委讲课,还是给《茶道真兄弟》演员的讲课,还是在人民大会堂的讲课等等,都是对其的认可。"落地一啼已甲子,历经沧桑看世界",Z老师对自己,对生活的认识在不断的积累与沉淀。人活一世,要利言、利德。

梅村不断的发展过程中,Z老师认为自己虽然付出了很多,但是得到的很少。"在梅村刚开始发展起来的时候,旅游公司的导游词是我写出来的,但是旅游公司想用,又不给钱。后来我与旅游公司达成一个协议,就是用自己的导游词换来一台电脑。这台电脑当时是村庄里的第一台电脑,当时自己特别自豪,然而在2010年洪水的时候,这台电脑毁了。当时导游词是《中国历史文化名村》这本书的初版,后来还有一些错误没有得到修改,这是那些公司的人在没有给自己再次审核的前提下就出版的后果。在听当地的导游讲解时,我们确实可以听出其模板与Z老师的书籍《中国历史文化名村》中的内容的相似性。讲解词是Z老师,一方面查阅资料,一方面四处考察写出来的。同时又有自己的某些程度上的建构。例如婆婆门,Z老师说是自己为了迎合上级的要求,并在一定的知识积累的基础上写出来的。因此,我们可以理解为地方文化精英对于地方文化的构建。一方面是为了适应时代的需要,这一有特点的"门",与梅村的邹氏联系起来,能更增加其文化感。

在此之后,有一次事件,Z老师认为是旅游公司不给自己面子:自己的朋友来到梅村参观,自己刚好有事,就没办法亲自带进去参观。在售票处,朋友说是Z老师带来的,但是工作人员不予理会,说就是他自己带来的也得买票。这件事让Z老师失了面子,在邹老师看来,自己为这个村庄做了这么多,但是旅游公司的人并没有买自己的账,不懂得感恩。

关于梅村的发展,Z老师对于这边的建设方式是持否定态度的。在自己申请的资金中,Z老师认为部分资金是被政府官员吞了。在码头这边的八角亭和雕塑广场那边的八角亭,造价相差是2万。另外关于道路的建设,邹老师认为道路是建太高,这样一旦洪水太大,就会直接灌进村里,到时是无法很好的排泄的。另外,梅溪旁边的房子是建的很好看,但为了此法修建之前在河里的一棵特别古老的树被砍掉了。

在与Z老师的聊天中,他对这边的发展很不满意,认为这个村落是在没落,一方面是与村干部的三年一选有关系,另一方面与村干部的对于文化的重要性认知的程度有关系。在其看来,完全可以投入资金将村的文化投到LED屏幕中,这样可以让更多的游客了解村落的文化。因文化而生,而不重视文化,对于一个村庄的发展实施是极其不利的。

四、社区的营建

梅村在很多方面已经日益跟上时代的步伐了,无论是旅游的发展还是道路的建设,以及围绕旅游开发的一系列服务等等,都与以前有所不同。

在申请成为中国历史文化名村之后,梅村的建设才跟上来。不仅仅是各个景点的建设以及道路的重新规划。村民对于2000年之前的规划满意度很高,但是在2000年之后,各方的满意度就有所不同。

2010年后社区的建设情况:2010年6月19日,特大洪水灾害。有90户300多个村民受灾。在之后仅用5个月的时间就完成征地55亩,建筑面积2万平方米的新区建设任务。① 后来梅村斥资6.2万元,在距离村子不远的山上建了一座蓄水150吨的蓄水池,铺设一条1600米的塑料引水管道,并与原来的管道接网,从而改变梅村吃水难的问题,这是为了适应梅村的历史文化名村建设。② 2013年金文莲《申遗,"茶道"复兴良机》武夷山市长徐春晖告诉记者,武夷山将根据晋商于清代在梅村设立茶库、茶坊,在水路梅溪开辟茶埠等历史场景,规划建一处具有标志性的"中蒙俄万里茶道起点"纪念碑和民间斗茶广场,重修当年承载运茶的景隆号码头,制定茶道起点的文物保护规划和保护措施,整理相关文史资料,建设与万里茶道主体相关的展览馆等等。力争在明年(2014年)9月前完成对当溪两岸清代茶市街的风貌修复,修建好梅溪景隆号码头旁风雨廊桥、游客服务中心,并完成天一井斗茶广场的建设。③ 但是到2015年,风貌的修复以及天一井斗茶广场的建设并没有完成,更像被搁置了。

同时在致梅村村民的一封信中,在村两委履职承诺完成情况中,在2013年到2015年,完成报业项目征地2000多亩;完成天和项目征地;完成林地

---

① 金文莲:《山水交响:武夷山新闻报道十年》,福州:福建教育出版社,2014年,第516页。
② 《梅村建成新自来水工程》,《武夷山报》2000年7月26日。
③ 金文莲:《山水交响:武夷山新闻报道十年》,福州:福建教育出版社,2014年,第396页。

征地1000多亩,完成水田200余亩征地。争取资金1800万元,完成防洪堤建设;二期安置区109栋房屋基础建设已开工;投入约700万元,完成梅村古民居修复等相关工作;完成400多万元,完成管网建设。在过去两年,梅村社区的建设大多是围绕着报业集团。但是由于报业集团很多问题没有得到有效解决,让民众不满,也因此对政府有一定的意见。

　　Z阿姨,50来岁,有一儿一女,有两个店铺。儿子女儿都还未婚。现在住的房子太窄,一直想换个大房子。政府现在给的补助是一年一人20元,在Z阿姨看来,这点钱是远远不够的。通过了解知道,每人一年20元还是村民合起来砸了政府的部分家具之后才得来的,之前是什么都没有的。由于钱太少,Z阿姨是不想这么多人来参观的,因为得利的不是自己。因此在谈论是否感谢的时候,Z阿姨持否定的态度。自己的儿子要结婚了,没有钱,媳妇实在不愿意一起住的话,就自己搬去自己以前的老房子。这个当溪两边的房子是Z阿姨在2000年的时候通过3万元购买的。由于新区那边的房子是那些在2000年房子被洪水冲倒的,才可以过去住,这些房子没有倒的人家也想过去住,但是房子不够,所以是没有允许的。

　　J阿姨,37岁,有7个左右的兄弟姐妹。父母辈是从浙江江山迁过来的,目前大哥还在老家工作,父母在这边。听到自己嫁到这边的女儿发展还可以,所以就搬过来,住在东俊园。目前是打零工来维持生计,一年每人也有20元的政府补助。平时没事的时候,J阿姨认为自己是啃老本的。对于现在住的房子是不满意的,想重新有一套自己的房子。想住到新区那边去;这边房子可以折算成金钱,对于新区那边的房子认为二三十万是可以接受的,但是五六十万是没法接受的。

　　关于新区那边的房子,没有分到的家庭是不满的。现在工程停了,什么时候才能再建都是一个未知数。当我们认为住在景区里面是极好的,人多热闹的时候,更多的年轻人其实是不喜欢住这样的房子的,他们认为阴暗潮湿,不适合居住。当然也有认为住自己的房子很好的老人家。

　　Y老人,75岁,一个儿子五个女儿,老伴去世很多年了。自己家的居住面积很大。自己的存款有3万~4万吧。根据这边的规定,危房是有一定的补助的,平均1平方米8元,Y老人一年可以拿到1万余元。但是截止到今年的5月份,后面的政府没有钱给了,只能从别的地方挪部分钱过来。Y老人总共拿了2万余元。整个梅村一年得花200万左右。老人儿子女儿都在身边。在老人看来,以后的遗产主要还是给儿子的,因为女儿是没有继承权的。老人在二期那边是有自己的房子的,不过由于政府没钱了,还没有建起来。在这边有3个节日分别是中秋、端午、春节,儿子女儿都会给老人钱的,还有一些亲戚也会给。比如孙子,最低的有200元,儿媳妇会给老人家买衣服。所以礼钱一年也有5000~6000左右。老人生活完全不用担心。在老人看来,这边有钱的是卖地的卖田的,平均一亩有48500元。现在很多年没有做农活了。看着房子,家里还有一些鸡和两只鸭。一个月卖鸡蛋的钱都有200余元的。总体看来,老人生活得很幸福,没什么负担,白天上午收拾家里,下午就到镇国庙去聊天,偶尔花个几元在那边吃饭。对于政府征地,Y老人的看法是如果征用了,就应该好好地用,不用的话,放在那里是一种浪费,还不如不征用。

F哥在景隆号旁边有一家工艺店,是退伍兵人。由于伤残,政府每月给补助1500元,店的租金是一个月300元,店里的东西大多是自己做的,但有部分是自己从别处买来的。手艺主要从父亲那里学的。月盈利2000余元。F哥由于不小心从摩托车上摔下来,所以腿部留下了残疾。F哥的媳妇是个导游;其父亲是做木活的,自己房子里的东西大多是自己做的,房子自己已经盖了有29年。在与其父亲的聊天过程中,知道了在家里这么大的面积中,只有住的主房这边是有房产证的,新盖的是没有证的。不过这并不影响分新房子的权利。在与其父亲看来这边的房子是完全可以抵新的房子的。况且家里现在是四世同堂,10口人,平均一个人头24平方米,所以应该会有200多平的房子。至于老宅子那边,由于不能住人了,就空出来几十年了。目前有1000多平方米,其家是有300多平方米的,没有开发成旅游景点;最开始其父亲讲是由于这些旅游点是承包给私企的,他们不愿意开发这边的房子。再后来更深入地了解到是因为政府评分的不公,政府根据房子的完整程度、可观赏的度、遗留下来的可供开发出来游览的点的多少来决定给几分,但是由于分数相差的将近1倍,就不愿意开发了,认为不公平。因此利益分配不均,不是指各自共分同一个利益,而是政府对整体的评估不符合部分住户的利益。在后来的聊天中,其父亲说之前有人花60来万来买这个房子,但是没有卖,老房子是不能卖的。其父亲还是希望住到新区那边的。方家门属于四家所有,由于各自的利益的问题,旅游公司就没有开发,等若没有利益纠纷的时候,再进行商讨划入旅游景点的范围。

虽然部分村民有很多不满,但是这也是社区发展碰撞的必须。如今,梅村在很多方面都发生了很大的变化,我主要介绍一下两个方面:

第一,生计方式的多样化带来的经济收益的增多。之前,梅村的经济方式主要是种植水稻等农作物、外出打工等。现在不仅有自营的超市、旅馆、店铺还有茶叶的种植与比如:土特产店,茶叶店,糕子铺、饭店等。XPY饭店老板,今年(2015年)40来岁,正和四个人一起将自己的饭店完善成一个集吃住玩于一体的综合场所。有小孩子动手的农家餐具,有划艇,有音乐广场,有可供采摘的瓜果蔬菜,有可供观赏的孔雀等等。在老板看来,这个在将来的发展是很有优势的。此外,在笔者后期的回访中,看到梅村有了更多的变化:开起了建阳建盏的几个小店,出现了岚谷熏鹅的店铺,此外,又多了几家茶叶店。梅村的旅游发展对于村落经济的发展以及文化的提升起着至关重要的作用。

第二,娱乐方式的多样化。在梅村有一个电影放映场,但是很多年前已经停掉了。随着的社会的逐渐进步,梅村的娱乐生活方式也在逐渐跟上时代的潮流。目前年轻人喜欢到新区那边去打打篮球,在棋牌室打打棋牌,晚上在广场上跳跳舞(广场上专门安装了大的电视,专供娱乐活动用),老人也可以在老年活动中心活动。村政府每隔一段时间会组织老人出外旅游来丰富大家的生活。

结　语

梅村作为中国历史文化名村之一,其茶文化、饮食文化、建筑文化、宗教文化等等都在既有的存在上,赋予了其更多的意义。地方文人、精英力图挖掘梅村当地的文化符号,从而实现自己的发展。在挖掘的过程中,不仅对于传统文化符号进行了解释,同时也进行了文化再创造。而梅村在这种冲击碰撞中,不断地寻求适应性的变化和发展。是对传统的再造,也是对于社会发展的一种适应。

第二章

梅村的茶叶经济

※ 张云鹤

前　　言

2006年《乔家大院》一经播出,山西的乔家大院、武夷山梅村古村落等便进入人们的视野。剧中乔致庸到岩茶胜地武夷山梅村贩茶的片段,向世人展示了梅村作为产茶、贩茶集散地的悠久历史。借着这一契机,武夷山市人民政府于2006年5月16日在梅村口立下"晋商万里茶路起点"的石碑。

2007年国内掀起一阵"普洱热",茶作为一种日常饮料被大众所熟知,成为一种社会地位的象征符号。在这一刺激下,茶叶行业于2006年至2009年呈现欣欣向荣发展之态,梅村村民也在这一背景下,围绕"万里茶路"的提出,以"茶"为核心,通过"拔林种茶"、"自产自销"、建设"农家茶厂"、经营"茶衍生品"、打造茶品牌等手段求得更好地发展;然而,近两年茶叶市场受到政策、市场等因素的影响而呈现低迷状态,那么如何才能在激烈的市场竞争中求得一席之地,并创造新的发展机会?创新和打造茶文化品牌是有效的途径和手段。通过对梅村天驿古茗、邹府家茶与景隆号三个现代茶企品牌化过程的探析,以期向读者呈现梅村全方位、多层次的茶品牌建构运动以及梅村"万里茶路起点"形象的塑造过程。

一、天驿古茗:传统、遗产与创新

2015年7月11日,我和三位朋友很荣幸地偶遇从米兰茶博会参展归来的余先生。在天驿古茗文化体验馆对余先生以及他的朋友进行了一次访谈,从这次访谈中我们得知余先生和该朋友于2007年在武夷山创办了古茶道茶业有限公司,"天驿古茗"就是公司的主打品牌。注册商标之时,二人为茶商标的取名费尽了心思,因为两位都痴迷于武夷山茶文化,所以并不想自家的茶品牌落入俗套,基于2006年《乔家大院》的播出与当地政府"晋商万里茶路"的提出,二人最终敲定韵味悠长的"天驿古茗"作为茶企商标,具有浓厚的文化意味。

"天驿"代表晋商"万里茶路","古茗"则意指公司所产的茶均来自梅村上岩几百年老茶园。提起梅村老茶园,余先生露出欣慰的笑容,这200多亩有机茶园从梅村一邹氏人手中购得,当时还是一片丰腴的林地。风水先生参与了整个茶园选址过程,余先生从风水师那里得知此片茶山乃一风水宝地,便置办下来,建立"梅村上岩古茶园"。当然,名山秀水出好茶,武夷山天独厚的茶树生长环境为世人皆知。正如民国时期的林馥泉先生在武夷山对茶叶进行调查时所述:"举凡地势、土壤、气候等天然条件,均足影响产茶之良□。以论地势,武夷岩茶可谓以山川精英秀气所钟,岩骨坑源所滋⋯⋯山腹岩罅之处,每多腐质肥土流入,肥分既多,气水透通,此均适宜于根深植物如茶树之丛生。"①所以余先生选择这块茶园便是看中其生态价值;其次,这也是一种缘分,余先生是一位虔诚的佛教信徒,深信"以茶结缘",茶中蕴含着"千载儒释道,万古山水茶"的情怀。再者,《乔家大院》中讲述了山西乔家商业家族的乔致庸从一个乞丐身上偶然买到一张百年商路地图,潜心研究后发现因太平军作乱而封锁多年的茶路竟蕴藏巨大商机,便来梅村贩茶,使得梅村"茶村"名声大震。梅村古村落具有丰富的自然与人文景观,实乃灵气汇聚之地,既有青山绿水、山林茶园,也有外观古朴的古民居;当溪两岸的美人靠、古街、古井、古码头都将梅村点缀成一幅颇具水乡灵气的江南小镇。天驿古茗选择此地建立茶厂,也会给人以复古、怀旧的感觉,开启岩茶万里茶路。

天驿古茗以做"有机茶"、"良心茶"为信念。坚持自家的茶不打农药,不用化肥,人工锄草。但这样会导致茶叶产量较低、叶片不那么完美(比如有虫洞)等问题;再者有机茶不使用化肥,必然会以农家肥作为代替品,人工锄

---

① 肖坤冰:《正岩/外山:武夷岩茶的空间结构》,茶膏网:http://chagao.cn/view/newscontent.aspx? id=633,2014年6月24日。

草定会面临较高的人工费用。而这些费用最终只能以提高茶叶价格才能获得利润空间,如此企业才能持续运转。所以余先生特别希望国家出台大力支持有机茶种植的政策,给予企业一定的优惠扶持;鼓励茶企多做有机茶;茶企业才能在同一个竞争平台,形成一种良性的市场环境。也正是在这种信念下,公司茶叶产品获得QS质量安全认证与中国茶叶有机食品认证,基地陆续获得有机茶叶认证,同时获准使用大红袍原产地产品保护标志。

原产地产品保护标志是一项重要殊荣,标志着该产品具有良好的、地域性的优秀品质。1994年由WTO制定的《与贸易有关的知识产权协议》(简称TRIPS协议)中将地理标志定义为:"是表明某一货物来源于一成员的领土或该领土内的一个地区或地方的标记,而该货物所具有的质量、声誉或其他特性实质上归因于其地理来源。"①茶叶地理标志产品是茶文化遗产保护的一个有效工具。天驿古茗两大生态茶园基地分别位于慧苑坑和梅村古村落,所谓好山好水出好茶,大红袍古树的延续与武夷山得天独厚的生态环境有密切关系,这也是武夷山大红袍成为国家地理标志保护产品的重要原因。天驿古茗取得该地理标志保护产品的使用权,无疑为自家茶增添一份无形资产;其万亩有机生态精品茶园均源自武夷山6株绝世母茶树之芽,如今落地生根,广为栽种,更是赋予公司两大生态茶园基地一种神圣性,给茶旅体验者制造一种古老、原始的视觉氛围,试图向人们传达岩茶的古老与原始性。

武夷茶作为深厚的中华茶文化的象征符号,浸润着武夷山人的生活智趣和人文精神;梅村作为武夷茶贩运至俄罗斯恰克图的起点,经江西省铅山县河口镇(当时系江南大码头),装船顺信江而下,至鄱阳湖,再至汉口。溯江西上到河南,由汉水到襄樊,由唐河到河南社旗镇(今社旗县,此处为晋商转运茶之点),尔后用马帮驮运北上。经洛阳,过黄河,越太行山。经山西晋城、长治,出祁县后,就改换骆驼至库伦(今乌兰巴托)、恰克图。全程7000余里。武夷茶疏通了这条北上的茶叶之路,从此武夷茶香飘万里。

为了更好地利用"万里茶路"这项弥足珍贵的历史资源,余先生斥巨资请厦门大学教授复原了清朝时期梅村作为茶叶集散地"每日行筏三百艘,转运不绝"的贩茶盛景图。现在这幅图被镌刻在景隆号码头附近的石墙上,悄

---

① 李令群、谢向英:《福建茶叶地理标志文化遗产的保护与开发研究——以武夷山大红袍为例》,《福建农林大学学报(哲学社会科学版)》2014年第3期。

然无息,却又无时无刻不在向世人诉说着梅村茶村的悠久,展示着武夷岩茶的尊贵与傲气。2008年,武夷山还鲜有茶人用文化配包装茶,余先生和朋友就在历史文化名村——梅村景区开起了"天驿古茗"形象店,推出"梅村印象"和"万里飘香"大红袍,梅村的人文历史便沉蕴于这杯万里飘香的武夷岩茶之中。"梅村印象"一词实乃"云南印象"的借鉴,杨丽萍在《云南印(映)象》舞蹈中融入原始性元素、遵循原生态的路子,给人耳目一新的感觉,"梅村印象"的推出也亦遵循"原生态"这一当下热门主题,符合生活于当下浮躁社会环境中的人们追寻"回归自然、品味生活"的心理需求。

从上述可知,回归传统、回归自然成为天驿古茗挖掘茶文化的起点,但随着传统手工艺被列入非物质文化遗产,它的传承与保护便成为一种文化资本。近年,我国兴起一阵申报遗产的热潮,地方的、民间的、民族的文化日渐引起人们关注,并竭力获取"遗产"身份。"万里茶道申遗"也是在这一背景下发生的,"万里茶道"打造成为世界历史文化品牌被越来越多人提倡,东南卫视最近推出《茶道真兄弟》节目:三位艺人沿着"万里茶道"自驾旅行,途经我国福建、江西、湖南、湖北、河南、山西、河北、内蒙古八省,及蒙古乌兰巴托和俄罗斯恰克图,一路向北集齐6种中国茶样,并最终将所收集到的茶送往俄罗斯恰克图。以这种方式让大众了解万里茶道,推广中国茶文化,进而引起人们对万里茶道申遗的重视。

天驿古茗在"非遗热"的浪潮下,将"大红袍制作技艺"纳入茶文化建构中。众所周知,武夷岩茶制作兼取红茶、绿茶的制作精华,以工序繁复,工艺细致而闻名。大红袍制作技艺于2006年入选首批国家级非物质文化遗产名录,范辉当选第二代大红袍制作工艺传承人,成为岩茶文化传承和发展的代表。根据联合国教科文组织对"非物质文化遗产"的分类和定义,"传统手工艺"是非物质文化遗产所涵括的五大项目之一。我国国务院办公厅在《国家级非物质文化遗产代表作申报评定暂行办法》(国办发[2005]18号)对非物质文化遗产作了这样的界定:"非物质文化遗产是指各族人民世代相承的、与群众生活密切相关的各种传统文化表现形式(如民俗活动、表演艺术、传统知识和技能,以及与之相关的器具、实物、手工制品等)和文化空间。"①因此大红袍的制作工艺不单单是制茶技能,更与整个生活区域的文化相关

---

① 王文章:《非物质文化遗产概论》,北京:教育科学出版社,2008年,第42~43页。

联,将其列为非物质文化遗产,会大力促进武夷岩茶茶产业的发展及其岩茶文化的进一步挖掘。

茶人范辉传承了以"炭焙"为主的百年岩茶制作技艺,立志传承与保护中国独有的大红袍制作技艺,恪守古法,最大限度保留武夷岩茶的"岩骨花香"。天驿古茗公司传承400多年武夷传统制茶工艺,以第二代大红袍制作工艺传承人范辉父子为核心,不断提升制茶工艺及产品品质。天驿古茗极度苛求岩茶品质,要求碳焙时全部选用上等的龙眼木无烟碳,每一道工序都由制茶人精心烘焙。当问及制茶师傅为什么选用龙眼木无烟碳时,师傅一脸骄傲地说道:

> 优质龙眼无烟碳虽然成本很贵,但是材料比较坚硬而且十分耐烧,燃烧后不会有炭腥味,因此不会让烘烤的茶叶串味;焙茶时火候也会更稳定,这样才不会使茶焦或者走水不够。我们一年可以炭焙3000~4000斤茶,炭焙的茶属于高端、精制茶系列,主要面向懂茶、爱茶人士。[①]

可见遗产化也可成为一种资本,遗产化过程也可以说是一个遗产资本化的过程。遗产的资本说既强调"文化资本"、"象征资本"的价值,也强调遗产"经济资本"的作为。天驿古茗会所正是在传统手工艺传承机制下设立的一个茶文化体验基地,其中设有茶宴、茶艺(大红袍、红茶、擂茶、古琴、古筝表演,名家字画)品茶,审评茶。儒释道茶贵宾室,五星级客房内有茶枕、茶浴。据余先生说:

> 建这座古香古色的天驿古茗,旨在以茶会友,通过茶艺、茶宴、非遗手工制茶坊等多种形式,全方位展示茶文化的魅力。

名为"古茗坊"的手工制茶坊,在制茶时投入使用,让人们亲身体验采茶、制茶全过程,因此吸引了不少慕名而来的喜茶爱茶之人,这客观上也起到了培育茶人和促进茶消费的作用,成为吸引顾客的一种手段。在布迪厄(Bourdieu)看来,文化资本既是人们进入"社会场域"时所采取的特有的资本形式,也是参与社会权力竞争必备的"入场券"和符号[②]。通过技艺的历史价

---

① 制茶师傅为天驿古茗负责人的一位亲戚,来自于安徽,于2009来到梅村。据他描述:天驿古茗文化体验馆于2010年开始兴建,共修焙茶室8间。

② 龚坚:《从"遗产化"思考非物质文化遗产的保护——以非物质文化遗产"端砚制作技艺"为例》,《徐州工程学院学报(社会科学版)》2012年第3期,第36页。

值、文化内涵进行重新梳理保证千古文化可以被传承。

天驿古茗在传承传统制茶工艺的同时,也初步实现茶产业链的完整布局,逐步发展成为集种植、生产、销售、科研于一体化的现代化茶企。尤其重要的是天驿古茗招募年轻女性建立茶艺班、幼教班队伍并发展出一套定期考核制度来检查学生在茶艺表演、古筝弹奏、制茶工艺流程、岩茶历史、茶叶品种等多方面的掌握程度。L便是茶艺班队伍中的一位,她今年19岁,来自于武夷山市区。据L介绍:

> 天驿古茗有20~30人茶艺学习者,很多女生是之前在三姑卖茶叶,慢慢对茶兴趣,于是决定学习茶道、茶艺。

访谈期间L饶有兴趣地向我们讲述"大红袍"的故事:一位书生进京赶考,不幸晕倒在路途,天星寺的一位方丈见此,便将其带回寺庙内,为他煮了一杯汤药。书生喝了汤药便清醒了,感觉神清气爽。然后进京赶考,竟高中状元。后来庙中谢恩,从老方丈那得知治好自己病的汤药乃是从九龙窠3棵高大的茶树上采摘下来的茶叶熬制而成。状元听了,要求采制一盒进贡皇上,第二天庙内烧香点烛,击鼓鸣钟,召集僧人向九龙窠进发。众人来到茶树下焚香礼拜,之后齐声高喊"茶发芽",然后采下芽叶,精工制作,装入盒内。状元带茶进京,正遇上皇后肚疼鼓胀,见此状便立即献茶给皇后服用,果然"药到病除"。皇上大喜,便御赐一件大红袍,让状元代表自己去武夷山封赏。一路礼炮轰响,到了九龙窠,状元命人将皇上赐的大红袍披在茶树上,以示皇恩。令人惊讶的是等掀开大红袍时,3株茶树的芽叶在阳光下闪出红光,众人说这是大红袍染红的。后来人们便把这3棵茶树称为"大红袍",还有人在石壁上刻了"大红袍"三个字。

武夷岩茶传统的采摘方法,极为精细的制作工艺得以充分保留岩茶的"岩骨花香",这种传统工艺是武夷山历代茶农在长期的实践中摸索总结出来,是集体智慧的结晶。被访者L作为一名在此学习茶艺、茶道的学生,对岩茶的历史及其制作方法有着充分的了解。访谈过程中L为我们讲述了乌龙茶的制作流程,主要包括:采摘、晒青、倒青、摇青、杀青、炒茶、揉捻、烘焙、拣茶、复焙等一系列程序。

1.采摘:采青时间根据茶叶品种(早熟种、中熟种、晚熟种)、天气情况、做茶的茶叶等级要求的不同而变化。比如早熟品种有105;中熟品种:梅占、铁罗汉、305;晚熟品种:水仙、肉桂等[资料来自万里传奇汪叔叔口述]。如果要制作岩茶,则需按"三叶一芽"规则采摘鲜叶;如果是制作红茶,只需采摘"一叶一芽"。如果要制作高档茶,则一定要人工采摘,最大限度地保留鲜叶的完整、原态,人工费会更高;如果是制作中低端茶一般会采用机器采摘。采青时尽量选择晴天,这样有利于晒青。

2. 晒青:晒青是鲜叶由硬——软的过程,是为了使叶子走水。一般分日光萎凋、室内晾晒两种形式,大约晒两个小时。

3. 倒青:倒青最重要变化是水分大量丧失。

4. 摇青:左右摇晃40下,大概7到8轮,以达到发酵目的,使茶叶呈现绿叶红三边的作用。

5. 杀青:杀青的作用是为了停止发酵。高温杀青时温度可达200多度。

6. 炒茶:把茶叶炒熟,炒茶时摇一次后停止40分钟,一次摇工序需要7～8小时。

7. 揉捻:将茶叶揉成形状,大概需要10多分钟。

8. 烘焙:定形 一般是100多度,一共需15小时左右。

9. 拣茶将梗、黄片拣出去,由于"三叶一芽"的采摘方式,第三片叶子比较老,做完之后,需要将老叶子剪掉。

10. 复焙

我们可以看出,天驿古茗鼓励对不同年龄不同群体的培训,其雄厚的资金基础能坚持长时间的培训,建立完善的培训机制,使学习者能够学到完整的技艺,并最终能为公司日后参与的茶博会、茶文化交流会、米兰世博会等茶事活动服务;尝试建立以年轻人传承和发展为基础的发展模式,让更多年轻人参与到岩茶文化学习与弘扬中。

可见,该企业在传承、保护的大环境下,采用被列入国家非物质文化遗产的传统制茶工艺,尊重并聘用传承人成为企业的制茶师,这也是传承人增加就业、提高收入的一种途径。正是在传统制茶技艺传承中岩茶被得以重新定义、挖掘、重视、运用。抓住传统制茶工艺背后的商业机遇,以古法制作为基础,进行创新性的发展。之所以将古法制作作为企业制茶的核心工艺,那是因为大红袍制作传承技艺具有一种原创性,以特殊的技艺,通过技术化过程将大红袍制作出来。在原生态文化的表述中,原创性使人联想到与某一个民族、地方的艺术创造和创作的关系。所以它不仅仅是一项制茶技艺,更是作为一个符号资本而存在;是世界背景下的一种文化表达,是在全球化浪潮下,人们对地方性知识重视的表达。因此将大红袍制作技艺纳入非物质文化遗产、引入人们的生活空间的理念体现了对地方性知识的尊重,也适应现代的生活和思想。

2010年天驿古茗从武夷山一千多家茶企中脱颖而出,成为唯一入驻上海世博联合国馆的武夷岩茶品牌,成功入选"中国世博十大名茶",向全世界展现了武夷岩茶的魅力与风采。余先生以"国礼"身份塑造武夷岩茶,是因为这里面有关大红袍的故事:

1972年,尼克松访华,毛主席以四两"大红袍"相送。尼克松甚为困惑,一个大国领袖,怎么才送他四两茶叶?周总理向他解释,此"大红袍"乃为世代皇室贡品,一年所产不过八两,主席送你四两,等同于送你"半壁江山"。尼克松听闻此言肃然起敬。

此次访华,开启了中美建交的新篇章,并由此导致众多西方大国纷纷和中国建交。"大红袍"作为国礼,在外事活动中传达了中国人的友好和渴望和平的愿望,也体现了中国的大气。与此同时,天驿古茗也成为"唯一入选上海世博会联合国馆武夷岩茶品牌",在上海豫园国际茶文化艺术节中被授予"中国精品名茶"称号。此后,天驿古茗更是以树立品牌形象为重,对产品进行精准化的品牌定位称号,于2011年获准使用武夷山大红袍中国驰名商标。"天驿古茗"大红袍作为唯一入选上海世博会联合国馆武夷岩茶品牌,用独有的"岩骨花香"向世界展现中国茶的大师风范。入选"中国世博十大名茶"的"天驿古茗"大红袍,接待过联合国副秘书长、联合国人居署执行主任安娜·蒂贝琼,国际电信联盟秘书长哈马德·图埃,原国务院副总理吴仪、原全国政协主席李瑞环等各界名人。①天驿古茗凭借其身后的岩茶文化、有机绿色健康的品质、高贵奢华的品牌形象而赢得世界爱茶人士的认可。而进一步利用西方认同来提升岩茶在世界体系中的地位,将获得更多关注。

"天驿古茗"实现武夷岩茶品牌的象征化,使企业的品牌成为消费者可用于建构和表达自我的一种象征。打造国礼级大师茶,以"国礼"身份见证中美建交这一历史性时刻,成功地将其品牌打造成尊贵、霸气的品牌形象,"大师茶"更是将高贵的大红袍芽叶融入传承人大师的古法制作工艺中,体现武夷岩茶的传统与精致。

当我们迈进天驿古茗茶文化场地时,一股古朴浓郁的岩茶香芬芳沁鼻;四周小桥流水,红鱼嬉戏,不禁让人想起"茂章妻子为陪伴走水运贩茶的丈

---

① 引自《天驿古茗:晋商万里茶路的传道者武夷岩茶香飘万里》,福建茶叶新闻网:http://fjteanews.com/newsshow.asp?id=26273,2013年8月5日。

夫,而化作"鲤鱼精",相形相随,不离不弃的爱情故事;茶园中点缀着几株野花,伴着微微凉风,在这茶香中如痴如醉。最惹人注目的便是铺展于古墙之上的古代茶作图,呈现了制茶过程中捡茶、炒茶、揉茶、装桶等一系列环节。这样充满文化气息的茶园布局,总是让人流连忘返:全手工、碳焙制作岩茶让人追溯远古的制茶场景,体验制茶师传来的温暖;精湛细致的制作工艺让人浮想生活在久远年代的人们的生活方式与智慧;被遗产化的大红袍制作工艺传达着一种温暖和关怀,它是有温度的;记忆着一代人的生活,它是充满智慧的,契合了当代人追寻一种复古的、原生的、原创的、自然的文化心态。

可见,天驿古茗在取名、选址、包装等方面都融入了文化元素,茶不仅承载着深厚的文化内涵、也体现着不同时代之下的人们的思维方式、生存智慧及与自然的关系。天驿古茗茶企业以继承传统技艺为基础,通过引进现代设备、技术人员、营销团队进行创新性发展,不断引入品牌理念,加强品牌保护树立品牌形象。以动态角度向世人展示了武夷茶从梅村到恰克图,从武夷山到世博会,从皇家贡品到外宾国礼的漫漫茶路,使茶融入人们的生活,成为人们的一种生活方式,不断走向精准化、标准化、规范化道路。当大众消费成为全球化的重要内容,旅游业成为大众消费最重要的构成,天驿古茗不断结合时代特征,利用丰富的自然和人文景观,打造天驿古茗作坊和高级茶会所,让爱茶人士可以亲身体验茶文化旅游带来的愉悦感。

二、邹府家茶:一个地方宗族力量的象征符号

据《崇安县志》记载:"康熙十九年间,其时武夷茶市集崇安梅村,盛时每日行筏三百艘,转运不绝。"可见当年此地茶叶交易十分繁荣和活跃,梅村乃是一个重要的茶叶集散地;邹氏族谱记载:乾隆二十二年(1757年),乾隆皇帝下旨:关闭沿海各个海关,仅留广州一口通商,邹家将武夷茶运往广州十三行售于洋人,使闽茶赖于大行,邹家在广州设有茶票行,开辟了邹府家茶的海外贸易之路。

据当地人介绍,清朝时期,邹茂章四兄弟迫于生活压力,从江西迁往梅村,希望寻找一条生存之路,后来经营茶叶有道,又有晋商常氏合作建立了景隆号、集春号两大茶庄,一同为万里茶路的开辟做出了重大贡献。这条北

上的茶叶之路始于武夷山梅村,经江西省铅山县河口镇(当时系江南大码头),装船顺信江而下,至鄱阳湖,再至汉口。溯江西上到河南,由汉水到襄樊,由唐河到河南社旗镇(今社旗县,此处为晋商转运茶之点),尔后用马帮驮运北上。经洛阳,过黄河,越太行山。经山西晋城、长治,出祁县后,就改换骆驼至库伦(今乌兰巴托)、恰克图。全程7000余里。由于晋商极具谋略,又注重信用,很快取得了俄商及俄政府的信任,后来又把茶叶生意做到俄国,并扩延到其他东欧国家,使茶叶之路延长到1.3万多里,形成名副其实的"万里茶路"。

据村民讲述:"其实,我们梅村茶与北美波士顿的倾茶运动有着联系,历史十分悠久。"这种说法普遍流传于梅村的茶商阶层。据《武夷茶说》载:"1773年11月28日,三条英船到波士顿港,所装茶叶342箱被敕令'不得起卸',留在船中。12月16日九十余波士顿市民攀登上船,将所有茶叶三百四十三箱,悉数投于海中。"①显而易见,波士顿倾茶事件确属真实。那么这个事件是怎样与武夷茶有着关联呢?这要从当时的历史情境说起,近代以来,英国不断加快殖民扩张进程,在掌有远东之商业贸易权后,大量输入中国之茶,其中武夷茶被视为上品。为了获取利润,英国人将茶叶转运至北美等殖民地销售,因而激起当地人民的反抗。

《武夷茶说》一书中陈述了当时马萨诸塞州有一老妇,请求准予购茶的特批许可,其许可证尚存于该地的历史学会图书馆,其许可证文曰:"查Baxter夫人请求发给购买武夷茶四分之一磅证明书,鉴于彼之年迈体弱情形,自当不在本会限制之列。特此证明。"②从这张证明我们可以了解到当时禁茶之严格;另一方面也说明武夷茶的药用价值极高,非常尊贵,作为药用,自然更是在被抵制之列。而梅村人则巧妙地运用借位,将武夷茶置换成梅村茶,这种做法更是成为邹府家茶品牌文化建构中浓墨重彩的一笔。

在一次茶聊中,邹府少东家的丈夫向大家介绍邹府家茶文化、历史、品茶等内容时也提及波士顿倾茶事件,可谓是邹家茶小,却牵连着大世界。但从上述记载来看,导致波士顿倾茶事件的是武夷茶,而梅村邹氏家茶只是武夷茶的一种,事实上到底是哪种茶并不重要,甚至波士顿倾茶事件本身也不是我们所追求的真相。我们所在乎的是这个故事为何会存在村民记忆中,

---

① 黄贤庚:《武夷茶说》,福州:福建人民出版社,2009年,第187页。
② 黄贤庚:《武夷茶说》,福州:福建人民出版社,2009年,第187页。

第二章 梅村的茶叶经济

它是如何被重新发现、利用的,为什么要挖掘这个故事作为追溯邹府家茶历史的一个重要元素。追源溯流是表述自己文化的一种常见的方式,因为人们总会通过一些实物材料、叙事性材料(比如神话、传说中与祖源、祖先有关的文字和口述材料)或者已经化为生活一部分的风俗材料来找到认可与认同,将邹府家茶与北美波士顿倾茶事件联系起来,是为了表述邹家茶自近代以来就被卷入全球化体系之中,可以获得一种国际认可提升邹府家茶的档次与品位。

邹府少东家邹晓琳出嫁婚礼完全传承中国清代时期梅村的婚俗礼数,对古制婚礼进行复原。其中,最重要的元素——茶贯穿了整个婚礼过程。茶礼,是聘礼的一种,以茶为彩礼的习俗,在中国各民族中至今仍在流传。从订婚至结婚,常举行下茶、纳采、问名、纳吉、纳征、请期、亲迎等各种仪式。《仪礼·士昏礼》谓此乃"三茶六礼"。这场婚礼复原了古时茶在梅村婚俗中的重要地位,按照家族传统,新娘需女方烹茶、煮茶,向父母敬上孝心茶;煮茶过程中要先温热紫砂壶,使得茶味更甘醇;邹府喜茶饼乃是作为新娘最为珍贵的嫁妆之一,茶饼刻有龙凤吉祥图案,和"邹府喜茶"四个字。

通过对梅村古典婚礼的复原,将邹府家茶礼节融合进整个婚礼之中。深度挖掘邹府家茶,让"邹府家茶"进入生活与礼仪之中。在奢华、怀旧的古典婚礼中品味邹府家茶的悠久历史;传承邹府喜茶的尊贵地位。这场古典婚礼展演了清代梅村的繁华盛景;也是对邹家历史的一种追忆;更重要的是将邹府家茶茶引入现代人们视野之中。可谓既涉及过去,又涉及传统,同时又与现在发生不可分割的关系。

为了更好地推介邹府家茶,邹家人还充分利用梅村旅游中游客必来的景点——大夫第。让一些老人在门前捡茶叶,营造一个"纯手工、有味道、有温度"的画面;精选正岩茶青,采用祖传工艺精工焙制。据杨阿姨介绍:

> 自家的茶源于武夷茶,分为大红袍和武夷红茶。大红袍按品种分:肉桂、水仙、大红袍、名枞、大红袍;按山场分:正岩Z、半岩B、大红袍;按工艺分:清香、浓香、花果香;武夷红茶主要是正山小种红茶,产于武夷山自然保护区的桐木。

少东家的丈夫也说过武夷茶高下分为两种:

> 岩茶中最高老者曰老丛小种,次则小种,次则小种工夫,次则工夫,次则工夫花茶,次则花香。邹府家茶现在也在研制一种大众茶,所谓"琴棋书画诗酒茶,柴米油盐酱醋茶",茶可雅、高,也可生活化。

邹府家茶希望可以打造一款希望每个人都能喝得起的邹府家茶。同时还会利用自己邹氏第29代媳妇、邹府少东家等身份来营销邹府家茶,充分还原邹家历史。可见,邹家人充分整合利用家族历史来呈现不一样的邹府家茶,将历史的、世界的元素都囊括进自己的茶文化建构中。

当然,说到邹府家茶,就不得不提及景隆号茶庄;二者同为邹家后代,却有着不同的茶叶品牌,建构着这不同的邹氏茶文化历史。

三、景隆号:地方知识精英与茶文化建构

谈及梅村,就不得不说起醉心于挖掘梅村历史文化资源的邹全荣老师,梅村成为万里茶路起点村与邹老师密不可分、中蒙俄举办三国市长峰会时的广场设计,邹老师都有全程参与。雕塑广场中的会标由圆形、茶叶、竹筏、波浪组成,"圆"代表地球,"波浪"代表水运,波浪之上承载着竹筏,寓意武夷茶叶经水运销往世界各地。

可见"万里茶路起点"的提出并非源自或创造于种茶、制茶的民间的、乡土的、山野的民众,而是出自当地文化精英之口笔以及掌握有主流话语权的,具有权威主导地位的媒体和文化掮客。正是类似于邹老师这样的地方精英的参与,梅村悠久的历史、茶文化才会不断被建构、整合,在日复一日的流程中,不断加深本地人对万里茶路的认同。

邹老师作为一个"乡土作家",在挖掘梅村历史文化资源的过程中,发现芦下巷一座古宅的右侧石门柱上刻着"景隆号"三个字,景隆号乃邹茂章建立的第一个商号,创于1718年,是邹氏茂章为四兄弟中的长子建立的,由于创业之始资本不太雄厚,所以景隆号不如邹氏家祠、大夫第那般精致。茂章公做茶叶生意向来注重忠诚信用,这也赢得了晋商常氏的信任,两家遂结为盟友,两家一直保持良好的合作关系,《常氏家乘》中道德条规写着:"至于寄迹廛市,更有可法者。栉风沐雨,以炼精神;握算持筹,以广智略。其深藏若虚者,有良贾风;其亿及屡中者,有端木风。持义如崇山,杖信如介石,虽古之陶朱不让焉。"①邹茂章觉得《常氏家乘》颇有树正气、振精神、律行为的作

---

① 《景隆好:晋商武夷山贸易第一站》,东南网:http://np.fjsen.com/2014-09/14/content_14871729_all.htm,2014年9月14日。

用,也令后人传抄此条规,旨在效仿常氏教育后人,培植商德。据毛阿姨讲:

> 景隆号茶庄一直恪守"诚信经营,致富履义"的商德,以德经商,富而思源,富而投入公益,这也一直是邹氏后代经商做人所坚持的理念。

基于此,邹老师萌发了复兴古号的想法,自己的儿子大学毕业后申请到一笔大学生创业基金5万元,由于对茶有着浓厚的兴趣,所以在毛阿姨的协助下于2006年注册万里茶路有限公司。2013年该公司在梅村设景隆号店铺,主要负责茶文化推广,宣传自己的茶品牌。毛阿姨说:

> 景隆号才是正统的邹氏茶,他们是邹茂章这一支系下来的子孙;而大夫第的邹家人则是邹茂章四弟一支的支系,大夫第是邹茂章送给四弟一个生日礼物。所以一定要大力推广景隆号品牌茶,让大家了解邹家历史。

目前,景隆号在河南鹤壁市设有景隆号办事处,其销售范围也在不断拓广,主要销往山东周成、山西、武汉等地。

2011年12月17日,联合国教科文组织创意文化产业评审专家贾斯汀参观万里茶路起点梅村时,在全荣创意茶修社题词签名:"这是万里茶路的起点,这条路一直通向俄罗斯。"大会上景隆号以"香、清、甘、活"传递正能量,香代表气质,意味着品德高尚;清则是汤色,寓意廉洁自律;甘是指茶的滋味,体现一种奉献博爱的精神;活是一种潜力,给我们适时发展的动力。

不仅古宅之上的"景隆号"记载着邹氏茶的渊源历史,村中的"天一井"及其由它延伸而出的清朝茶人们斗茶传说也承载着邹氏茶的辉煌历史。通过实地调查,我发现当地村民很少有人知道天一井斗茶之说,只有邹老师在武夷山天一井趣谈中讲到"天一井"斗茶的故事。目前关于斗茶传说的故事大概有两个版本:一种是邹茂章为规范春茶定价,想出一个妙计便是在大井公开征集井名号,谁获胜谁就拥有今年春茶上市定价权;另一种说法是当地梅家老板非常不满意邹满春,于是设计谋要求二人为大井起名,如果邹满春获胜,大井还可以继续归村中所有;反之,则归梅家所有。起名规则都是一样的,即须在"大井"二字范围内构思,添减笔画不得超过两笔,时间以一炷香为限。两个故事的结局也是类似的:"天一井"井名号最终获胜,正应了《易经》中"天一生水,地六成之"的理念,具有水克火之意,这也考虑到茶行最忌火患的因素,此外,天一井也有"天下一家"的意思,希望这口井属于天下人共有。

由此看来,不论天一井斗茶是否为客观事实,或者是否为主观建构。我们所得到的信息是至少在清朝梅村已是一个以茶为主的村子,种茶、制茶、斗茶已融入人们生活之中。这个民间传说更是为梅村茶的悠久历史增添了一抹传奇;也彰显了邹氏家族恪守商德、公正诚信的优良品质。而目前梅村的斗茶活动呈现复兴之势,据梅村一位从事茶叶销售的阿姨说:

> 这次在黄村举办了斗茶,共有150个茶品种参赛。赛事为期三天,第一天评审大红袍,第二天是肉桂,第三天是水仙。

除了"天一井"斗茶传说外,景隆号茶主人还讲述了"红贵仁"的故事:邹家在一次做茶中将茶做坏了,为了保证茶叶品质和良好的口碑,不能在本地销售;但又不舍的将其丢弃,便将这些茶叶储藏于景隆号仓库内。第二年,由于做新茶需要较大的库存空间,所以不得不把这些茶叶丢弃。将茶叶运到河边正要丢弃时,一位人笑着说道,你们这是要送我茶叶啊。工人们便顺着他的话说是啊,昨天就听说有人过来买茶叶,我便把茶叶送到码头边。这样一说,玩笑话倒是成了真了,工人们便带这位去见掌柜邹茂章。这样一谈,生意成了,邹茂章便差人将茶叶装好送上码头,但又说道,可以把茶叶销售之后再来付账。这位买茶的人甚是讶异,买卖茶叶都是一手交货一手付账,怎么我可以销售后再来付账?邹家一向诚信卖茶,便告知实情。这位买茶的人便将其带回山西,交给东家常式,并告诉他这些茶叶是做坏的。常氏决定将茶销往国外,这些茶叶漂洋过海地被送往英国,在漫漫路途中,被做坏的茶叶在阳光的照晒下,吸收海面上的水蒸气,使得这些茶叶得以再次发酵。在英国以3锭银子/单的价格出售,卖掉了一半。后来来了一位老顾客,将剩余的一半以6锭银子/担的价格将其买走。回来后,常氏按1锭银子/担的价格付给邹家茶钱。由于受到英国人的喜爱,便以2锭银子/担的价格要求邹家再次做这种茶叶。但是邹家一直做不出来,在一次酒宴中,常氏酒醉,便透露出茶是漂洋过海销往英国,邹家才得知茶叶是得到再次发酵。所以再次做茶,便最终做出这种红茶"红贵仁"。目前景隆号所经营的茶品种类中便有这种"红贵仁",这是一种中高端茶,成本价30元/斤。

在田野地调查期间,遇到一位来自梅村隔壁村落"天星村"的刘先生①,在木雕工艺、建筑文化、民宿经营等方面有着丰富的地方性知识。作为梅村

---

① 刘先生痴迷于历史、醉心于建筑,偶尔会过来梅村找老友吃茶、雅聊。与刘先生相识也是一种缘分,当时刘先生过来梅村为一位想要开民宿的朋友做施工设计。我们在对面的一家五金店和一位爷爷聊天,刘先生和他的朋友们正好过来歇息、喝茶,于此,便结了缘分。

聚落之外的"局外人",他对于梅村成为万里茶路起点有着非常大的质疑:

  首先,梅村当溪两岸非常狭窄,即使历史上当溪曾经比较宽阔,它也不是一个典型的产茶村,只是凭借优良的水运体系而成为一个茶叶集散地;再者,梅村被替代的可能性非常大,因为周边村子比如星村、曹墩,既有茶树种植基地,也有良好的水运系统。

  他的这些说法在历史典籍中也有相关记载,民国《崇安县新志》:"清初,本县茶市在梅村、星村,道咸间梅村茶市转赤石,梅村废,而赤石兴。红茶青茶由山西客,俗称之西客,至县采办,运赴关外销售。"[①]贩茶采用水运最为节省人力,也是速度最快的运输方式。清代人们习惯把茶沿着崇阳溪,梅溪往下放,放到现在的陈村,由于每个溪的深度不同,所以每个溪的吃水线也不一样,那么溪流能放多大的船也是受限制的,到了一个大码头以后需要换船,一般在陈村换船一次;陈村换到南平再换船一次;在咸水、淡水交界的地方再次换船。每个中转点都是山河交界的地方,比如梅溪、崇洋溪,九曲溪交汇处,换船的时候并货,将船再继续往下放,然后出海。一般经过竹筏—中船—大船的几个变化。

  而梅村之所以成为万里茶路起点,一是因为梅村保留着较为完整的古建筑群,是比较实在的可供观赏的实物形态;二是因为星村码头附近的土地一部分被征用建设高速板,原始码头被破坏;三是乔致庸到梅村贩茶的故事广为人知,当地政府大力支持有关梅村历史文化资源的挖掘工作。所以梅村成为"万里茶路起点",也是极具天时、地利、人和三大因素。

结　　语

  随着生活水平的提高,消费不仅仅是为了满足基本需求,更大程度上是为了象征意义而购买产品和品牌。事实上,象征消费往往被他们看作是当代消费文化的一个突出特点。而在象征消费的条件下,一件商品(包括品牌)若想成为消费的对象,它必须首先成为一个符号或象征,[②]从产品或品牌的物质属性(一种饮料)和功能利益转移到它们的象征性或表达性联想上。

[①]　黄贤庚:《武夷茶说》,福州:福建人民出版社,2009年,第178页。
[②]　王长征:《试论象征消费与品牌象征化》,《外国经济与管理》2007年第4期。

邹府家茶以邹家历史为背景和依托,及时反映出时代文化特征,打造高附加值的品牌化的创新创意产品,研发大众茶来引导时尚消费,使邹府历史内涵及其附加值得到真正体现。作为一种符号,我们通过民族民俗符号看到的并不只是一个单纯的能指指符,其背后的所指含义是经过由过去到现在的人们在生活中融入了大量的地方性知识而逐渐形成的,约定俗成的解释,是作为一种历时性的过去在"现在"的存在,成为历时性与同时性的一个连接点。其次,在历时性内部,通过民族民俗符号,我们可以追溯现在以前的时间,甚至在我们的脑海里构想出整个符号所指的历史发展过程①。家族历史成为一种符号资本被加以利用,在文化产业运作中具有明显优越于其他符号资本的市场优势。

"邹家"这一传统文化载体,在现代社会中则是作为一种符号资本运作,对于符号资本而言,市场代表着需要,代表着商业价值,因而要将一个符号转化为资本,就要使其满足市场的需要、满足需要的功能越多,其背后所指的市场也就越大,资本价值也就越大。下面这组列表充分体现了邹府家茶由一个历史符号——资本符号的转变,对"邹府家茶"这一指符的不同解读,可以产生不同的所指,而每一所指都对应着相应的市场,最后通过这些市场的再建构,最终得到作为资本符号的"邹府家茶",将文化优势转化为市场优势,不仅具有很好的文化延展性和发挥空间,也提升了利润空间。

邹府家茶	所指	市场	
邹府家茶 邹府喜茶 (历史符号)	大夫第捡茶	民俗、摄影爱好者	邹府家茶 (资本符号)
	大众茶	高端客户 游客、中低端客户	

虽然不存在绝对意义上的"历史感",但是在大众消费成为全球化的重要内容的背景之下,"历史感"是流动的,可以被想象的。比如通过找寻岩茶原初的生态环境,民间传说赋予岩茶一种高贵的身份;将传统与现代相结,创立符合当下审美情趣又具有复古情节的品茗方式;借鉴大红袍制作工艺遗产化、申请国家地理保护产品标志,这都建构了岩茶的原始、古老。通过

---

① 肖坤冰:《传统的、现代的、未来的——作为符号资本的民族民俗符号》,《康定民族师范高等专科学校学报》2007年第2期。

挖掘资源、整合资本、创意设计的方式将深层符号体系和意义融合进邹府家茶中,全方位、深层次地丰富邹家茶文化内涵,这实际上是邹家人对自家茶文化的再生产过程,是社会能动主体的一种选择。

在现代消费主义、文化产业背景下,梅村天驿古茗、邹府家茶、景隆号三个现代茶企在品牌化过程中充分整理资源、挖掘资本来打造属于自己的独特的茶叶品牌。通过建构民间传说、举办茶事活动、追溯波士顿倾茶事件、梳理历史典籍、整合地方精英力量等手段来将自家茶提升到一个历史高度;随着旅游业的发展,通过移植"大红袍"母株茶芽、"邹家喜茶"的创意表演、传统制茶工艺的遗产化等方面的宣传,以求在继承传统的基础上,跟随时代变迁进行创新性的发展,符合现代人的审美情趣与品味。

第三章

梅村的市场交易

※金 焱

前　　言

本章主要考察了梅村以墟市为主的传统商品交换方式，并从空间分布和集期排列这两方面描述和分析了崇安县(今武夷山市)的墟市网络。在为期近两个月的田野调查中，获取资料的方式主要是三种：一是参与观察；二是访谈法；三是官方文献(主要是古籍、县志)。

墟市，也称集市，其在中国乡土社会中的历史非常悠久，作为一种极古老的传统市场形式，墟市在今日的中国农村社会中依然活跃。不仅仅是这次田野调查驻地梅村的墟市很热闹，整个武夷山市的墟市网络都还保存得非常健全、具有活力，了解和认识传统市场如何在现代社会保持他的生命力是非常有意义的。通过不断深入地调查，笔者发现要研究墟市，光看一个村子的墟市是远远不够的，墟市总是以市场网络的形式存在的，只单有一个墟市是不可能存活下去的。墟市这种周期性的传统市场是将人们的需求和交通能力在时空上进行调整，最终使得空间和时间的配合达到一种和谐，以较高的效率满足人们的需要。这种调整过程是长期的、“自觉的”，崇安县(武夷山市)的墟市自宋元出现以来，经历了近千年的发展和变化，自明末清初以来就大体上保持了一个固定的框架，几百年来只是发生过一些细微的调整，新中国成立后，墟市虽然几经调整，又多次被禁止，但在七八年后像弹簧一般迅速复苏到原先的状态，这些过程都是乡镇居民们自发发起、组织的，与此同时复苏的还有民间的宗教信仰，它们的复苏都不是某种巧合，而是地下的暗流重新涌现在地表之上。另外还有“蜡烛会”、“柴头会”这些地区性的赛会活动,它们不仅是一种物资交流会,还是和地方传统信仰联系在一起的,这些交易活动不仅具有经济功能,还是一个社会性的交往活动,通过这些活动人们更清晰地认识到自己处在哪一社区圈子之中。

一、"墟"

"墟",又称为集,在梅村,每五天一次,是本地较为重要的商品交易活动,也是梅村及周边村民们购置日常用品、加强社会交往的一个重要时间节点。本地的史料典籍上对于"墟"的记载不多,往往寥寥几笔带过,在民国三十一年的《崇安县新志》上,只花了不到一页的篇幅来记载县里的墟集,崇安的市场"商场以城坊为大,赤石、星村、兴田次之,岚谷、吴屯、五夫又次之,市场之地均有墟"[1]。完全没有关于梅村墟市的任何记录。

对"墟"这个称呼,官方和民间的理解也大不相同。《崇安县新志》中为数不多关于市场的记录里,用了一大段话来解释"墟"这个称谓:"商场向有四种称谓,就地址言则曰场,就意义言则曰市,日场曰市为都会之大者,至于村镇则大率五日一市,就其聚日而言则曰集,就其散日而言则曰虚,虚即虚实之虚,不从土,俗加土旁作墟,沿误已久,特为正之。"[2]但当地人则认为"墟"这个称呼是因为"集"字在闽北话中的发音和"墟"相近,所以久而久之大家都把市集称为"墟"了。

而从全国范围的角度看,"虚"是个地域性的概念,北方多称集,而南方则称虚。在《说文解字》中,这样解释墟:"按虚者,今之墟字……虚本谓大丘,大则空旷。"大致是说岭南地区多山地,集市地点常是山中的一片空地,所以集市因此得名为"虚"。还有一个通俗的说法,"墟"与客家人的口语有关,客家话里将乡镇称为墟,乡镇便是集市之地,赶集之日也就是上墟之日,便是墟日。

"墟"这种市场形式作为传统中国社会乡村里极为重要的商品交流渠

---

[1] 刘超然、吴石仙主修,郑丰稔、衷千修纂:《崇安县新志》,厦门:鹭江出版社,2013年,第163页。

[2] 刘超然、吴石仙主修,郑丰稔、衷千修纂:《崇安县新志》,厦门:鹭江出版社,2013年,第163页。

道,是适应农民以及其他小生产者之间产品交换的需要而自然形成的,是基层的商品流通网络,同时它也被看作是无组织、散漫的、不正式的一类市场,一直不受到官方的重视。而正是这类不规范的自发市场支撑起了乡村几乎全部的需求。各个地区对于墟集不一样的称呼(集、墟、亥、场、街等)和对墟的称呼大相径庭的解释正体现出"墟"是怎样一种非官方、民间的市场形式,但不代表其不重要。

二、梅村的墟市现状

(一)"小市"

施坚雅将中国市场体系分为五个层次:基层集镇、中间集镇、中心集镇、地方城市、地区城市。他将村庄中的"集市",称为"小市"。这类小市"专门从事农家产品的平行交换,很多必需品难以见到,实际上不提供劳务或输入品"①,他认为这类初期的基层市场在整个市场中占到了边缘地位,是一种过渡形式,并不将"小市"划入整个市场体系之中。在梅村,我们每天都可以看到这样的"小市"在运作,它主要满足村民交换多余农副产品的要求,正对着邹氏家祠,溪对岸的几家店面之前,地方稍稍开阔一些,是村中较为热闹的交通枢纽,这里每日都聚集了多位居民销售家中多余的蔬果等农副产品。"小市"既不同于邻里之间一种互惠交换,又不是真正意义上的市场行为,而是情感与市场两种完全不同行为的一种混合物。"小市"在某种意义上说也是村民闲聊交流的一个场所,同时也是日常生活匮乏之物的一种补充。从"小市"中买点熟花生回去吃,在街上买一杯烧仙草,或是坐到店里吃一碗肉羹,消遣的意味大于经济交换的意味。

与施坚雅所研究的中国传统农耕社会的市场经济活动不一样的是,我们现在所面对的并不是一个封闭的传统社会乡村市场,交通的便捷使得外面的商品可以较为容易地进入到村子里来,它是乡村日益增长的物质需求的有效补充。在村子里,每天都可以看到一辆小货车来贩卖蔬菜和干货。

---

① 施坚雅著,史建云、徐秀丽译:《中国农村的市场和社会结构》,北京:中国社会科学出版社,1998年,第6页。

也有小贩每日用摩托车载着猪肉在各个村落之间往返。每个村子里也有小卖部,虽然货物的种类、数量不多,但基本的日常用品较为齐全。另外,梅村距离崇安县城,也就是现在的武夷山市仅有十来公里、二十分钟的车程,乘坐村口的面包车到城里来回仅需十元,而每家几乎都有摩托车作为自家的交通工具,还有很多人家有汽车供一家人代步之用。对于村民们来说,墟市并不是唯一的选择,人们有多种方式可以获得需要的商品,五天一次的墟市只是其中的一项罢了,但这些并没有使武夷山地区的墟市交易崩溃消亡,墟市依然在地方上发挥着它的光热。虽然交通运输的发展使得和城市距离较近的一些规模较小的墟场逐渐消失,但墟市基本的社会经济活动职能依然在集镇与乡村之间起着作用。

(二)梅村墟市

武夷山地区的墟市五天一次,每旬两次墟,按照阴历来组织,村梅墟也一样。村梅每逢二、七为墟,也就是说在阴历月的初二、初七、十二、十七、廿二、廿七开市。地点原来是在村里的中心区当溪的两岸,后因为赶墟的人数增多,当溪两岸的街道日益显得狭窄,常有商品货物掉入溪中,甚至有村民不慎落水,经村委会商讨决定,于21世纪初将墟场迁到了原会堂前的广场上,更好地赶墟的卖家买家进行集中管理。

墟市上的卖家主要是两类,第一类是当地的村民,他们主要贩卖自家多余的农副产品,大多是蔬菜瓜果一类的食物,或是自家手工制作的一些食品、日用品等等;第二类是长期赶各个墟的商贩,这些商贩的经营内容也比较固定,他们很多都居住在县城中,每日从城里进货然后去赶周边不同的墟,主要贩卖一些农户需要的日常用品。市工商局设立了专门人员对每个村镇的墟进行管理,外来的商贩需要向管理人员交纳摊位费,以月结的方式收取,而本地居民在墟集上摆摊不需要交纳任何费用。

赶墟的买家们,除了梅村本村的村民之外,还有周边几个村的村民,主要包括东面的溪州村,东南边上的吴齐村,以及西边的杜坝村和角亭村,这几个村子没有墟市,所以他们需要到周边的村子来赶墟。溪州、吴齐和梅村的距离很近,可以算作是兄弟村,而它们到其他有墟日村镇的距离则较远,这两个村的村民主要只赶梅村墟,而西面的杜坝村和角亭村和高苏坂、三菇这两个墟场的距离也较近,高苏坂、三菇墟场的时间和梅村的并不冲突,所以这两个村的村民可以有选择地赶墟。

村梅墟市所在的广场平日里作为停车场使用,墟日的前一天广场上便竖起了牌子,"明日乡村集市日,广场请勿停车"。墟日里,卖家将广场竖着切割了开来,在各个摊位中间分隔出了三条步行道,最东面一道两侧卖的都是蔬菜肉类,除了两量小卡车是外来的菜贩外,其余的都是本地的村民,卖一些家中剩余的农副产品。地瓜叶、丝瓜、苦瓜、苋菜是当地比较多见的蔬菜。中间的一道和最西面的一道都是外来商贩,贩卖的产品各式各样,从干货水产、烧鸡香肠、调味品、蔬菜植物种子、各式水果、雏鸡雏鸭到衣物发饰、农具骨杆称、电器设备等,另外还有当地的或是流动的手艺人,提着箱子和板凳为人理发的师傅、为人修补锅碗的匠人,从城里来的修理电器顺便买卖一些小家电的师傅。所有这些一起墟日早晨的墟日早晨的热闹由此开始。

这些个游走在各个集市之间的商户,住在县城中,在城里有着自己的供货网络。据调查了解,商贩里本地人不多,很多都是武夷山市外来的务工人员,其中以莆田人居多。莆田的商贩们有着自己的一套成熟完整的供货网络,海产品和海产干货是他们主要的商品,从进货、运输、储存到分销一整套线路都很完备。而菜贩子们几个多是周边村子里的,溪州的最多,他们平日里给梅村的酒店供货,到了墟日这天顺便来墟上凑个热闹,猪肉、鸡鸭肉贩子常每天也是骑着摩托车在周边的这几个村子转悠,到了墟日这天只不过是售卖的时间地点定着不动罢了。而墟市上的手艺人多是村里的老人,并且这也只是他们的副业,凭着兴趣在做,现在已很少能见到那些背着工具,流动在村与村之间的手艺人了。

梅村的墟市开始的时间早,结束的时间也早。清晨四、五点的时候,商贩们就从各处驱车来到,布置自己的摊位。到了五、六点,要卖东西的村民们也陆续带着货物来到市集上找个地方摆摊。六点之后,墟上便熙熙攘攘起来,骑着摩托车或是开着汽车拖家带口前来的是周边村的村民,有些村民并不购买什么,只是到墟市上来闲逛聊天,墟市上不仅仅贩卖食物及日常用品,还有手艺人来提供各种各样的服务,理发师、补锅匠、修鞋匠、电器维修工等等,另外还有早饭餐点提供,肉羹和扁肉是本地的特色。到了九点多钟,墟市上的货物就差不多被购置一空了,十点左右商贩们便陆陆续续地收摊返程了,村民都各自散去。墟市从开始到结束大概也就持续四到五个小时。正午时分,广场被打扫干净,恢复成平日里停车场的样子。

第三章 梅村的市场交易

图 3-1 理发师傅及他带来的工具

图 3-2 调味品和香烟、蚊香等物

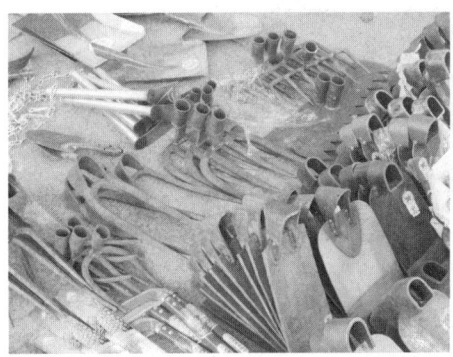

图 3-3 工厂机械生产的各式农具

图 3-4 专门来卖称的商贩

图 3-5 街市

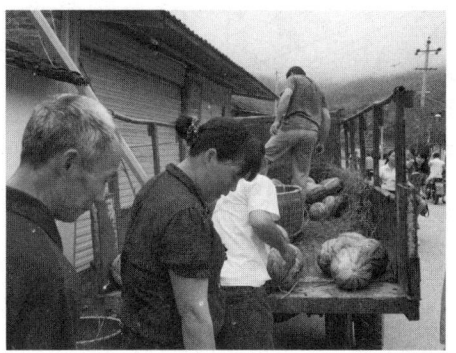

图 3-6 瓜农

图 3-7　禽类

图 3-8　水产及宰好的鸡鸭

图 3-9　衣物和服装

图 3-10　食品小吃

图 3-11　调味品与种子

图 3-12　扁肉的早餐铺

图 3-13 干货

图 3-14 修理小家电的师傅

图 3-15 杀鱼的师傅

图 3-16 菜贩子的摊位

图 3-17 菜贩子的摊位

图 3-18 本地菜农的摊位

三、梅村墟市的历史沿革

关于梅村过去墟市的历史,很难找到具体的记载,但还是有一些故事悄然流传了下来。虽然这些故事的真实性尚待考察,但它们还是反映了人们对墟市和日常经济生活的记忆。在当溪上游,正对着溪流的一巷口的两边端放着两块石头,一大一小,一块较扁平,一块较厚重。现在这两块石头成了村民日常休憩闲谈的座椅,表面都已经被时光磨得十分光滑,在日光下反着光甚是耀眼,但摸上去却很是冰凉。关于这对石头的传说,现在村中已少有人知晓,但还是可以听到一些老人聊起关于它们的故事。

图3-19 巷口两边端放着两块石头

据一些当地老人说,这两块大小不一的石头一公一母,公的大,母的小。当年梅村邹家行商贸茶,家业鼎盛之时,常喜从海外异邦购置一些奇物怪石回来,这两块石头便是当年邹茂章为庆祝自己六十大寿从海外带回来的一批货物中的两件。从海外运送回来后,时光变换,家业鼎极一时的邹家也慢慢衰败下来,这两块石头后来不知怎的就被放在当溪两旁当作墟市方向与范围的指路标,每次墟日将近的时候,村里人需要按照此次墟的规模决定墟场的区域和方向时,就使用这两块石头作为标识。现在,这两块石头早就没了功用,被放在了路旁作为座椅使用。

关于这两块石头一公一母还有一种说法,就是墟市有一大一小之分,就是指五日一大墟,接下来的一墟便为小墟。墟大墟小指的是墟的规模、墟上商品的种类和多寡、墟的热闹程度。这种说法也很好理解,这与墟市里商品交换的需求量是相关联的,一公一母的说法是墟市的规模在村民心中的直接反映。

第三章 梅村的市场交易

梅村的墟市到底始于哪个年代,这已无从考证。但根据《崇安县志》记载,清康熙年间崇安县有山前、黎源、星村、五夫、赤石、岚角等十六处墟场,并无梅村,雍正年间有星村、赤石、公馆、黄土、五夫、官埠头等十八处墟场,其基本上已经与民国及现今的墟场网络相一致,但依然没有关于梅村墟场的记载,到了民国时期,民国三十一年的《崇安县新志》上记录农历逢二、七梅村有墟集。由此我们大致可以判断梅村墟场出现的时间是在雍正之后、民国之前,这样的时间跨度还是太大。一个墟场并不会没有缘由地突然出现,一个墟的选址,也不可能是有关部门计划安排的。墟的时间、地点到底是怎样被确定下来的?

墟不仅仅是本村镇居民平行交换多余农副产品的时间,还是外来商品输入的场所,它是传统中国长居于村落中的居民获得日常用品的最便捷渠道,而这个渠道是一个个奔走于各个市镇墟集之间的商贩辛苦支撑起来的。他们看准各个墟市的日期,将其他地方的货物转运到此地,再将本地的货物运往其他地方赚取差价。还有一些商贩有着自己固定经营的商品,他们游走在各个墟市之间,将自己的商品带到这个地方。

因此,将县志上提供的为数不多的墟场信息与梅村的一些历史联系起来。我们是可以大胆地猜测,在武夷山,墟场贸易真正形成的时间是在宋明时期。这和武夷山产茶制茶卖茶的历史有关,而梅村墟市的形成也和茶有关。从清初开始梅村成为崇安县的茶市,后兴盛于康熙、乾隆年间。邹家,从邹元老以下几代,在梅村慢慢经营,成为梅村最大的茶商,梅村的茶市也在这时走向了巅峰。上面所讲的石头的故事时间是在邹茂章六十大寿左右,而邹茂章当家的时间主要是在乾隆年间,那么这两块石头来到梅村的时间大概就是在乾隆后期。我们不能断定说这两块溪边的歇脚石和墟市有什么必然的联系,但这个在地方上口口相传的民间故事正是村民们对于墟市的一种记忆。我们知道墟市在过去不仅是村民交易日常用品的场所,还是地方产品的输出口,当年武夷山梅村最重要的出口产品就是茶叶,邹家作为地方上最大的茶商对墟市有影响力是可以想象的,邹家通过墟市来控制地方上茶叶及其他重要商品的贸易是很有可能的,在中国地方宗族控制集市的例子也并不少见。另一方面,茶叶贸易给梅村带来了货币、带来了繁荣,看看现在梅村的这些个古建筑我们便可以想象康乾时期梅村邹家七十二宅的盛景。贸易、人流、货币这些都是吸引商贩们前来的磁石。所以我大胆地推测梅村墟市大约是在乾隆年间形成的,这背后的推力是以邹家为首的茶商们带来的村落的经济繁荣。

在新中国成立后,国家在全国范围内大搞土地改革,对农村贸易进行社会主义化的改造,在各个市镇上都建立起供销合作社,负责专门收购地方土产和销售外来商品,要求原先活跃在各地方墟市的商贩们都加入到供销合作社来,鼓励商店组成联号、实现个体合作,让私人业主将资本都寄放在供销合作社中。因为国家激进的改造,忽视了传统市场的作用,造成了很多的问题。梅村的墟场在 1950 年代的时候也一度被迫关闭,一是因为土地改革和人民公社化运动使得大家都为集体干活、都吃大锅饭,个人手中可用来交易的私人产品越来越少。二是因为供销合作社垄断商品的销售,人们的日常生活用品都由市镇里的供销合作社来分配。最后因为统一的计划难以应对多变的市场,市镇中的供销合作社难以照顾到每个地方的需要,在地方物品分配不均情况时有出现有老人说常有半个月都不见一块肥皂下村来或是为了一包盐、一两酒要走上县城去买的事,所以,在 1959 年,梅村的墟市重新开放,时间定为每个公历月的 10 号、20 号、30 号。到了 1961 年的时候,又决定重新恢复原先的墟日,但文化大革命来临时,全县的墟场又瘫痪,直到 1978 年改革开放,梅村的墟市又,重新恢复过来。

四、武夷山的墟市体系

(一)传统市场与现代市场

对传统型的周期市场与现代型的固定市场的区分是我们理解乡村墟市的基础。乡村墟市是未发展的传统市场形式,但并不代表乡村墟市是无组织的、低效率的、"原始的"。周期性的市场可以以较低的成本满足更大地区和更多人口的需求。

传统型的市场最重要的特点有两个:一是时间上,集市有自己特定的集期;另一个是空间上,集市的分布有规律。这些在时间和空间上相互存在关联的村镇市场共同组成周期性的市场体系。作为传统市场体系的墟市体系是乡村居民和商人通过长期不地互动建立起来的,其合理性是通过大众的互动实践所发展出来的。周期性的传统市场使市场体系中的大众可以更为方便地接近市场,花费更少的时间和物质成本来旅行,同时也给了一般的生

第三章 梅村的市场交易

产者和兼业者处理其剩余物品、获得额外收入的机会。在最"原始的"社会和最"发达的"社会里,这种市场都有存在,它是有效率的、合乎逻辑的。而现代型的固定市场则是以城市为中心,以集中生产、大宗批发、分别销售为形式组织起来的市场形式。在时间上,它不像传统市场周期性地开放,而是每日开放,甚至有些消费场所全天候24小时开放;在空间上,以城市为中心,网络状覆盖的交通网络为支撑,辐射一大片区域,而传统市场在地域上是多中心的。

施坚雅将传统集镇向现代贸易中心转化的表现归纳为以下几个要素:一、集镇中进行贸易总额增长;二、每周的"市场时数"增加;三、坐贾与行商的比例增加;四、经济专业化的程度提高,范围扩大。现代市场体系的发展会强烈地冲击乡村周期性的墟市,这种震荡是自城市,也就是现代贸易中心冲向乡村的最主要的因素。一是城市市场中心服务的范围不断扩大,二是农业经济逐渐商业化。第一点是建立在现代交通运输能力的飞速发展之上,周边村镇到达一个中心市场所需要花费的时间与运输成本变得越来越小,使城市里低价、丰富的产品对周围村庄的居民更具有吸引力,造成村镇墟市的需求不断萎缩,最终消亡。第二点使得农民和外部更具效率和经济效益的生产体系连接起来,农民的产品直接销售给大宗批发机构,而外部市场继而刺激农村的生产,这样中心便可以和最为遥远的地方发生联系,将所有地方都纳入到这个体系中来。

在本地,我们确实可以看到现代市场体系的进入对传统市场造成的影响,乡镇交通的发展,特别是县城附近道路的建设,使得县城附近的一些墟市规模不断萎缩,甚至有些墟最终消失了,对于买卖双方来说,来去都方便多了。另外,外面的经济确实也在影响着村庄内人们的生活和生产,农业的商业化最终使农村手工业衰退。在墟市上,我们看到的乡村手艺人确实是越来越少,且再没有人将这种行业作为自己的主业,村里仅有一家打铁铺和竹编铺,工业大机器生产的农具低廉的价格排斥着乡村成本更高的手工业,催促它们离开市场。农村的生产也受到了外部供求结构的影响,当梅村大量地种植茶叶和葡萄便是外部世界的经济引力造成的。

武夷山市的墟市并没有因为商业化而最终消亡,今日全市里近二十个墟场依然活跃着,为当地居民服务着。施坚雅假设"一个有限的区域内定期市场的真正现代化必然给周围更广阔的区域中的传统市场体系带来新的生命"①。而现在我们要探寻的是为何传统市场体系没有被现代市场体系所湮灭取代,却能不断更新自己,保持生命力。

(二)武夷山市墟市体系历史沿革

武夷山市的墟市据传自宋元时期便已出现,已有近千年的历史,但关于墟市体系的文献记录却是从明代开始,《武夷山市志》上记载:"明朝,境内即有市场记载,在五夫里有五夫市,星村里有星村市,丰阳里有黄土、黄亭(今兴田市),节和里有中村市,建平里有草坪市。"②此时崇安县墟场还不兴盛,全县仅有六个墟场,且五夫、星村、兴田现今都是乡镇,历史上也是崇安县下的大村镇。到了清康熙年间,崇安县的墟场有:山前、伯石、黎源、居宁、大浑,以逢三、八为市;秦石、黄亭、中村、草坪,以逢一、六为市;星村、吴屯、洋根、赤石,以逢四、九为市;黄土坂、五夫,以逢二、七为市,还有岚角墟,共十六处。清雍正年间,武夷山乡村墟场已经发展到十八处,并且以相对固定的时间确定为墟日。星村、赤石,以逢四、九为市;曹墩、黎源、公馆、吴齐、洋根、大浑、岚谷,以逢三、八为市;澄浒、观音堂、草坪,以逢一、六为市;黄土、官埠头、伯石、五夫,以逢二、七为市;黄亭、新店,以逢五、十日为市,共18处。③

据民国《崇安县新志》记载,"民国时期,以逢一、六为市的有五夫、上梅、仙店、澄浒、黎口墟;以逢二、七日为市的有梅村、白水、官埠头、吴屯墟;以逢三、八日为市的有曹墩、公馆、黄土、黎源、岚谷墟;以逢四、九日为市的有赤石、星村、兴田、四渡、大浑墟。共19处。"④据了解,今日的武夷山市各村镇的墟市情况大致如下:以逢一、六日为墟的有高苏坂、白水(也就是现在的茶景村)、澄浒、黎口;以逢二、七日为墟的有梅村、五夫、黄土、曹墩;以逢三、八

---

① 施坚雅著,史建云、徐秀丽译:《中国农村的市场和社会结构》,北京:中国社会科学出版社,1998年,第92页。

② 武夷山市志编纂委员会编:《武夷山市志》,北京,中国统计出版社,1994年,第476页。

③ 武夷山市志编纂委员会编:《武夷山市志》,北京,中国统计出版社,1994年,第476~477页。

④ 刘超然、吴石仙主修,郑丰稔、衷千修纂:《崇安县新志》,厦门:鹭江出版社,2013年,第351页。

日为墟的有三姑、上梅、岚谷、黎源、城村;而以四、九日为墟的有星村、赤石、吴屯、兴田这四个村镇,共17处(很早有村镇将墟期定为逢五逢十是因为有些阴历的月份只有二十九天,逢五逢十的墟日在某些月份就会缺少一日,造成麻烦)。

从清代开始,崇安县的周期性墟市体系大致建立,虽然在这数百年的时间里,有些墟场消亡,有些新的墟场兴起,有些墟场的日期发生变化。如新中国成立后公馆墟场因为三姑度假村的发展、三姑新墟场的兴起而消亡;高速公路的建设带来了黄柏、官埠头墟场的消亡,高苏坂墟场的兴起。但大致上,崇安县墟场的数量和时间空间上的分布都保持着均匀平衡。近二十处的墟场承载了这片乡土的日常需求,但并不是说其满足了所有人对市场的要求,当地有一首民谣记载着人们对市场缺乏的无奈,"金竹洋、磨石坑,灶前出笋子,灶后踩泥浆。猫猞爬背脊,石鳞咬脚跟。整年没见个路头客,三年没见个货郎担。"①金竹洋村和磨石坑村因为地处偏僻,高山阻碍,很少有商贩会愿意克服重重困难、花费较高的成本去那贩货,而村民去最近墟市又太远,很难在一天之内往返,所以这些村落往往被排除在市场体系之外。现今,武夷山脉的群山使市西北面的大片区域和外界缺少市场交流,是本地传统市场体系依然发达的原因之一。

(三)武夷山墟市的空间体系和周期性排布

1.墟市的空间体系

空间上,我们可以看到无论是今日还是过去的墟场,都大多集中在中间市区附近及南边的兴田乡,西面和北面大片的区域中都没有一个墟场存在,这是因为西面和北面是武夷山区,人烟稀少、道路难通。在沿着崇阳溪呈长条状的市区周全密密麻麻地分布了好几个墟场,四渡村虽在洋庄乡,但和市区距离很近,且就在穿过市区的高速宁上高速G1514的线路上,星村镇离三姑度假区仅有二十分钟的车程,它自古就是武夷茶市,有崇安县的小杭州之称,而梅村、公馆、三姑、高苏坂、赤石、官埠头这几个墟场和市区的距离更近,有些早已被不断扩大的城市布局所规划进去。兴田镇位于武夷山市的最南边,和建阳市相接,是几条铁道、公路的汇聚地,素有兴田枢纽之称,这

---

① 邹全荣著:《武夷山村野文化》,福州:海潮摄影艺术出版社,2003年,第100页。

附近集中了几个墟场,有兴田墟场、黄土墟场、仙店墟场、澄浒墟场、城村墟场,这边的墟市变化很小。东北边的吴屯、岚谷两个乡从前各有两个墟场,吴屯有吴屯墟、大浑墟,岚谷有岚谷墟、黎口墟,后来大浑墟消失,这可能是因为交通的发展,大大降低了大浑到吴屯的时间成本。另外东面还有上梅墟、白水墟和五夫墟。

这样,大致就可以将崇安县近二十个墟场分为几个小组,城关附近的为一组,兴田乡的为一组,吴屯、岚谷乡的为一组,上梅、五夫的为一组。小组之内村镇之间的距离不大,而小组到小组之间则有段距离。具体看一个小组,拿吴屯、岚谷乡为例,在民国,吴屯、岚谷两乡的吴屯、岚谷、大浑、黎口四个墟的墟期分别为二、七,三、八,四、九,一、六,到了新世纪,大浑的墟消亡,剩下其余三个墟,吴屯逢四、九日,岚谷逢三、八日,黎口逢一、六日。这四个地方距离城关有一定的距离,它们相互之间的距离都很近,四个点差不多可以组成一个菱形,并且在墟期上,它们都是相互错开的。

再看崇安县南边的兴田乡,民国时期,兴田乡内有四个墟场,兴田镇的墟期为逢四逢九,黄土的墟期为逢三逢八,澄浒的墟期为逢一逢六,仙店的墟期也为逢一逢六。现今在兴田乡内依然有四个墟场,只是仙店墟变成了城村墟,它们的墟期不一兴田以四、九为墟,澄浒以一、六为墟,黄土以二、七为墟,城村以三、八为墟。民国时期仙店的墟期和澄浒的墟期重叠,这或许是因为我们的视线被行政区划所阻隔,墟市集市不是国家规划的,市场网络并不一定要和行政区划相一致,它是可以跨越行政界线的,这条线是在地图册上的,是在国家管理者的脑中的,而对于奔波在各个村之间的商贩眼中是不存在的。兴田镇南边不远处的将口镇民国时的墟期已不得而知,只获知它现在的墟期是逢三、八。我大胆地猜测,在历史上,将口镇的墟期是逢二、七的。这样,今天的兴田、黄土、澄浒和城村(或将口),民国时期上的黄土、兴田、将口和仙店(或澄浒)可以共同组成一个小的墟市网络。

施坚雅曾构建了一个模型来阐释市场体系的空间结构,他选择了"正六边形"这种形状。假设在"一个同纬度的平原,各种资源在这个平原上均匀分布"的平原上,"每个市场的服务区域应该接近于一个正六边形。"笔者在这里提出一点自己的想法,笔者认为市场体系的空间结构在一定程度上受到集期排列的影响,一般来说,以十天为一个周期的地区在一个循环当中会有四种不同的集期,这四个不同的集期分别代表着一个墟场,假设地形和资源在这片区域是均匀分布的,那么四个村镇相互之间的距离应该是差不多,

他们在地图上应该表现为一个菱形。因为要满足商贩们赶场的客观要求（假设一个体系中商贩的数量有限，会出现在这个体系中所有的墟，且只在这四个村镇活动），这个四边形上不可能再多出一个点来，因为多出一个墟场，那么必然集期上会和已存在的一个墟相重合。商贩们不可能同时出现在两个墟市上，所以这个点必然在这四边形网络之外，除非它替代了四边形的一个角或者在外面组成了一个新的四边形。

村镇墟场在空间上有序排布最主要的动力是商贩的流动，商贩和居民、商贩和商贩之间不断互动，最终确定下某个时间在这个地点集中进行交易，这就是墟日。集中在一个时间一个地点进行交易，对于买卖双方来说都降低了成本，一个墟确定下来，卖家便不需要下到各个小的村子里去售卖，对于人口分布较为松散的传统农耕社会来说，趁便利贸商贩的贩运，而对于买家而言，存在一个临近的墟意味了他们不用为了获得所需的商品和劳务而长途跋涉，比方说五夫的居民不必为了一双鞋而赶往县城，他只需要等到每旬二、七到墟上去购买即可。

并不是每一个村子都会有墟场，这样成本太大，一个墟场所在的村镇附近都会有几个较小或是相同大小的村子，这些村子到墟场所要花的时间有限，最多不会超过半天（因为居民们赶墟需要在一天之内往返，有些墟是下午开始可能就是因为这个地区村落分布比较松散，边缘地带的村落较多，为了照顾居民而将墟市开始的时间定在下午），这些村子共同赶一个墟，形成了一个小型的市场圈子，在这个圈子内的人之间的熟悉程度会比不属于同一圈子的两个人高。我们上一章中已经说到过，梅村有墟市，周边的溪州村、吴齐村都是赶梅村墟的，另外杜坝村、角亭村同时赶梅村和三姑、高苏坂的墟。梅村、溪州、吴齐这三村是兄弟村，它们村民之间的熟悉度很高，通婚率也很高。在梅村有很多溪州或是吴齐的人，他们不是嫁过来就是在本地有房有产业，可以长留。印象梅村饭店的老板李先美就是溪州村人，他的饭店原就是他小学同学家的宅子。而杜坝、角亭这些地方和梅村就要疏远一些，其他地方，如吴屯、上梅则和梅村更是联系少了。但最终是市场圈子影响决定了社会交往圈子，还是社交圈子先存在，后因对社会关系的考察，才决定了市场圈子，笔者不敢妄下判断，或许市场圈和社会圈是相互交织在一块的，相互影响、相互决定。

也不是说确定了一个墟场，商贩们便会在这个村镇上停留下来，传统市场最重要的特点就是周期性，而周期性的背后是无数商贩的流动性。让商贩们需要不停转移的动力是"需求","实际上是由于任何单独的农村市场的市场区域所包容的需求总量都不足以提供使业主得以维生的利润。"①一个村镇拥有的需求量有限,在这个村镇长期呆着开店铺并不理性,而通过在几个村镇中往来,不断变换自己的位置,就可以吸收这几个市场区域中的需求,商贩们得以生存下来。"市场活动的周期性可以在某些特定的日子把对其产品的需求集中在有限的地点。"②最终,当经过一段时间的磨合后,商贩们都沿着一条路线、一个时间表周期性地共同流动时,一个小的墟市体系也就建立起来了。而吴屯、岚谷的这个墟市圈子和以兴田镇为中心的墟市圈子就是两个较为典型的墟市体系。必然有一些商贩是专门在这两个圈子内活动的,一旬之内的八天他都要奔走在几个墟之间,还有两天可能是去到中心市场——县城批货的日子,对他来说,这个圈子也是方便了他自己。

　　再往上一级看,我们可以看到一个更大的圈子,这个圈子的中心是崇安县城的中心市场。县城是货物的集散中心,在当下大部分的商品都是工业大规模生产的产物,商贩们需要在县城里批量购进货物,得到较低的进价,然后再到各个村镇上去贩卖以获得更高的利润,几乎所有的商品(非农业生产剩余产品)都需要在县城市场中走一圈。从地理上看,忽略地形问题,县城附近密密麻麻布满了好几个村镇墟场,外围的几个小型的墟场网络都是围绕着县城的,每个市场按照它在体系中的等级地位自行排列。每个市场的地位和它的经济职能、大小、规模是相对应的,从梅村墟市这种基层的市场到县城这个本地的中心市场,它们在地图上、在体系中按部就班地排列着。县城是中心地,是商品聚散的场所,具有批发的职能,一方面它负责接收外来的商品并将本地的产品输送到其他的县城或者更高一级的市镇里去,另一方面,它将商品分散到各个下级的墟市去,并从下面的村庄收集地方产品。而墟市是村庄必要商品和服务的来源,是外来商品的进口,也是地方产品的出口,家庭生产的剩余物品在墟市上出售,又从墟市上购得农民不能自产的物品。更重要的是,它还是农民们农产品和手工业品收购的场所。墟市从小到大,从基层到中心,小的以粮食,主要是非主食食品为主;中间的

----

　　①　施坚雅著,史建云、徐秀丽译:《中国农村的市场和社会结构》,北京:中国社会科学出版社,1998年,第11页。
　　②　施坚雅著,史建云、徐秀丽译:《中国农村的市场和社会结构》,北京:中国社会科学出版社,1998年,第11页。

以粮食、中等批量货物交易为主,农具、耕牛是主要的商品;大的则是综合的交易中心。

商品从中心市场出来,到一个墟市的网络中流转,最终在某个具体的墟市被人购买走,而地方上的农产品和手工业制品也会去到城里的市场,甚至继续向上流动到达更高一级的市场。

2. 墟市的周期性和集期

在中国,集市这种经济活动悸动的周期主要有两种,一是"旬",一旬为十天,其中的每一天都有自己的名称:甲、乙、丙、丁、戊、己、庚、辛、壬、癸,称为"干",另外一种以十二天为一个周期,其中的每一天也有自己的名称:子、丑、寅、卯、辰、巳、午、未、申、酉、戌、亥,称为"支"。干支纪年法由来已久,中国大多数的乡村集市用的主要都是这两种循环方式。以十天为一周的循环方式"旬"和阴历月相关。阴历是依据月亮的公转而定的历法,一个月分为上、中、下三旬,因为月亮公转一周用时 29.5 天,所以阴历里 29 天的小月和 30 天的大月交替出现,除了岭南到云贵的一片地区,中国其他地区均普遍使用阴历旬周期作为集期的循环。每旬只有一次的集期很少见,这种集期一般会出现在边远山区这类的边缘地带,在新中国成立后的一段期间也出现过,那是国家对全国市场的硬性规定。一般来说,每旬两次的集期是最为普遍的,这种频率也是最为合理。据了解,崇安县以及周边的建阳、浦城的墟市都是一旬两次。

当一个村镇的人口数上升,需求变大时,而其他的渠道又不能满足其不断上升的需求量,这个墟便可能通过增加一个新的集日来加倍集期,加倍集期意味着均匀地排列集期,因为需求是分散的,连续两天开集明显是不理智的。集期增加、墟日频繁也意味着这个基层市场的升级,一旬四次或是隔天一次、一日一次甚至是每日两次的墟市往往是中间市场或是中心市场。在升级完了较高级的市场旁边很可能会有新的基层市场出现。但当一个市场升级成了一日一次或是一日每次的墟市时,也不能说它就是现代的定期市场。固定市场意味着即使不是二十四小时全天候开业也是整个白日开业,而传统市场极少有整日活动(除了有些特别热闹的大墟会从早活动到晚),通常它只持续数小时,这是传统市场一个非常典型的特点,它将供需都集中在特定的时间和地点内。很多每日市场可能只是梅村每天早晨的几个小时,一日两市很多都是早晨和傍晚两个时间段的几个小时有市场活动。有点生活经验的都知道菜市场主要活跃的时间也就是早晨和傍晚,村种葡萄的果农们去到县城市场卖葡萄也不过就是那么几个小时。

影响决定墟期的最大因素也是需求,一般集期比较频繁的墟市都开在人口密集、商业化较高的地点,如城关附近或是一些商业活动较频繁的乡镇里,而在中国较普遍的每十天两集或是每十二天两集是客观条件决定的。周期性的传统市场是将人们的需求和交通能力在时空上进行调整,最终使得空间和时间的配合达到一种和谐,以较高的效率满足人们的需要。研究周期性集市的鼻祖斯泰恩说过"消费者由于服从时间的约束而使他们自己免去了空间的约束。①无论是牺牲时间来迁就空间,还是更多地考虑时间,都是买卖双方通过对时空的调整来满足市场,其背后的推手还是需求。

对于消费者而言,几个方面的因素在制约影响着墟市的规模。对于大部分的中国农户而言,长期自给自足的小农经济不仅给农户带来了长期普遍的贫困,还造就了农户们强调节俭自给的美德。长期普遍的贫困是不断增长的人口压力和上升的物价挤压而成的,贫困意味着更多的土地和人力投入到生活必需品(主食:大麦、水稻)的种植中去,而家庭手中的剩余产品和可支配资金越来越少。普遍贫困的经济状况让农民家庭慢慢养成了一种文化,在生活上尽量自给自足而不依赖商业,农户可以自家生产日常所需的很多消费品,而无需市场供给,并且农户会将自己的生活需要不断降低,不断降低自己的生存质量来应对人口膨胀、土地减少带来的内卷化,最终将生活需求限制在极低的水平。这样,商贩要寻找到有需求的分子,所需要的分母数便要特别大,而因为彼时交通运输能力有限,导致墟市覆盖的范围有限,所以每旬两次墟是满足是最合理的方式。

对于生产者或者贸易者而言,这样的周期性不仅是必需的,还是有利的。前面我们已经提到了集期的形成与墟市网络的确定与商贩的流动性息息相关,而商贩也是依据对市场的判断来调整他们的商业活动。在有几个市场的时候,商贩们通过不断地流动来吸收几个市场区域的需求,但当只有一个市场的时候,比如说在城关中,地点是固定的,就在一个专门的市场里,周期性的市场对于商贩们也是有利的,"交易活动的周期性把需求集中在某些日子,从而使这类企业得以用一种最为有效的方式把生产和销售结合起

---

① 石忆邵:《中国农村集市的理论与实践》,西安:陕西人民出版社,1995年,第43页。

来"。① 就拿墟市上活动着的流动手艺人和修理匠为例,修电器的师傅每逢二、七来到梅村的墟市,在这里从早晨六时坐到中午十时,这四个小时之中,他可能接到的任务有数十条,但他在这短短四个小时内一边谈生意一边修理,能完成的任务不多,还有一些大家电可能需要他上到客户家里去,所以我们不能忘了在集日之后的不赶墟的日子里,商贩和他们的顾客们不是不活动的,很多生产和服务都是在平日里完成的,墟市只是一个集中的日子。商贩也通过"集"、"墟"(散)来调整他们的生产、销售。

五、墟市的社会功能

在研究乡村墟市的时候,只看到墟市在经济方面的功能无疑是与人类学研究问题时所持的整体观视角相背。墟市不仅承载了村镇之间商品流通的任务,而且还是农村居民们社会交往的场所,起着团结本村村民,联系周边村村民的作用。墟市给了居民们一个定期往来的机会,同处于一个墟市范围内村子的村民,他们中的大多数的人每五天或是十天都会聚集到墟场这块区域中来,通过这种定期性的聚会"仪式",这个圈子里的居民们不说认识,至少都打过照面。而墟市又是个提供服务的场所,这几个村子里的劳务和手艺人都会在墟市上寻找生意,由此建立了一个主顾和雇工之间的关系网。这个关系网不单只是生意关系,更牵涉到这个顾客或是劳务提供者的人品、信誉、家庭背景等等社会关系。一年中会有七十次墟市,十年就是七百次,一个三四十岁的成年男子可能这辈子已经去赶过二千多次墟了,他和这个社区中的其他男主人至少已经相遇过上千次了,这个圈子内里的人他都会熟悉。另外也别忽视了在这个集市上的舆论系统,相识的人坐在一起聊天就是在交换信息,有些人虽然不曾说过话,但也能相互知晓并了解对方的基本信息。一些社区内的老人,他们对社区的熟悉也是因为他们经年累月的在这个舆论交流的网络里吸收信息,而他们对于这个圈子外的人事物便缺乏了解。一些媒人们便是通过这样的渠道获得社区内年轻人的信息,她虽不是每家每户都相熟,但她了解哪家有女儿待嫁,哪家的小伙儿什么条

---

① 施坚雅著,史建云、徐秀丽译:《中国农村的市场和社会结构》,北京:中国社会科学出版社,1998年,第12页。

件,而圈子里的人也都认识她、信任她,所以圈子内的通婚率要比两个圈之间高,因为在圈子内相互接触的机会太高了。

我们也不能忽视宗族势力对市场的影响,在梅村这样一个姓氏庞杂的地方社区中,我们现如今很难发觉姓氏宗族对市场有什么控制,但市场本身就是乡村社会结构中的一个焦点,而另一个焦点——祭祀神灵的庙会往往是和市场联系在一起的。游辟支古佛所走过的圈子与崇安县西北的这个市场圈子正好是重合的,一年一度的宗教节日活动正是在重新肯定这个市场社区的边界。殷商大贾们组织游佛同时也是在控制市场。墟市右梅村这一古老的茶市中交重要作用,那个邹家石头和墟市的传说故事可能就是邹家势力对墟市影响的一个证明。在过去,并没有工商局这样的部门来专门负责管理乡村集市,地方上的民间力量是组织管理这类活动的中坚力量,宗族、地方的乡绅其在地方上控制力的基础是他们的经济实力,或者是一家独大管理市场,抑或是几家轮流负责市场管理,他们在地方上的地位使得他们便于仲裁农民之间的纠纷。

结　语

墟市,也称集市,是一种非常古老的市场交换体系,自人类社会出现的初期起便一直存在。但比追溯它的由来更有意思的是考察这个古老的体系为何能够一直存在,并且在这个时代依然保持着生命力。在为期五十天的调查期间经历了十次墟市,本文的所有图片和资料都来源于墟市中及墟市后的活动,另外还有一些因为条件的限制无法触及的资料则通过文献调查的方式获得。

在调查的过程中,笔者慢慢意识到墟市是不可能单独存在的,其总是以一整个体系的方式出现,要深挖墟市的内涵,就必须从一个更大的视角去观察,所以后来便选择了整个崇安县(武夷山市)的近二十个墟市来做研究。因为条件的限制,不可能每个早晨去到每一个墟场去参与观察,并且这也没有必要,所以田野调查以梅村的墟市为基点,还关注村子里日常生活里其他传统的商品交换形式。通过来往在各个墟市的小贩收集周边墟市的信息,了解并分析武夷山市墟市的空间分布及集期,认识到墟市以一种市场圈子的形式存在,并且这个圈子不仅仅是市场的圈子还是社区圈子。另外还通过文献研究的方式了解了武夷山市墟市的历史沿革。反观今日的墟市,在道路交通运输和现代市场发展的双重压力之下,墟市已经渐渐显露出了疲态,墟市的规模逐渐缩小。这并不代表着传统的崩塌,墟市的一些功用依然是现代市场无法代替的,尤其是墟市在社会交往方面的功能。本文另外还考察了武夷山市地区其他的市场形式,但它们也不仅仅是商品交流的平台,还是社区一年一度的宗教节日,信仰的圈子和市场的圈子在这里是契合的,游神正是在重新确认一遍市场的边界。

总而言之,墟市这种传统市场形式在当下依然保持着自身的活力,是因为它弥补了很多现代市场的空缺,它并不是一种老旧的、无效率的交换形式,它是中国社会乡村里极为重要的商品交流渠道,是适应农民以及其他小生产者之间产品交换的需要而自然形成的,是基层的商品流通网络。

第四章
梅村的民居建筑

※ 吴院琴

前　　言

梅村是中国历史文化名村,村内明清时代古民居较多。近几十年随着经济的发展、人口的增加,新式房屋逐渐修建起来。梅村古民居与现代房屋共同存在,因此本文将梅村的民居按照建筑形态进行分类描述,古民居、一般传统民居和现代砖石水泥房。同时因基督教的传播,梅村内信仰基督教的人数已近百,他们与"信佛"[①]村民在居住方面存在差异,本文也适当描述。全文共七部分,包括民居现状、三类民居、房屋的建造工作、建房风水和仪式、民居中的厌胜物、基督教家庭的住和结语。

一、民居现状

梅村内分旧村和新村。旧村为村落的主要部分,沿当溪两岸分布,当溪为横贯梅村的溪流。梅村人称当溪两岸的道路为"街路",因以前集市在街路上进行,至今人们仍在街路上买卖东西。新村距离旧村约五百米,其形成与梅村发展旅游业以及 2010 年大洪水有关。梅村为万里茶道起点,近十几年来逐渐发展旅游业,聘请同济大学教授进行规划,提出在旧村附近建设居

---

① 信佛,是梅村村民的说法,实际指信仰民间宗教而并不完全为信仰佛教。

民住所，村民由旧村搬出，旧村仅作为旅游景点。旅游公司计划在新村处修建房屋，2010年时部分房屋修建完毕，当时梅村发生特大洪水，冲毁多户人家房屋，于是他们搬入这批房屋中居住，形成新村。新村中现有房屋不能满足所有村民进入居住，所以旧村中仍然居住大量村民。新村内的房屋都是砖石水泥房屋，形制比较统一。旧村中的房屋样式则比较复杂，除了近年逐渐修建的砖石水泥房，还保存着明清时期的古民居及年代较晚近的传统民居。

古民居主要分布于当溪两岸，包括大夫第、闺秀楼、儒学正堂、参军第、隐士居和西水别业等。旅游公司对梅村已古民居，如大夫第、闺秀楼和西水别业，采取保护措施，进行了修缮。而其他未列入旅游景点的古民居如儒学正堂与参军第则没有相应的保护措施。

年代较晚近的传统民居，本文统一称为一般传统民居，旧村内房屋则多数为一般传统民居。此类房屋外墙为泥墙，内部为对称式木质结构，以大厅为中轴线左右分别分布房间，形制类似古民居，却不如古民居气派。旧房的瓦片上都压砖块，一是为了防止大风吹动瓦片，因青瓦质量较轻；二是村内常有小猫爬上屋顶，瓦片容易发生滑动，导致漏雨，压砖则是为了固定瓦片。不论是古民居还是一般传统民居，用的砖块都是青砖，现在则多使用红砖建造房屋。

砖石水泥房在村内也多见，一般为两层或是三层楼式，如今村民都倾向修建砖石水泥房。原因主要有以下三个。首先这是大趋势，且砖石水泥房相对传统民居居住方便，在梅村内，可以看到很多传统民居也依照城市砖石水泥建筑进行了内部的装修改善；其次修建传统民居需要消耗大量木材，成本较高；另外，砖石水泥房的外墙较传统民居泥土外墙牢固，洪水不易冲毁。

据称，梅村出于发展旅游业的考虑，积极保护村落原貌，已经限制修建房屋多年。修建房屋之前必须报告申请，得到许可之后才可修建，村民称此过程复杂且获许可不易。之前旅游公司承诺建设第二批新房以供村人搬入，并未兑现。村民因家中人口增加，住房拥挤，以及儿子长大结婚生子需要新房或是旧房屋破损不易居住等原因，不得不在未经许可的情况下修建新房。修建新房的宅基地多选在自己的菜园或是旧房宅基地处，这样新建的房屋没有房屋产权证。部分人家则拆除旧房屋建新房。

二、三类民居

依照前文已经做出的对梅村民居的分类,本章将分别对古民居、一般传统民居和砖石水泥房进行描述。古民居主要包括以大夫第为代表的明清房屋,例如闺秀楼、儒学正堂、参军第、西水别业等。一般传统民居指年代较近且采用传统形制的民居。其与古民居的差异在于规模的不同,古民居多为多进式房屋,而一般传统民居规模小。现代砖石水泥房为钢筋混凝土结构,形制不一,随房屋主人喜好而多有不同。古民居和传统民居采用对称式结构,而现代砖石水泥房则倾向于因宅基地大小、形状,主人喜好而采用各种形制结构。

(一)古民居

村内古民居以大夫第、闺秀楼、儒学正堂、参军第、隐士居和西水别业等为代表。本文以大夫第为例对古民居进行描述。据称,邹氏大夫第的第一代主人为邹氏先祖邹英章,邹英章因儿子邹茂轩而诰封奉直大夫,后因孙子邹捷为官出色,加封中宪大夫,邹氏大夫第则是为庆祝先祖六十大寿而建造的。

大夫第为一层式结构,外墙用鹅卵石、砖块和泥土砌成,底部铺鹅卵石,上面横砌六七层砖,砖块上面则用泥土夯砌墙体,在墙壁最上端的地方再铺砖块以利于瓦片的固定。屋檐有多处彩绘,但画面内容不甚清晰。

大夫第大门外的左右两侧,竖立着两根旗杆。大门外的地面,用石块铺出一大小与轿子面积相当的正方形,当地文人邹全荣认为是用于停轿的地方。进入大门后大约一米处为中门,中门后有一天井,天井后则又为一门,此处

图 4-1 传统民居外墙(吴院琴摄)

门框为石块制成。门后又一天井,天井后是前厅,复一门,一天井,则为后厅,再是厨房和仓库。如今大夫第前厅为邹府家茶主人所有,后厅则为其舅舅所有。大厅左右两侧,分别各有一纵房间。以前大夫第和其旁边的施政堂相通,且都为邹氏房屋,如今相通的房门已被锁上。

昔时大夫第内敞开的门,现在已经封了好几扇。访谈得知在动乱时期,因门太多照看麻烦,为了安全起见而封了一些门。石门的门框上还保留了很大的洞,是以前放木棍(防止门被打开)的地方。大夫第内有很多石雕、砖雕和木雕,石雕和砖雕一般出现在大门处,木雕则在窗户、房屋梁木上出现。前厅的左边窗户上雕着文臣五人,右边则是武卫五人。

(二)一般传统民居

一般传统民居,没有古民居那么气派,进大门则为大厅,大厅左右两侧各两间房间,大厅正中靠墙部分放香案。一般传统民居为一层式房屋,多在距屋脊两米左右处用木板制成天花板,形成一个类似二层的小隔层,用以储存东西。

厨房位于房屋的后半部分,摆放大灶、水缸、橱柜等。以前梅村的大灶一般放置三口大锅,大灶呈九十度角,设两个烧火口,中间的锅用来烧水,两边的锅一个为煮饭炒菜之用,另一个则准备猪食。不论此两口锅任意一个使用,中间锅里的水都能得到加热,可以节省燃料。昔时梅村人家多有养猪,现在则养猪者鲜有,因而笔者调查期间(2015年7月1日至8月20日)观察到如今梅村的大灶多只两个锅,不再设专门准备猪食的锅。因梅村多山,树木资源多,村民可从山上获得柴木,所以大灶烧火口比较小。在笔者家乡,因为较多以稻草秆、花生秆和大豆秆等作为燃料,烧火口都设计得比较大,方便放入燃料。

传统的水缸用石头制成,现在石头水缸依旧存在,由其演变而来的则为水泥浇铸的水缸。橱柜是木头制成的,一般分两层,橱柜的四个支脚较高,大约六十厘米。梅村村民使用的砧板多为一截圆木头,木头厚度一般为二十至三十厘米,半径为三十厘米左右,由三个木支脚支撑。

(三)现代砖石水泥房

砖石水泥房指采用砖块钢筋水泥等材料建成的且形制不同于传统民居的房屋。随着经济条件的发展,人们逐渐不用泥土夯墙,而全部使用砖块。

图 4-2　厨房内景

现代砖石水泥房,使用水泥、钢筋、砖块等材料建造,偶有内部用木材建造者,其外部形态因宅基地形状和主人设计而不同。

相较于传统民居,砖石水泥房的内部布置有很多的变化。首先,它的内部结构不如传统民居那么讲究和固定,各家依据各自的喜好和需要以及宅基地的形状等进行设计,不再如从前呈对称的形状。其次,在建设砖石水泥房时,村民都将卫生间设在家中,设施齐全。并且,传统民居一般为单层结构,而砖石水泥房多为楼房。

三、房屋的建造工作

本章主要介绍梅村房屋的建造工作。古民居和一般传统民居需要泥水师傅和木工师傅[①]合作,木工师傅负责家中木架构部分,泥水师傅则负责外墙底部的鹅卵石或是砖块的堆砌。现代砖石水泥房则一般全程由泥水师傅参与。以下分泥水工作和木工工作两部分介绍房屋的建造。

---

① 梅村当地人称木工为木工师傅,泥水匠为泥水师傅。

（一）泥水工作

建造传统民居时，泥水师傅只负责外墙的宅基地部分的工作。而在现代砖石水泥房屋建造过程中，几乎全部工作都是泥水师傅负责，木工的工作几乎没有，只有内部中采用木质结构的房屋才需要请木工。以下按传统民居和现代砖石水泥房两类分别描述泥水工作。

传统民居中，古民居的修建过程在梅村人的记忆中已经模糊。笔者无法获取当地人关于古民居修建的信息。一般的传统民居，因近几十年都在修建，在当地记忆中尚且清晰。在一般的传统民居修建过程中，泥水师傅的工作显得比较少，只负责外墙底部鹅卵石和砖块的铺设。外墙墙体的主要部分即泥土砌成的部分则不需要泥水师傅，普通人即可胜任，因此东家一般自己打①，或者请亲戚、朋友、邻居帮忙。

泥土墙建造使用的泥土来源于宅基地，如果宅基地中没有足够的泥土，则从别处运。筑造泥土墙时，用两块长20～30厘米的木板平行放置并固定，两头用小木板固定好防止泥土流出。一些人直接从建房的宅基地中挖出泥土，加入碎瓦片和鹅卵石拌匀泥土，一些人则负责用木杵一直捶打倒入木板中的泥土，使其结实牢固，一板的高度筑好后，则将木板往上拉。筑造泥土墙的木板高约40厘米，泥土墙的厚度约为45～50厘米。关于四面墙壁筑造的先后顺序，有两种说法，其 为每面墙分别筑造，先筑造房屋左右两侧的墙体，称为龙墙，而后再筑造房屋前后两面墙，称为虎墙。以坐北朝南的房屋为例，则应该先修东西方向的墙，其中又应先修东边的墙后修西边的墙。然后修南北方向的墙，其中先修大门所在的南边的墙，再修后门所在的北墙。另一种说法为四面墙同时夯筑，如此可彼此支撑，不易倒塌。

现代砖石水泥房的修建则从最开始的打地梁到盖瓦片、装修工作等都是泥水师傅负责。地梁的深度因宅基地的硬度不同和房屋的高度而改变，有的地梁深一米左右，有的则深至三四米，也存在因宅基地硬度足够支撑房屋重量而不需打地梁的情况。挖好地梁后，在里面铺石头，石头上铺混凝土和钢筋，钢筋铺在混凝土当中，之后再建墙体，墙体用砖块堆砌。砖块有不同的放置方式，横着铺一层砖，然后竖着再铺一层砖，或者横着铺两层砖，竖

---

① 因泥土墙是用木杵将泥土打紧而形成的，所以称为"打"。

着铺一层砖,或者全部横着铺砖。因一楼需承受的重量更大,多数村民在建一楼时选择全部横着铺砖或者横铺两层再竖铺一层的样式。砖块与砖块之间空着的部分可选择加入鹅卵石、石子。泥水师傅在砌墙的过程中需要用到吊线、水泥刀等工具,吊线用以确保墙体垂直,水泥刀则用以把水泥铺在砖面。一楼的墙体修好后,进行楼顶灌浆,之后铺二楼的砖块。后期房屋的装修同样是泥水师傅的工作,墙壁内外抹水泥,外部贴瓷砖,内部再刷一层石灰(近年来改为刷腻子粉,更美观、不易脱落)。以前房屋地面铺方砖,之后出现铺水泥的情况,如今村民铺地板砖。

砖石水泥房不需要盖瓦片,为水泥楼顶。但梅村的砖石水泥房,大部分都盖了琉璃瓦。村民称,盖瓦片后在夏天可更凉快,且房屋不容易漏雨,水泥楼顶则容易裂出小缝,漏雨。

(二)木工工作

在描述木工工作之前,笔者首先介绍两个概念:大木和小木。因在调查期间,问及访谈对象是否认识会做木工之人时,当地人常提及大木和小木。小木指制造家具的技艺,例如制造椅子、凳子、桌子或是橱柜、香案等;大木是负责盖房屋的技艺,建民居、建庙堂、建桥等都是做大木木匠的工作。村内人称,"会大木的会小木,会小木的则不定会大木"。以此可看出在当地人眼中,大木相对小木难度更高。因研究专题限制,本章描述的都是大木的内容,以下统称做大木的木匠为木工。

1. 木工工作过程

木工负责房屋的木结构部分。木工师傅和泥水师傅同时工作,木工在"撇木"①时,泥水师傅则在砌外墙。木工在将所有基本需要的木头都处理好后,通过榫卯结构拼凑、竖立起来,整个过程在建房屋的宅基地上进行。笔者调查期间观察的一次房屋重修过程中,将木架构竖立起来的工作由十人合作完成。以下结合笔者观察到的房屋重修过程以及访谈木工获得的信息,对梅村传统民居修建中木工的工作进行描述。

开始建房之前,东家②会准备好需要的木材,一般是杉木。以前建造房屋的木材可以从山上砍伐,如今国家林业集团收购了梅村的山林,明令禁止

---

① 梅村当地人的说法,指处理木头的过程。
② 梅村人称修建房屋的主人为东家。

砍伐树木,建木结构房屋需要购买木材。东家将建屋所需要的木头运回来后,木工会在东家选好的日子开始处理木头。在处理木头之前,木工需要先做一对木马。木马,由两截约一米长的木头交叉呈约六十度固定而成。每家建房子时木工都会为其先做一对木马,因为木头需要放在木马上进行处理。笔者多次观察木工处理木头的过程,他们先用斧子将树皮割开,再用手扯掉,后将树木上的树结砍掉,此时树木表面通常还留有一层树皮的略黑颜色,木工则用刨子将其刨掉。进一步的处理则需要根据房屋尺寸和木头于房中的位置进行,木工需用到曲尺、墨斗、锯子、电刨、锉子、锤子等工具。首先确定木头在房子中的位置,假设为横梁的话,则需要刨出木头的较平的上下两面,方便放置时平稳。用曲尺量较小的一头的直径,然后到较大的一头量出相同的直径,用墨斗线的一头固定在树木较小一头直径的顶点上,线的另一头与较大一头直径的顶点重合,轻弹墨斗线将如此形成的直线标示出来。然后顺着这条线用斧子将线外的木头撇掉,形成较平整的一面。如果其为房中竖柱,则因为榫卯结构的需要,在相应位置凿出适合大小的洞。

在笔者观察的房屋重修中,木工将所有需要的木头处理好之后,农历六月二十九日早上,开始将木架构拼凑竖立。竖立过程中,使用钢钉进行固定。树立好木架构之后,开始盖瓦。瓦檐处,用塑料管沿着屋檐一圈,下面接圆形管。下雨时,雨水通过此管引至地面。

2.木工建房工具

(1)鲁班尺:持有此尺的木工称其为鲁班尺,而笔者查阅资料发现此尺并非鲁班尺,或为木工请鲁班等做法专用尺。在此尊重木工的说法,以鲁班尺称呼之。其长五尺,每尺分十格,每格一寸。鲁班尺,作为鲁班的代表一般是在量宅基地和上梁时使用。

(2)竹钉:现在很多使用胶水进行黏合,以前使用竹钉。竹钉现在也有使用。例如要将两块木块黏合在一起,则提前在每块木块的对应位置凿出竹钉大小的孔,先将竹钉钉入一块木块中,然后再将竹钉的另一部分嵌入另一木块的孔中。

(3)锯糠:即木头被锯成粉末状的东西,现在常用在一些木头的缺口处,将锯糠填入其中,再喷入胶水进行黏合,等干燥后,将多出部分刨掉即可。木头的缺口处即被补上。

(4)锉子:用以将大块或小块的木片从木头上锉掉。有各类手柄的锉子,使用场合也不相同(见图4-3)。

(5)刨子:能够将木头的表面木片刨掉,使其平整光滑。大小不一,形状不一,用途因而不一(见图4-4)。

图4-3 锉子

图4-4 刨子

(6)曲尺:即一个呈九十度角的尺子,其中一面有刻度。有各种长度的曲尺。

(7)斧头:主要在处理木头时使用以及拼接榫卯结构时用来敲击木头使其牢固。有大小不一的斧头。

(8)锤子:锤击时使用,比如在处理木材时,有时需凿出方形洞以满足榫卯结构,这时需要锉子和锤子配合使用。

图4-5 曲尺

(9)木长凳:上面钉有固定器,有剪刀形的,也有波浪形的。方便刨东西等时候固定木料。

(10)砂纸:用以磨平木头表面细微凸起的屑状物。

木工工具种类繁多,以上只是其中一部分。随着现代机械的发展,各类用电工具出现并逐渐取代纯手工工具,比如电刨。笔者观察中,木工多使用电刨,而只有在处理较小以及存在弯度的木材时使用手工刨子。当然,机械工具也有其局限的地方,现实情况中依然需要用到各种手工工具。

3.木工建房尺寸

关于建房尺寸,以前在修建传统民居时尚有讲究,如今修建砖石水泥房再无尺寸讲究,甚至修建传统民居也不再讲究。笔者调查期间获得关于建造民居尺寸的两种说法,以下分别叙述。

据梅村木工师傅,木工在修建各类建筑时采用的建造尺寸都参照一句古语——"三老孟苦泗"。"三老孟苦泗"分别对应一到十的其中两个数字,则"三"对应一和六,"老"对应二和七,"孟"对应三和八,"苦"对应四和九,"泗"对应五和十。其中,建造庙堂则需要符合"孟苦"的尺寸要求,即长度数字的最后一位须是三、四、八或九。建造桥梁则依"泗"的要求,长度末尾数字须为五或十。"三老"是建造民居的尺寸,因此在修建民居时,尺寸最后一个数字必须是一、二、六或七。例如三米不行,三米一或是三米二则适合。不仅房子的尺寸需要符合"三老",并且家中所有东西的尺寸都需要满足"三老"的要求。比如大门的尺寸,一般较窄的门宽一米二,较宽的也有,都须满足尺寸要求。门做好时尚不能完全闭合,一般是两扇门的宽度大于门的实际宽度导致不能完全闭合。当大门的木材缩水完成时,才能完全闭合。一般宽60厘米的杉木缩水1厘米左右。如此木工需要在做大门时预算出缩水的宽度,如果预测的宽度较缩水量大,容易导致大门合不上,反之,则导致缝隙的存在。另一种说法是建房子用末尾数字为六的尺寸,即末尾是六分或是六寸等都可以。与上一说法不同之处在于,不可用七,五也不用,一二同样不用。用六,寓意六六顺。建庙则常用七和八,七指干净,八指发,因寺庙要保护人,带给人好运。

四、建房风水和仪式

(一)建房风水

在描述建房风水之前,笔者先讲述一段梅村风水。梅村的整体布局就如同一个棋盘,当溪作为楚河汉界,环绕村梅两侧的东西走向的山,圣旨庙所在的山和位于黄泥垅的山,就像两条龙,称为将军位,即棋盘中将帅所在位置。黄泥垅在之前无人居住,多见坟墓,如今修了房屋山体走向不明显。在当溪两侧沿岸,修建了多个小码头,类似于棋盘中的兵卒。溪北侧有小码头五个,南侧则只修建了四个,因少修建一个,当溪南侧的居民较北侧少。

梅村的风水师已经过世,其儿子只从父亲处学会丧葬的相关仪式,并没专门学习建房风水,只稍许了解风水的事情。比如:坐北朝南的房屋,如果门不能开在正中间,则一般开在左侧,①因为左青龙,右白虎。青龙星为吉星,而白虎星为煞星;床应该摆放成与横梁成平行的方向,不可垂直,因为如果垂直,则需要用身体承受中梁的重量,对人体不利;梅村的灶都有两个烧火口,而且一般呈垂直状,它们的朝向应该最好是一个朝南,一个朝西,因为南方在五行中为火,向南则火旺,而西方在五行中为金,与火无相克之处;前门和后门之间的那扇门,一般开左右两边的,我们一般走左边的门,因为左边的门是天门,右边的门为地府门,人走天门,鬼走地府门。与此同理,狗洞也一般开在左边。

如今梅村建房已经不再按照传统习惯算日子,定方向,讲风水。因此,笔者在调查期间,未能观察或者访谈到建房风水的相关内容,只从过世风水师的儿子徐爷爷处获得一本关于建房风水的书籍,以下根据书中内容整理所得。

坟墓可以建得小巧,但是民宅必须要面积够大。建房时应该考虑五行,水木金土都适合建房,而火则甚不宜。建房时需要收紧出水口,因为水会影响家庭运势,例如屋顶的流水不可相交,否则家道不和,地面的水必须在吉位流动,不可与阴流杂合。长宽方面也有要求,"一丈必须五尺阔,长短折半随所至"。茶磨必须要在左边,右边为白虎,茶磨居右则搅动白虎肠,容易导致家人生疾病搅肠痛。厨灶也必须在左边,不能在白虎方向。

以下摘录《象吉备要通书》中的一段内容:

大凡人家起屋莫要先筑墙,为之困字,主人家不兴发亦起不成住场吉;凡人家起屋,屋后莫起小屋,为之停丧屋损人口难为住;凡人家起丁字屋,主无家主绝人丁;凡人家起屋前低后高,主发财禄兴旺;凡人家起披孝屋即后屋接连披盖是也,主横死人丁退田△;②凡人家起屋莫开池塘,主家财退绝人丁无子女为之漏胎泄气;凡人家起屋门前不可开新塘,主绝无子名之为血盆照镜若门稍远可开半月塘是也;凡人家屋前不许如箭来射,主出子孙忤逆不孝;凡人家门前不要见石块高二三四尺者皆是也,红白赤星是所主立见;凡人家正屋后不许起仓库,为之龙蟠宅主家财不兴;凡人家门前不要红赤黑石,必主麻风惠眼,为之火星又主火厄;凡门不要朝空亡贵人小退财不发;凡人家屋后见拍脚山出淫妇通

---

① 本文左右侧皆指面向门外而立时的左右侧。
② △为看不清楚的字。

僧道;凡人家门前有探头山,四时防盗若近屋出军贼之人;凡人家住屋拆去半边及中间拆去者,为之破家杀主人不旺贫穷;凡人家住宅不要屋角侵射及当门射来本主聋哑之人;凡人家起屋莫飞走回圭,主忤逆弟兄不和之人;凡人家屋后或有峻岭路道或前冲后射,出盗贼之人;凡人家开路及车门不要直射为之穿心杀,主家长横死之患;凡人家屋后莫开车门,要被盗退财如在侧边不妨北方开门亦然;凡人家屋后不要绝尖尾地,主绝人丁门前屋后方圆吉;凡人家门前不要朝垂飞水返背者是也主出淫乱之妇;凡人家门前见水声悲今主退财;凡人家门前屋后见流泪水,主眼病;凡人家门前朝平头山是土星吉出僧道属兴旺;凡人家开车门不要在子午坤△四方,为鬼路主疾病损人口;凡人家门前屋后沟渠水不可分八字水,主绝嗣散财;凡人家天井不可积屋水,主患疫痢不可堆乱石主患眼;凡人家不可再当门开井,主官讼;凡人厕屋不可冲大门秽人门厅,主生灾祸;凡人家食乳小儿秽衣不可高晒并过夜,主生疾病。①

(二)建房仪式

因调查期间笔者并未亲身观察到建房仪式的举行,因此本文关于建房仪式的内容,主要来源于访谈。访谈对象包括几位木工以及普通村民,他们都表示如今梅村修建房屋都不举行繁杂的建房仪式,除非家中有古老人②在世。而访谈的多位木工中,或因信仰基督教,或因如今村民多不实践建房仪式等,都并不知晓建房仪式的具体过程。只其中两位年纪较大者了解,而他们描述的建房仪式有出入之处,笔者不能确定是否因师门不同而有差异(两位木工其中一位于浙江拜师,另一位则由宁德迁来梅村做木工多年),抑或是否有其他可能因素的存在。以下分别描述两位木工关于建房仪式的描述。

1.其一木工

昔时建房仪式包括动土、上梁、除煞以及入厝等仪式。其中,动土仪式由泥水师傅主持,其余则主要由木工师傅负责。建房仪式实践的原因是房主为了能平安居住。

---

① 在田野调查期间,笔者有幸从梅村一位报道人借阅此书,并用照相机拍摄书中部分内容作,版本不详。
② 古老人,当地人说法,意为年纪很大之人。

(1)动土仪式:动土仪式主要由泥水师傅主持,先摆桌,桌子朝向大门预定所在的方向摆放,上面摆放三茶、三酒、五种果品、鸡、猪头肉、三个木鱼、三个鸡蛋,总共七种供品。泥水师傅在上好香之后,念经。泥水师傅在这个仪式中请的是鲁班,与木工相同,因此此桌也称鲁班桌,但泥水师傅的经文与木工师傅的不同。建造房子时请过鲁班后,房子的归属则无争议,请鲁班的作用与现在的房契类似,未请鲁班建设房屋,房主则可能会碰上一些不好的东西。① 之后泥水师傅用鲁班尺量好宅基地尺寸,木工则量大门和后门的尺寸。

动土仪式中还需将五色布,五种颜色为除白色以外的各种颜色任选五色即可,铜钱,一些谷子、芝麻和锡用一个红布做成的袋子装起来,而且只能装这五样,埋入宅基地的四个角上。东西起初被放在鲁班桌上,后东家从鲁班桌上拿到宅基地的角上,泥水师傅负责掩埋。

(2)上梁仪式:在梅村上梁仪式只特指上中梁的过程,过程包括拜梁和上中梁,但是在上中梁之前需要准备中梁木,因此笔者将准备中梁木的过程也纳入上梁仪式中进行描述。从中梁木的选择到上梁都由木工负责。其中各种仪式中木工都需唱经,但木工坚持经文不可随便唱,只有在准备了相应的供品时才可进行,否则不利其本人和家人健康。因此在下面的描述中经文内容都有欠缺。

中梁木的准备一般都临时准备,例如在风水师算好的上梁时间的前一天去山上寻找适合做中梁的树木,不会提前很早准备。上山寻找中梁木时,人员一般包含一位木工师傅,东家以及几个其他人员,出发时带上香、纸钱、蜡烛、鞭炮、红布以及供品如三杯茶、三杯酒等。选作中梁的树木必须符合这样的要求:首先,其必须是具有两个以上枝干的树木,寓意子孙繁茂,禁忌选择独木作中梁。现在的杉木林多为人造杉木林,也多为一根树干,而以前的野生杉木则多有两个以上枝干的情况,三四个枝干的则相对难寻找。在多根树干中选一根砍下做中梁,其余则留在原处,任其生长;第二,树木必须要足够粗直,才能承受得起中梁的重要作用。选好树木后,将提前准备的香和蜡烛点上,纸钱烧好,燃放鞭炮。讲究的人家还会准备三杯茶、三杯酒以及鸡肉、猪肉等敬奉山神。然后可开始砍树,首先由木工师傅先砍三斧

---

① "不好的东西"是木工的说法,意为邪恶的东西,对人不好。

第四章 梅村的民居建筑

头,其一边砍一边念词,之后由其他人接着砍。树木砍倒时必须倒在提前备好的木马上,中梁木不可以触碰地面,下山时用红布包裹中梁木的中段后抬回。有时木工会在山上对树木进行简单的处理,方便抬回。不论是在山上处理还是回家之后处理,从树木上处理下来的树皮、树枝等都不能用火烧,必须扔入河中,因为如果这些树皮树枝被火烧,则意味着房子有可能发生火灾。中梁木是神圣的,不可以被踩踏,也不可以接触地面,所以从山上抬回之后一直放在木马上,而有些人家如果砍中梁木较早,则会寄存到庙里,以保持中梁木的洁净。

上梁时间一般是凌晨,也存在极少数白天上梁的情况,上梁时间由风水师按东家生辰计算。按照风水师算好的上梁吉日吉时,东家需要提前准备好相应物品,木工师傅摆放鲁班桌。桌子上面摆放三茶、三酒、五种果品、鸡、猪头肉、三个木鱼、三个鸡蛋,总共七种供品,与动土所需的供品相同。另外需要用米斗盛米,上面插十根筷子,围成一圈,圈内插入剪刀、镜子和尺子,用红布将这些盖住,称为"銮驾"。鲁班桌的前面用一个箩筐,里面装谷子,将鲁班尺插入其中,鲁班尺的两头用红布包裹,木工头部也戴一红布。鲁班桌摆好之后,点香,木工开始唱经、动作,请鲁班。木工需要学徒至少三年,"站木马三年",才能请得动鲁班。木工用牙齿咬破公鸡鸡冠,将其血在梁上写"鲁班到此",称为祭梁。中梁上贴的八卦是风水师做的,用红纸或是红布。

因中梁是一屋的主梁,颇为重要。上梁之前,东家要拜中梁,只需要一个男主人进行跪拜即可。跪拜前,男主人洗手洗脸,清洁身体。朝着中梁木跪拜,一般跪拜十次,男主人跪拜时,木工师傅念词如下:"一拜天,二拜地,三拜中梁好登基,四拜死机生财(或兴旺),五拜五谷丰登,六拜六畜兴旺,七拜风调雨顺,八拜八仙过海,九拜九子登基,十拜十足团圆"。

然后到了吉时,两挂鞭炮分别在梁头和梁尾燃放。与此同时,木工用绳子绑着中梁的两头慢慢拉至房顶。安好中梁后,从上面抛下来东西,包括麻糍粿、包子、糖果或是硬币。村民尤其小孩喜欢抢抛下来的东西,认为这些可以带来好运:赚不到钱的人以后能赚到钱,盖不起房子的人以后能盖房子,读书的小孩则能够成绩好。用两个红布袋子装芝麻、花生、豆子、花边、银元等七种东西,从梁的两头扔下来,必须将其扔在提前放置于大厅的木筛上。在下面抢东西的人都了解不能抢红布袋,东家会把它们捡起来放在之前摆好的銮驾上,再挂到梁木两头。

79

（3）除煞仪式：除煞仪式为洁净驱邪仪式，一般在木工工作做完后即将离开的前一天晚上进行。除煞的作用是将房子中的牛鬼蛇神请出屋外，其对付的是野神，也即鬼。赶野神出门需要下狠心和决心，主持除煞仪式的木工师傅很吃力，整个过程至少需要半个小时，而且必须将每个环节做到位。除煞仪式需要五个木工和另外两个人同时参与，此两人由主人请来帮忙的。木工师傅告知他们如何操作。过程中，七人都必须头戴红布，到除煞仪式完成时方可将红布摘下。

首先，摆放鲁班桌，鲁班桌上摆放的供品与上梁时一致，也需要摆设銮驾，然后在左右两边各摆一根蜡烛，中间一个香炉，点上香。将桃枝、樟树、毛竹、稻草和芦苇五种东西捆绑在一起，用嘴咬破鸡冠将鸡血滴在上面，放在鲁班桌上。在房屋的每根柱子下面放三张纸钱，烧一根香和一根蜡烛，香和蜡烛插在纸钱上面。顺序是先从东边的正柱开始，然后向右绕一圈。正柱指最高的支撑中梁的柱子。

祭拜鲁班之后，一个木工拿着鸡将鸡血在每根柱子上轻划一下，后面跟着的木工手拿斧头敲柱子一下，之后为拿着鲁班尺的木工。鲁班尺也需在每根柱子上敲，之后的第四个木工将之前点的香、蜡烛和纸钱收走，用红布包起来，用锉子钉在一个木马上，这个木马由一个人（非木工）拿，第五个木工拿着之前滴过鸡血的一捆东西敲打每一根柱子，所有木工在敲柱子时都需要念一声"去"。敲柱子的顺序是从东边正柱开始，然后向右绕一圈。非木工的两人一人拿木马，另一人带路。这七个人的走路顺序是拿鸡的木工走在前面，其后为拿鲁班尺的木工，最后一个为拿木马的人，中间个人的顺序则不讲究。

七个人一出门就需放一挂比较大的鞭炮，出门之后不可讲话，不能叫唤彼此的名字，也不能回头，直到回来。过程中，不能碰上人，也不能被狗吠。这些东西①需要送出水口。到达预定地点后，先点香，烧纸钱，木工念经，然后将木马以及钉在上面的香、纸钱和蜡烛等抛入水中，锉子则拿回来。回来的路上大家也不可言语，回来之后，要洗脸洗手。一般东家会提前为每人准备白糖茶以及一些点心。除煞仪式完成后，东家要给木工红包，金额不限。

---

① 木工的说法，有两层意思，一是指香、蜡烛、纸钱以及木马等实物，一是指驱逐的邪恶东西。

2. 另一木工

（1）上梁仪式：开始做工的第一天，东家会包红包，木工在这天只需做一对木马，撇好一根柱子即可。如今有古老人在世的人家会照旧俗上香，放鞭炮，更多的东家则没有这些讲究。

选作中梁木的树木需要满足的要求，两位木工的观点基本一致。首先这棵树必须具有两个以上树枝，其中一根主干比较直长，能够做主梁，将主枝砍做中梁木，细枝则留下让其生长，寓意家中小孩茁壮成长。上山砍树时，应提前准备香和蜡烛，敬拜土地公。砍树的时候，必须往山上倒下，禁忌往山下倒。同时，不能倒在地上，提前带木马上山者则可将其砍倒在木马上，否则也可用一些草或树叶垫在地上，使树干倒下之后不直接接触地面即可。木工在山上撇好树干后，用红布包住中段，带回来。从树上弄下的树皮，有两种处理方式，一种是扔到河里，这一般是家里有古老人的做法，因扔到河里可避免房屋被火烧；另一种做法是将树皮烧掉，这是不那么讲究的做法。树木被带回后，身怀有孕或者月经来潮的女人不可靠近，男人则可以靠近接触甚至踩踏和跨。

上梁时间一般为早上三点到四点，大中午上梁的情况极为少见。因上梁时须让梁木跟着太阳走，太阳升上来的时候，梁木也往上拉。上梁前要净身，木工如果去较远的地方做工，则会提前带好换洗衣服。在上梁的前一天晚上一定要洗澡，换掉全身衣服，第二天凌晨很早起来之后，刷牙洗脸。开始准备上梁仪式需要的鲁班桌。鲁班桌摆在房子的大厅，桌上摆放五杯茶、五杯酒，寓意十全十美。另放鸡，要求必须是公鸡。放猪头、猪肉，要求猪头必须是公猪的头。另外还有一条鱼、一个蛋，三个或五个麻糍粿、一双鞋，一把雨伞、六尺布和一把铜梳。鞋是东家买给木工师傅的，木工师傅可以带回家中。六尺布是用以绑在梁上的。铜梳则是给鲁班老婆准备的，因传说鲁班老婆很厉害。以前鲁班为官府盖房子，木料被徒弟锯得太短，不知如何是好，和老婆讲过之后，老婆将一把梳子插在头上，于是鲁班就想到了榫卯结构；又一次，老婆站在火盆上，鲁班见状，发明了柱础。鲁班桌上还需摆一个銮驾，为一个圆的斗装米，在米上面插入剪刀、镜子、尺子，然后在外面围一圈筷子，总共十根，用红布盖起来。銮驾旁边点香和蜡烛。桌子的正前边，靠近木工师傅处，用箩筐装半箩筐谷子，然后将一根木插入其中，这根木料上写满了整个房子的尺寸。鲁班桌上摆放的熟食，上梁仪式结束后，木工师傅可以将其带回家，生的东西则不可。

再用一块红布里面放七样东西,称为"七宝"。其中两样必须是金银,"金"可以是真的金子,也可以是金纸,而"银"则指铜钱,铜钱只需要一个即可。另外五样则必须是生的东西,例如豆子、花生、瓜子、谷子、芝麻等等。生的东西会重新发芽长东西,寓意生机,家丁繁茂。木工特别强调,铁不可以放入红布中,因为"风水怕铁",铁会影响风水。之后将红布弄成南光状,绑在梁的正中间。

在梁上面写"风调雨顺""国泰民安"等字,有的直接用毛笔书写,有的则会使用鸡冠血书写。如果用鸡血书写,则同样必须选用公鸡血,并且这只公鸡以后留下来做种。类似"鲁班到此"等涉及鲁班的话语都不能写在中梁上面,因为这样会伤害住在房屋中的人。八卦一般贴在大门门梁上,鬼和肮脏的东西不敢进门。中梁上则不能贴八卦,否则房子住着不平安。

在摆好桌子,梁上挂好东西后,开始拜梁。拜梁时一般东家全家都会参加。只有身怀有孕的或者月经来潮的女性不可参加。参加者在拜梁的前一天需要洗澡换好衣服,早上时也需要洗脸洗手。一般朝中梁跪拜三下,木工念"一拜天地,二拜鲁班,三拜祖宗"。因天地最大,若无天地,则无万物;而房子是由鲁班设计修建的,所以需拜鲁班;没有祖先则没有后代子孙,所以需拜祖先。

吉时将近时,木工徒弟或是其他帮手先爬上房屋顶部,吉时一到则将梁拉上去,与此同时,开始燃放鞭炮,鞭炮一般放在大门口燃放。等到梁安放好之后,木工师傅才爬上去,开始讲各类好话,例如"吉时上梁,恭喜发财,大添丁,添百万丁"等。梁架好之后,木工开始抛东西。一般包括麻糍粿、花生、小包子、葵花籽以及硬币。每抛一种东西时,都必须讲好话。比如抛花生时,讲"满地开花"。各倒一壶酒下来,念"红酒一缸满地铺"等。整个过程结束后,用东西将梁盖起来,这样中梁不会被淋晒。现在,村民已经不讲究这些,梁上好之后也不在乎是否被淋晒。木工师傅从梁上下来之后,东家会给每人一碗鸡蛋瘦肉汤,每碗三个鸡蛋。

(2)除煞仪式:昔时建造房屋都会举行除煞仪式,如今则很少见,作用在于将房中的肮脏赶走。首先将二十厘米左右长度的蜡烛分别剪成三段,每根柱子下放一小段蜡烛、一根香,在香和蜡烛下面垫上一些纸钱,张数不定。一位木工师傅手拿盛水的碗,用口含水,朝每根柱子喷一口;另一位木工师傅一手持墨斗和鲁班尺,另一手拿斧头敲柱子,有的人家会在斧头上弄上鸡血,鸡血必须是公鸡的鸡冠血,用嘴咬破之后滴在斧头上,之后这只公鸡必须留着做种;另外一人手拿被破开成几瓣的竹子敲打柱子,赶走房中的肮脏东西。顺序是先对柱子喷水,然后用斧头敲柱子,再是用竹子敲柱子,之后一人将之前点好的蜡烛、香和纸钱收走。其中,喷水的和用斧头敲柱子的都是木工师傅,拿竹子敲柱子者可以是徒弟或者是其他帮手,收香、蜡烛和纸钱的人则是东家自己找来帮忙的人。敲柱子的顺序是从房屋左边的正中间柱子开始,往右边绕一圈。将肮脏东西赶到新房屋大门外,蜡烛、香和纸钱在大门外烧掉即可,此时木工念"你去上天了,去游览天下了"。除煞仪式,年轻的木工一般不敢随意进行,因各环节做不到位会不利东家。木工称,除煞仪式不做亦可,做则必须全部环节都完成。

五、民居中的厌胜物

梅村信佛村民家中安放各类厌胜物的情况很多,比如门梁上张贴的八卦,大门悬挂的红色三角布袋、八卦镜,端午时悬挂的艾草、葛藤、松树枝、杉树枝等,普通玻璃镜以及大蒜、毛笔、剪刀、铜钱以及通书等。访谈中发现虽然村民喜挂厌胜物,却不了解各类厌胜物的差别,问及悬挂原因,普遍简单回应为辟邪。

(一)红色三角布袋

当地人称为平安符,袋子中装着七种物品。必须装入的是一张符,符由庙中会跳神之人绘制。昔时,梅村后山有一位擅长跳神之人,据村人称其非常灵验,常为村人绘制符咒。除了符咒,其余六种物品则从以下物品中任选六种,樟树梗七个,指用樟树枝剪成1厘米左右长度的小梗;豆子七个;麦子七个;芝麻七个;五色线;铜钱一个;糯米谷七个;杨柳梗七个;桃梗七个。此种红色三角布袋在梅村很常见,大小不一。梅村民一般将其悬挂于大门正中央,也有挂置于房间门上者,偶见挂于香案上方者。

图 4-6 红色布袋

(二)八卦图

将后天乾坤八卦或者两仪八卦绘于红布或红纸上,贴在院子大门的门梁上,或将其贴在窗户正上方。贴八卦图的情况在村中较少,笔者只发现四户人家贴八卦图,三户人家贴于门梁,已经破旧,另一户贴于窗户正上方,八卦图尚且很新,为近期贴上。

图 4-7 八卦图

(三)八卦镜

梅村可见多处悬挂八卦镜者,材质不一,或为铜质或为土质或为铁质。悬挂于大门正中央者居多,亦可见挂于房门以及香案上方者。来源也各有不同,多从各处庙宇求菩萨得来,不限地区,如武夷山的天仙庙甚至有从晋江等地区带回者。

图 4-8 八卦镜

(四)普通玻璃镜

在梅村看到多户人家悬挂普通玻璃镜。村民将其挂于大门中央,房门中央或者墙壁上,认为能够起到辟邪驱魔的作用,尤其家中有小孩儿者,需要悬挂这种镜子或是八卦镜以保护小孩平安。

图 4-9　镜子

(五)其他

端午时期,梅村人要在房中悬挂杉木枝、松木枝、葛藤、艾草等,以起到驱邪的效果。另外,也可见将毛笔、剪刀、铜钱以及通书等悬挂辟邪的情况,或者毛笔和八卦镜配合使用,铜钱和剪刀一起悬挂等等。在房门上贴观音灵符、观音坐莲或者书写着"南无阿弥陀佛"的红纸以及张贴黄纸画的符的情况都存在。将大蒜悬挂驱邪者在村中有两例。

以上厌胜物常见同时悬挂者,比如余奶奶家,大门上同时挂着杉木枝、松木枝、一个红三角布袋以及一枚硬币,而旁边房间门上则挂着一个镜子。孙叔叔家,院子大门的门楣上贴着八卦图,房屋大

图 4-10　剪刀、杉树枝、通书

门上挂着八卦镜,下面写着"佛光普照"四个字,房门上分别贴着观音灵符、观音坐莲以及书写着"南无阿弥陀佛"的红纸,在香案上方还悬挂一个小八卦镜。

六、基督家庭的住

本文将信仰基督教的家庭简称为基督家庭。基督家庭的房屋在外部形态与内部结构上与信佛家庭的房屋并无差异。有的基督家庭居住于传统民居中,也有居住于砖石水泥房的。基督家庭居住的传统民居与信佛家庭一样,都为对称式结构。而砖石水泥房的外形与结构的差异多因主人喜好,而非信基督或是信佛的差异。

基督家庭与信佛家庭的居住稍有不同,有以下方面:一是在房屋建造过程中信佛家庭可能举行的仪式,基督家庭不会举行,只是在兄弟姐妹①之间进行简单的庆祝;二是基督家庭家中不祭拜祖先,因而没有祖先牌位和各种神灵图像等,多在一般家庭贴观音、毛泽东画像的地方贴上十字。家中的对联也与一般家庭不同,如上联:"家庭发达主施恩";下联:"事业兴隆神赐福";横批:"以马内利"。上联:"新春快乐歌颂主";下联:"佳节喜庆赞美神";横批:"神爱世人"。他们的对联都是从武夷山总教会处买来。其家中也不会张贴悬挂各类厌胜物。基督家庭房中左右不分长幼,一般信佛家庭的房屋左边都为长子居住,右边为较小儿子居住,而笔者在调查期间发现一户基督家庭房中左边居住的是较小的儿子,大儿子住右边。只是笔者不能确定此情况是特殊情况或是因为基督家庭不注重传统家庭的血缘关系。以下介绍基督家庭房屋建成后兄弟姐妹之间的庆祝,并且试以一户基督家庭的摆设为例,描述基督家庭的居住。

房屋建好后,如果需要兄弟姐妹过去祝福祷告,则提前在周天做礼拜时告知大家,比如周三大家过去家里,因为新房建成,搬入新居。那么,能去的兄弟姐妹则商量好时间,一起过去主人家。一般是晚上吃过晚饭之后过去,不需要带礼物或是红包。到主人家祷告、祝福,说平安等好话,唱赞歌,内容

---

① 基督徒之间互称兄弟姐妹。

第四章 梅村的民居建筑

如上。之后就回家了,不在主人家吃饭。报道人提到,只有主人家告知后才会去,不然不需要去。从一位信基督的阿姨处得到圣歌中关于新房建成的歌曲,如下:

新堂落成(建筑迁居)

我等庆幸新堂落成,愿虔心虔意奉献真神,求主降临广施宏恩,恳求圣灵充满人心,用圣洁光辉照耀我们,赏赐永远喜乐和平,天使曾传此音,我今亦深相信,万能真神众口称颂,祷告同心愿主同在永远阿们!

庄严圣堂大功成就,求天父上帝欣然接受,今后圣工愿主扶持,使我关心他人得救,传生命真道不分老幼,苦海众民引入方舟,使在黑暗异邦,同赞上帝恩光,脱离苦海天国降临,万民同唱哈利路亚荣归上帝。

结　　语

房屋,与人类关系密切。其形制、材质等因时代、社会地位、经济条件、自然环境等而产生不同。同时,房屋中每一处无不显示着人类文化,从一户人家的对联与装饰,可以判断其信佛抑或信基督。

提及房屋,大家都能联想到另一个词:安全。自人类出现以来,一直在寻求自身的安全。房屋与人类关系如此密切,以至于从房屋的每一个细节,每一个步骤过程都能看出人类为了安全所做的努力。梅村信佛家庭从开始建造时小心地求问风水先生吉时吉位,举行一系列仪式确保没有冒犯神灵,到建房时材料的挑选,求最好的材料建造自己的房屋,再到房屋建好后,宴请亲朋好友,得到大家的祝福,安放神灵祖先牌位、厌胜物以确保不受邪物侵害。基督家庭也有同样的努力,如建房时选用最好的材料,希望得到兄弟姐妹间的祝福,在家中张贴十字和与主相关的对联。

第五章

梅村的饮食文化

※ 陈 燕

前　　言

随着经济和旅游产业的不断发展,地方节日食俗、传统的特色风味小吃,越来越多的成为人们关注的焦点。梅村是著名的"古民居",作为武夷山旅游景区的一部分,其风味小吃繁多,历史悠久,制作精细,品种繁多,带有闽北地区浓厚的饮食特色。随着前往梅村旅游的人数不断增加,经济发展、旅游产业的兴起给梅村的饮食结构、食材和食物的品种都带来了一定的变化。许多传统的特色小吃、当地的土特产不断地被挖掘出来,并不断地发展创新。另外,该地区在节日食俗、进食方式和因人群流动而造成的食物变迁都是人类学研究的内容。

本文以福建省武夷山市梅村为田野点,2015年7月1日至8月20日为期50天左右通过参与观察、深度访谈、文献查找、抽样调查、亲口品尝等方式对梅村的食俗、食风、日常饮食、节日食俗、特色小吃、饮品等各方面,进行全面的田野调查。将此次田野观察所获的资料撰写为田野报告,从而呈现梅村独特的饮食文化及其包罗万象的文化资源。

一、日常饮食

梅村属于闽北地区,盛产稻米,一年一熟至两熟。梅村村民普遍以大米为主食。除稻米外,梅村还种植小麦、玉米、豆类、山芋等杂粮。梅村的副

食,除常见的鱼、肉类,其他蔬菜则根据季节的变化而异。如春季吃春笋,夏季吃毛豆、红菇,秋季吃山药、菠菜,冬季吃大白菜、土豆等。

(一)餐次

梅村村民的日常饮食是一日三餐。夏季早餐时间是5点至6点左右,冬季早餐通常在6至7点。进行午餐通常是在中午11点至12点之间,晚餐在下午5点至7点之间。梅村村民的主食是大米,偶尔也会吃面条、馒头、饼类、油条等。

早餐相对比较重视,因吃完早餐便要出去劳作,直到中午才回家。因此,早餐所提供的热量必须充足。若早餐吃不好或吃不饱就容易挨饿,干不了农活。下地劳作,男人的早餐以干饭和馒头为主食,而不用下地的女人早饭多为稀饭,搭配丰富的副食。早餐的副食搭配十分丰富,主要有煮茶叶蛋、腌菜、榨菜、花生、炒芋头丝、冷拌海带丝等。早餐一般是由家里的女人来准备。另外,村中年轻人大部分早上起床比较晚,他们一般要到8点至9点才吃早餐,主要是在村中小吃店吃面、粉、茶叶蛋、瘦弱羹、锅边糊等。

在梅村午餐是一日三餐中最好的一顿,食材比较新鲜,准备得比较精细。荤菜主要有鱼、猪肉、鸭肉、鹅等,蔬菜在不同的季节食用的种类便不同,有毛豆、丝瓜、大白菜、地瓜叶、芋头丝、空心菜、黄瓜等,汤主要有玉米排骨汤、瘦肉丝瓜汤、海带排骨汤、紫菜鸡蛋汤、豆腐白菜汤、鱼煮豆腐汤、竹笋鱼汤等。

晚餐相对于午餐则比较简单,一般是吃午餐剩下的菜。以此节省准备晚餐时间,并且当地村民认为晚上不宜吃太多,吃多不宜消化。但晚餐时,梅村人会做一道新鲜的菜汤,在他们的观念里,认为喝汤可以缓解疲劳。经过一天的劳作,晚餐享用一道好汤,可以消解所有的劳累,而且喝汤可以达到养胃、促进消化的功效。

(二)菜蔬

1.熏制品

值得一提的是,梅村日常饮食中除了炒、煎、烤、卤、炖之外,最爱熏制各种富含蛋白质的食品,如熏鹅、熏兔、熏鱼、熏猪肉、熏豆腐等。在武夷山,包括梅村,熏已经成为一种精湛的烹饪技术,只要是能熏制的食物,皆喜欢用来熏制。

熏制品作为梅村村民日常饮食中最爱吃的一道菜。其熏鹅、熏兔、熏鱼、熏猪肉、熏豆腐等在制作方法上极为相似。其中以熏鹅为例,首先,把鹅宰杀、除毛、洗干净后,放到高压锅里把鹅压熟,半小时之后,鹅便七分熟,然后把鹅捞到一个小盆里将水分沥干,最后涂抹剁碎的辣椒、大蒜、盐、花椒等各种调料品腌制二十分钟。炉灶生火后,准备好少量的大米、茶叶和食用香油放锅里,并在锅里立好竹架,把腌制好的全鹅放到竹架之上。放点五香后,就用火熏半个小时左右,这时充分掌握火候,火太大则易烧焦肉。熏鹅是金黄色的,由于鹅肉融入各种调料品,所以味道偏重,甚至有点辛辣。刚熏出来的鹅相对比较嫩,浓浓香熏味四溢。

熏制品刚出炉便可直接食用,但熏肉最主要的功能在于可以存放较长的时间。在梅村,过去许多村民家里没有电冰箱,家中剩肉较多,便通过熏肉的方式储备下来,以供长久食用。目前,各类熏肉在市场上也可购得。

2. 霉豆腐

在梅村霉豆腐是家常必备的小菜,不仅在吃早餐时可以配稀饭、馒头,还可以在正餐时下饭吃,是一通开胃菜。据说,虽然霉豆腐比不上山珍海味,但制作过程也需要精心投入。在时间上,霉豆腐通常是在十一月份制作比较合宜,其材料以白豆腐为主,白豆腐可以是自己制作也可以是从街上购买。白豆腐备好之后,用菜刀切成小块,拿去晒太阳,晒干之后,用碳烤后便可腌制。霉豆腐一般腌制在一个铺有稻草的大缸里,一层稻草之上铺一层豆腐,再铺洋芋、豆腐循环,直到缸满。如果天气晴朗放置十天即可,天气不好则可能要放置二十天左右。之后,把豆腐块拿出来放在罐子里用酒浸泡,再放些干辣椒粉和粬,大概浸泡一周便可食用。

3. 笋

在梅村,笋是一种主要的菜蔬。据文献记载,武夷山的笋类众多,主要有毛竹笋、绿笋、苦竹笋、黄竹笋、石竹笋等。武夷山有俗语:"南茶北米,东笋西鱼"用来形容笋的肉质细嫩,味鲜爽口。笋富有丰富的蛋白质、纤维素、钙等人体所需的营养成分。所以笋是武夷山人最爱的一道家常美食。由于梅村得天独厚的地理环境,加上这里土壤肥沃,水湿条件好,长出来的竹笋洁白如玉,被誉为春天的"菜王"。因竹笋特别多,故笋的吃法丰富多样,仅是祖祖辈辈流传下来的烹饪方法就有二十来种。用春笋便可制作出一餐丰富的笋宴。春笋质嫩、色白、清脆、味甜不同的部位用不同的烹调手法可以做出不同风味的美食,而且食之不腻,如:笋块、笋泥、笋片、笋丝、笋干等。

毛竹冬笋较为珍贵，主要是因为冬笋生长的时间较短，且长出来的笋较少，但冬笋是所有笋中营养价值最高，吃了之后对人的身体有滋补功效。由于冬笋稀少且十分珍贵，所以冬笋不做笋干，一般是用来炖排骨、炖鸭汤、小炒鲜肉等。

图 5-1　笋干

笋主要是在春天生长。在春天梅村村民便可收获各类肉厚皮薄的春笋，因此各式各样笋菜特别多。大部分村民把吃不完的春笋做成笋干以便日后食用。根据笋干的颜色，分为黑笋干和白笋干两大类。在春天把多余竹笋都制作笋干，以便冬季、秋季、夏季都可以享用笋。在梅村，村民除了自己享用部分笋干之外，多余部分销售给游客。由于笋干是当地特色物产，且制作精细又干净，带有地方风味，所以来到梅村的游客或多或少会带点村民自制的笋干拿回去品尝。

图 5-2　笋饼

笋饼，是将竹笋和猪肉捣烂成泥状，之后把糯米粉与捣烂好的竹笋和猪

肉揉在一起,再与辣椒粉、盐、酒渣等揉捏成一团,之后用刀切成小块薄片,由于笋饼中加了红酒渣,色泽偏红。通常用油来煎吃,味道有点辣、有韧性,比较可口。笋饼不仅是梅村日常饮食中最常见的副食,也是村民日常生活中解馋的零嘴。

笋馅,在梅村各种小吃都喜欢用笋做馅,一般是鲜笋或笋干,切成小片,用油炒熟以备待用,之后,不论是做清明粿、冬笋包、饴仔、煎饼都喜欢放入笋馅。

除此之外,还有煮笋、白灼笋、凉拌笋、糟肉炒笋丝、笋鸭子、野猪排焖笋角、鲜笋片煮汤、腌菜炒笋、五花肉炒笋、牛肉炒笋、笋衣煮芋子、笋头包、笋衣煎蛋,以笋制作的菜肴荤素搭配均可。

梅村村民食用副食的种类各式各样,除了以上特别强调的几道菜之外还有很多。荤菜,如鸡杂、羊肉、牛肉、兔肉、田螺、草鱼、鲤鱼、猪肠、鱿鱼等。常见的蔬菜,则有空心菜、冬瓜、南瓜、苦瓜、葫芦瓜、茄子、黄瓜、毛豆、扁豆、油菜、大白菜、西红柿、生菜、菠菜等。梅村村民根据不同季节的变换,栽培不同种类的蔬菜,如夏天的丝瓜、葫芦瓜、南瓜、地瓜叶、空心菜、毛豆、芋头、土豆等,冬天的大白菜、萝卜,秋天的油菜,春天的空心菜、小白菜、生菜、菠菜等。除此之外,在集市赶墟时,村民可以购买到一些反季节的蔬菜,虽然这些蔬菜价格高于当季的蔬菜,但这在一定的程度上给梅村村的村民提供了更多选择,丰富了其饮食结构。

二、调料品

在梅村,调味品除一般的食盐、酱油、味精之外,根据制作不同的蔬菜,使用不同的调料品。除了在节日准备盛大的餐宴,用到的调料品比较多以外,在日常生活中主要是以辣椒和桂叶为主。而食用油主要是猪油、菜油、花生油。

梅村的调料品主要还是以辣椒为主。不论是在平常百姓家还是小吃店里一般都会备有油炸辣椒、剁辣椒,由于梅村的人爱吃辣椒,每家每户都或多或少种植辣椒,通常把新鲜辣椒晒成干辣椒,制作泡椒。此外,梅村人喜欢把辣椒切成丝状或者制作成干辣椒粉,用于充当制作菜肴的饲料(配料)。

桂叶也是梅村村民饮食的一种调料品。一般把桂叶从山上采摘回来后晒干,如此更易贮存且晒干之后的桂叶特别香。桂叶可用来炒田螺、调汤味,也是制作熏鹅、熏肉必用的佐料。

大蒜同样是梅村饮食的调料品之一。村民在炒菜时,大部分菜品都放些大蒜,在他们的观念里认为吃蒜不仅可以避邪、还可以预防各种疾病,所以一般情况多会选择吃蒜。如茄子炒大蒜,煮鱼的时候也会放蒜。

在梅村,米酒也可以做食物调料品,用于孕妇滋补的鸭汤或是制作红烧肉都喜欢放适当的酒作为调料,海鲜制作也会放米酒去腥味。

三、炉灶与厨房用具

(一)炉灶

食物的烹饪、进食都必须要炉灶等厨具。在梅村,炉灶主要分为传统的炉灶和现代的炉灶。传统的炉灶主要是由水泥、石头和砖块等构造而成,一个灶台一般都是两个灶口,两个灶坑。灶坑上置放两个大锅,一个锅是用来蒸米饭,一个锅是用来炒菜。整个灶台用水泥、砖块构建砌成之后,家庭条件好的,适当地铺上一层白瓷砖,易于清洗上面的赃物,看起也比较干净舒服。家里若来了多位客人,需要煮大量的饭菜时,两个炉灶可同时烧火进行。这样既可以省时间又可以煮充足的饭菜。炉灶的燃料以木柴为主,取材来自山上的树木或者自家种植的树木,几乎每家都有一个放置木柴的搭棚。木柴晒干之后,用斧子砍成条块,以备不时之需。

除了大炉灶台,有些家庭使用的是小火炉,由铁皮制作,体积偏小,占地面积少,使用起来比较方便,主要供家里人炒菜或烧开水时用。小火灶燃料主要还是以木柴为主,但山上的松树枝或玉米秆都可作为辅助燃料。

(二)煤气灶

随着梅村村民社会经济的不断提高,村民的家里除了炉灶之外,还有煤气灶,煤气灶一般是用来炒、煮、煎菜等。其主要的燃料是煤气。在农活忙碌的季节,抑或家里有客人时,用煤气炒菜十分方便。通常情况,一个家庭一个月大概可消耗一罐煤气,一罐煤气大概是一百元左右。

如今梅村村民的生活水平提高,家里炊具也相应增多,比如电饭煲、电磁炉、微波炉、烤箱等。随着电饭煲、电磁炉、微波炉等引入，虽然与传统的燃烧木柴相比更加费电，但极大地提供了方便，村民使用电饭煲等现代电器煮饭炒菜，在一定程度上减省体力和时间。

与饮食相关的用具还有饭桌、筷子、碗等。在梅村每家每户都有一张圆桌，由木头制作而成。一个大圆桌相应的标配是十个凳子，但通常也会多备几个凳子。筷子是由竹子削制而成，碗通常是在集市上购买，一般都是瓷的。

除此，现在梅村几乎每家都有一台电冰箱，这方便了梅村村民冷藏食品。电冰箱在村民的生活中使用广泛的原因有两个：第一，冷藏食物，剩菜剩饭都可以在电冰箱里冰冻。第二，用于保鲜，新鲜的肉类和蔬菜购买回来之后都可以放置冰箱之中，不必再担心肉会变质，蔬菜会丧失水分。冰箱也成为梅村村民储存食物的最佳厨房用具。有些家庭条件比较好的村民，甚至引进了消毒柜，用完餐之后，将餐饮用具洗干净沥干水之后，放入消毒柜内进行消毒。消毒柜的引进使村民餐具的使用更加健康、安全，一定程度上防止了各类传染病的传播。各类现代化电器和厨具的普及极大提高了梅村村民的日常生活和饮食。

四、特色小吃

（一）瘦肉羹

瘦肉羹在其他地区又称为"福鼎肉片"，梅村小吃店的老板通过引进、改造和适当地添加，改称为瘦肉羹。瘦肉羹的制作工艺精细、味道独特，是梅村人最喜爱小吃之一。瘦肉羹制作的原料主要包括猪肉和地瓜粉。首先，要从市场上购买新鲜的猪肉，猪肉一般要选择上好的品质，最好是猪后腿上的瘦肉。之后用清水将瘦肉洗干净沥干，放到砧板上用刀切成小块或条状，再肉剁成酱，但也有人喜欢用绞肉机绞。瘦肉剁成酱之后，放到盘子里，加入木薯粉和米粉。一般是一斤猪肉加半斤木薯粉和米粉。之后把肉酱和粉搅拌在一起，直到肉酱和粉充分的混合，微微看得到肉色，便可以下锅。一般是用煤炉把水烧至沸腾之后，把肉片切成一小条块状，放入开水之中加盖，大概煮三至五分钟左右，肉片浮起来就可捞起来放碗里加汤，放点味精、鸡精、海鲜调味料、紫菜、香菜等便可食用。食用者根据自己的口味偏好,适当放入腌菜和辣椒、醋等调料品。但瘦肉羹汤味清淡香浓,一般不建议放辣椒、醋和酱,以免调味品影响了瘦肉羹的原味。

(二)米豆腐

米豆腐是前来梅村游玩的旅客最喜爱的一道小吃。米豆腐仅在"粮全其美"小吃店可以吃到,它是"粮全其美"的老板,执于对美食的研究与创新,自己摸索出来的一道小吃。米豆腐虽含有"豆腐"的字眼,但并不是由豆腐制作而成。米豆腐最原始的材料是土豆。制作过程相对比较费力及工序漫长复杂,其制作过程如下:首先,准备一定量的土豆,土豆用清水洗干净,便用高压锅蒸熟。蒸熟之后,剥去土豆的皮,放进一个干净的盆里沥干水,要制作米豆腐的土豆不能沾一滴水。之后用大勺子将土豆完全捣烂成泥状。加入米粉、木薯用手用力揉成一团,再放点地瓜粉、炒熟了的芝麻和芝麻油,揉捏到土豆泥里。之后将米豆腐捏成长方形状的小块,用干净的刀切成拇指般大薄片。便可放入沸腾的水锅中煮吃。

根据自己的口味喜好,米豆腐可以吃咸口的,也可以吃甜口的。

图 5-3 米豆腐

(三)"乌蛋粿"

"乌蛋粿",主要的材料是芋子,据了解因为芋饺做出来的色泽像极了天空乌云的颜色所以称为"乌蛋粿"。梅村盛产芋子,善于用芋子做成各种花样的小吃。"乌蛋粿"制作工序相对于制作米豆腐,较为省力。先把从田里挖回来的芋头,用水清洗干净。然后,把芋头用高压锅压熟,一般需要半个小时左右,芋头压熟后,剥去芋头的皮放入一个干净的盆中。用大勺把煮熟的芋头捣烂成泥状,再放入一大碗木薯粉,再加些肉脆磷,均匀地用手搅拌,直到芋泥和粉混合成一团。最后加上芝麻和芝麻油,均匀搅拌。之后,用手搓成小拇指状,即成"乌蛋粿"。"乌蛋粿"可以用辣椒爆炒,也可以用水煮来吃,放入盐、味精、紫菜、香菜等调味品。由于"乌蛋粿"是由芋头精制而成,吃起来很滑,咀嚼略有韧性。

(四)仙草蜜

仙草蜜当地人又称为"凉粉",有些地方称之为龟苓膏。在梅村经营仙草蜜的商店大概有三、四家,其中比较正宗的是邹家祠堂右边吴阿姨开的一家店。据说,吴阿姨做仙草蜜至少七八年。由于仙草蜜制作地道,原汁原味,所以梅村村民都喜欢在吴阿姨家购买仙草蜜。但梅村没人种植仙草,所以吴阿姨的买仙草需要去建阳,一年最多去买一次。因为气候和温差变化,一年中只有五月中旬到七月末才销售仙草蜜。从五月中旬到七月底,吴阿姨几乎每天吃完早饭便开始着手制作仙草蜜,平日做得少,到赶墟时做得比较多。

制作仙草蜜,一般是先把之前晒干备着的仙草,放进大锅里,再放点碱,大概煮三个时辰左右,煮好之后便把多余的草渣分离,至少要过滤两遍,之后放点地瓜粉到仙草里接着熬,直到仙草蜜完全变成凝固状,再用菜刀切成大块。仙草蜜有清凉解暑的作用。

(五)茄子干

六至八月份是茄子收获的季节,梅村村民喜欢把茄子制作成茄子干。通过制作茄子干,不仅可以把茄子保存下来,也可以在日常生活中当作零食来享用,甚至把茄子干装在密封袋里,作为当地的特色食品销售给游客。茄子干的制作工序相对比较简单,首先把采摘回来的茄子洗干净,之后把整个茄子放入盆里用热水来烫软,接着便用刀子把茄子划开,在茄子里面塞入一些馅料,主要包括糯米、蒜、辣椒等。然后,准备好蒸锅来蒸茄子,用小火慢慢蒸熟,蒸熟之后放到干净的竹编盘上晒干,至少要晒两天。晒干之后可以直接吃也可以用油来炸吃,特别香脆。许多村民闲暇之时,便喜欢制作茄子干存放,以备食用。

图 5-4　茄子干

五、糕　　点

(一)木印糕子

说到梅村的糕点,最有名的便是木印糕子。据文献记载,木印糕子已经 200 多年的历史。从清代万里茶路晋商手中的糕点,演变成现代武夷山茶人桌上的茶点,"一泡岩茶,一叠印糕子,三五好友,把茶啜得哗哗响,谈趣风生边吃糕子嘎达嘎达"。在梅村传统的节日中,木印糕子是必备的点心。随着旅游的发展,后人继承发扬传统手工艺,结合营养学与现代人的饮食习惯,让武夷山百年地道茶点焕发新生命。除此,印糕了,主要也是由儿童的零嘴发展而来,以前梅村经济空乏,几乎没有什么零食供孩子食用,机智的村民便开始自己制作孩子的零食。材料主要包括豆类、大米、芝麻、花生、蔗糖、蜂蜜。制作工艺是纯手工木印炭焙。

木印糕子是用大米来做,一般以做三斤至五斤的大米为原料,首先把大米浸两天左右,沥干之后把米炒黄,拿去用碾米机碾成粉状。准备三斤白糖和一瓢水,熬成稀水状,之后把米粉和白糖搅拌,再加入芝麻、花生等配料。用固有的木印板开始制作,做好之后用碳或电烘干。木印糕子是待客、过年祭祖的必备糕点,以本地特优大米为主,粉质细腻,配方佐以红糖、春油、葱头、芝麻。酥香可口,味道质朴,具有很高的营养价值。

图 5-5　木印糕子

(二)孝母饼

武夷山孝母饼原为武夷山民间所制。文人墨客在聚会品茗时不可或缺的一道点心,相传有位英雄常于闲暇之际,亲制此饼孝敬母亲,乡民逐渐称此饼为"孝母饼",武夷山孝母饼制作讲究,用料精良,以当地之红茶、葛粉、槟榔芋、芝麻等原料配以古方制作而成,此饼清香可口、滑而不腻、入口即化,老少皆宜。主要的口味有芝麻、香芋、桂花、草莓、莲子、板栗、核桃、咸板栗、香肉等。主要的原料包括:面粉、脱皮绿豆、食用油脂、大豆油、水。

孝母饼是旅客到梅村必买的特色糕点之一。孝母饼除了本身清香口可、滑而不腻、入口即化,老少皆宜等品质之外,还蕴含了子女对父母的敬爱和感恩之情,以及在外子女对父母的思念之情。这深层的意义使孝母饼备受村民和游客的喜爱。

(三)酸枣糕

酸枣糕,是梅村特色糕点之一。酸枣糕以野生酸枣为原材料。但由于梅村的野生酸枣比较少,所以村民一般是去五夫乡下村收购。制作酸枣糕的过程较为简单,把野枣取回后,便盛入大盆之中,用水煮或用开水烫,直至野枣裂开,可把野枣皮剥去,再用筷子搅拌野枣,直到野枣核脱落,把核过滤出来,之后可以加入白砂糖,均匀混合,使糖渗入到野枣肉中,完成以上过程之后,把做好的酸枣糕放到塑料膜之上拿去晒太阳。晒的时候可以用手捏均匀,捏成自己喜欢的形状。

简而言之,酸枣糕就是以野生植物酸枣为原料,经果物保鲜,脱皮去核,加入蔗糖,铜锅浓缩,自然风干,精制成酸枣糕。其中,梅村山旮旯店铺,做的酸枣糕最为精致,且味道地道,酸甜适中。

(四)杨梅干

除了酸枣糕之外,由于武夷山包括梅村都盛产杨梅,一般在端午节前后是杨梅成熟的时期。据村里老人相传杨梅曾为贡品。主要是由于梅村气候温和湿润,雨量充沛,日照充足,适宜杨梅生长。这里的杨梅具有粒大核小、味道甘美的特点。杨梅盛产且肉多,梅村村民每到采摘杨梅的季节,便喜欢到山上采摘杨梅,刚从山上采回来的杨梅不仅可以现吃,而且还可以制作杨梅干或酿成杨梅酒。制作杨梅干,相对比较简单,一般采摘回来的杨梅先用水洗干净,洗干净之后放到盆里用盐水浸泡,主要是去除寄生在杨梅上的小虫子。大概浸泡一个小时之后,拿去晒干,晒干之后把杨梅浸泡在蔗糖水里,根据个人的喜好也可以加入些橘子皮、甘草等辅料。待杨梅浸泡一段时间之后,再次拿出去晒干即可。一般用密封的袋子保存。

六、饮　　品

(一)茶

一提到茶,到过梅村或稍读过相关梅村的文献资料的人,便可知梅村与茶有着深刻历史宿缘,茶叶贸易与梅村历史文化的发展息息相关。据文献记载,在清朝康熙年间,梅村的茶叶贸易发达,茶叶以竹筏为交通媒介通往世界各地,而梅村茶贸易的历史为梅村积淀了深厚的历史文化。如今通过旅游开发以及对非物质产业的保护,梅村的茶贸易和茶文化得以延续发展。

梅村的人不但善于种茶、制茶,而且精于品茶。饮茶在梅村十分普遍,只要稍微懂茶、爱茶、种茶、饮茶的村民家中便备有各种名茶。大部分村民对于大红袍、肉桂、水仙、半天腰、水金龟等一些茶名耳熟能详。梅村村民因喜爱茶、经营茶叶。除从市场上购买的技艺茶叶之外,梅村村民自己也种植茶叶,同时有些村民仍保留了手工制作茶叶。

茶具。由于梅村村民普遍喜好饮茶,所以大部分家庭都备有一套茶具或茶器,主要有白瓷壶杯、紫砂壶杯、玻璃杯等。除此之外,还有一系列的茶具配套,如闻香杯、品茗杯、茶汤勺、茶针、茶漏等。梅村饮茶的茶具复古同时紧追现代化步伐,家中烧水基本都是用电热烧水器,相比传统用柴烧水,缩短了烧水时间,以便尽早品茶。完备的茶具和精湛的泡茶技术极大地丰富了茶的文化内涵。

水质。对于会饮茶、品茶的人来说,水质对一壶茶水甚是重要。梅村村民饮用的水便是来自圣旨山上的泉水,这泉水冬暖夏凉,甘甜可口。一到夏天村民都喜欢到圣旨山,喝甘甜冰爽的泉水。山泉水泡出来的茶水相对比较甘甜,水质不浑浊。

泡茶。泡茶前先要把茶具洗干净,主要包括茶壶、茶杯、茶勺,然后用开水浸烫。清洗茶具主要是为了防止与其他气味混合,另外是为了杯底更加清洁。然后,根据个人的偏好,把茶放入泡茶壶里,将沸腾的开水倒入,直到壶满为止,盖好之后。大概1~2分钟,便洋溢出清香的味道。一般第一泡用来涮杯子,不宜饮用。村民认为,在加工茶的时候,可能会不慎掉入些不干净的东西,第一泡实际相当于冲洗茶叶。第一泡茶水冲洗茶杯之后,接着便可以泡第二泡,第二泡才可以斟品,斟茶时先各杯斟少许。茶作为基本的待客之道,主人要先给客人斟茶,从长辈到晚辈按顺序依次斟递,最后斟主人自己的茶杯。在梅村,根据流传的习俗,客人为表示感谢主人的招待,主人斟茶到自己碗中时,以食、中二指轻轻敲桌子以示感谢。

品茶。在梅村人不仅懂茶,还善于品茶。梅村人主要以小种和铁观音为饮。只要客人前来家中做客,梅村的村民便喜欢用最好的名茶待客。一般客人都会围着茶几或茶桌而坐。不懂喝茶和初次饮茶者便会被告知,待泡好的茶水倒进个人小杯中之后,先要观察闻其茶香,再看汤色,最后品味。这是品茶最基本的步骤和程序。在品茶文化中,品尝不同种类的茶,一直是以茶会友的重要内容。因为不同品种,带有鲜明的不同特征,从而鉴定茶的品种。

养生。饮茶习惯从单纯的喝茶,已经开始演变一种养生之道。在饭前喝茶可以增加食欲,饭后饮茶则可以助消化。除此之外,喝茶还可以解暑、提神。其中,一种名为"管家婆"的茶叶,属于野茶。又称乞丐茶,第一杯摇头,第二杯点头,第三杯热在心头。喝第一杯和第二杯的时候比较苦,待第三杯喝完,再喝一杯白开水,嘴里立马变甜。这种茶主要长在深山,一年采一次。这种茶有着"乞丐的外表,皇帝的身价"。茶属于凉性,主要的功能是清凉解暑,一般中暑或上火喝此茶可以治愈。

(二)酒

酒作为日常生活中必备的饮品,在梅村村民的生活中扮演着重要的角色。梅村民间十月初十日酿米酒的习俗是一直延续下来的传统。梅村村民仍然用古法酿酒,主要是酿红酒和米酒。除了十月初十日酿红酒和米酒之外,根据不同的季节,还酿葡萄酒,制作杨梅酒、青梅酒等。在梅村现在办酒席一般是要自己提供烟、酒、饮料、水果糖等。所以,自己酿米酒既安全健康又经济实惠。

1.米酒

在梅村,村民都一般都喜欢在冬季酿酒。而农历的十月初十日,梅村村民家家户户都会或多或少酿酒,梅村有种说法就是这天酿酒,酿出来的就相对比较多,不容易坏掉,也不容易生虫或发霉,所以到十月初十日这天家家户户便开始筹备以及着手酿酒。

梅村酿酒的流程算是比较简单。一斤糯米、一斤至两斤的水、加上一两红粬(白粬)。根据自家需要的酒量不同,还有家里酒缸的大小,制作需要的米酒。酿出来的米酒味道醇厚,稍带甜甜的味道,后劲十足,具有滋补身体的功效。米酒一般是用来招待客人,但在日常生活中,当作调味品加入菜里,由于有滋补身体的功效,孕妇坐月子时炖鸡、炖鱼、炖鸭都要放些酒到汤中,这样可以驱寒、除湿。

2.杨梅酒

杨梅酒的泡制方式很简单,杨梅一般盛产于六七八月,通常端午过后,村民便去采摘鲜红的杨梅制作杨梅酒,一般上山采摘杨梅。杨梅采摘回来之后,先用清水洗干,至少要洗三遍左右,洗好之后,用盐水浸泡一个小时左右,盐水浸泡主要是去除杨梅里的虫子,接着把鲜红的杨梅装在泡酒缸里,然后直接倒入白酒,再加入些冰糖,一般半个月便可喝。长期的浸泡使白酒充分的吸收了杨梅的酸味、野味、冰糖的甜味,原本单纯的白酒味里混合了杨梅味,色泽也从透明变为鲜红色。酿好的杨梅酒喝起来有种甜甜的杨梅味,杨梅酒是待客之饮品。在夏季饮用杨梅酒可以解暑解腻,还有除湿、驱寒的作用。

3. 青梅酒

青梅酒的泡制方法与杨梅酒大致相同,青梅一般长在山上,成熟时间与杨梅差不多,五六月便可采摘青梅,刚摘下了的青梅颜色很青,采摘回来之后,也是用清水先干净,洗干净之后,放在酒缸之中,直接把白酒倒入酒缸中浸没青梅,再放入冰糖,加盖密封,大概浸泡两周到一个月左右,即可饮用。青梅酒泡制出来的色泽是浅黄,看似有点浑浊,味道有点涩。但由于青梅含有丰富的维生素和微量元素,对饮用者具有消除疲劳,促进新陈代谢,开胃消食、提神等作用。梅村的村民几乎每家都自制青梅酒以备用,除了招待客人之外,平常村民下地干活回来之后都会饮用青梅酒,以缓解疲劳。

七、节日特色饮食

(一)春节

大年初一,在梅村传统的观念里是必须吃素的,象征着祭鬼神。以前村民都很守规矩,几乎一家人一整天都在吃素,主要是吃霉豆腐、榨菜、花生、腌菜等。随着社会的发展、经济水平的不断提高以及受外来文化的影响,现在人在吃早饭时,象征性地吃三口白米饭就表示一整天都在吃素,便可开荤。除此,在梅村旧时春节时必会吃霉豆腐,因为吃了霉豆腐意味着家里的猪会长得壮实,不会生病。吃蒜葱炒冬笋,这象征这家人会出人头地,还有吃菠菜、山药意味着这家人这一年都会比别人强。除此,在梅村春节最有特色的是每家每户都必备的年糕,年糕除了自己享用之外,最主要的功能是待客。年糕的制作程序较为复杂,其原材料主要包括糯米和高粱米。从备料、磨浆、蒸熟都要精心的准备。首先,在制作前的一天晚上把糯米和高粱米按照一定的比例浸泡在冷水里,大概要泡 12 小时左右。在第二天早晨便用桶把泡好的糯米和高粱提到村里有碾米机的家中或提到加工坊将其磨成米浆,然后把碾好的米浆用白布盛好,拿回家中用石头重压直到把水分完全压干变成米粉。之后开始准备其配料,主要包括花生、红豆、三层肉、葡萄干、红枣等,根据自己的喜好添加不同的配料。先把花生用高压锅煮熟,再把三层肉炒至七分熟,之后把米粉、熟花生、熟肉、红豆、葡萄干等放到盆里均匀地揉捏混合成团,如果揉捏过程中太干便适当加点水。捏好之后将其放到蒸笼(梅村的人称之为干篮子)里进行蒸熟。蒸熟之后的年糕便可直接食用,当然也可以冷着吃或油炸来吃。一般老人和小孩更喜欢吃年糕。

(二)清明节

到了清明节,梅村的村民每家每户都会制作清明粿用来祭祖。然而现在清明粿除祭祀祖先之外,更多是作为梅村特色小吃,被投放到了现代化的旅游市场中,有些村民通过制作清明粿销售给游客从而赚取微薄的收入。清明粿主要的原材料是清明草和米糠,清明草是一种长在山上的野草,一般只有在清明节前后才有这种草,这种草又被称为是"鼠曲草",通常长在田埂上或者是沟边,叶片有白茸毛、会开出金黄色的小花。用来制作清明粿的清明草,还未能长出金花色的花蕊便要采摘下来,这样做出来的清明粿比较鲜嫩。正值清明草茂盛之际,村民大多喜欢采摘清明草放到冰箱里保鲜,供以后食用。但由于在一年中制作清明粿的次数比较多,除了清明草之外,艾草也是制作清明粿的备选材料之一。清明粿作为祭祀祖先、扫墓必备祭品。其制作清明粿过程也是相对复杂且耗时耗力。其程序大概是这样,糯米和大米按照1∶2的比例盛入盆或桶中用冷水浸泡。再把浸泡之米用碾米机碾成米浆。之后把清明草洗干净用开水稍微浸烫后,置于石臼里用石锤均匀捣烂,之后把米浆和清明草搅拌在一起。完成这道工序,开始制作清明粿馅即粿心,粿心可以根据自己的喜好来做,一般包括芋头丝、竹笋干、肉丝、腌菜、葱、辣椒等。备好粿心之后,准备粿皮,先把锅烧热,放入足够的油,油开了之后,把混合米浆倒入锅里。先用火边煮边搅,煮到相对稠浓便开始翻炒,在炒过程中十分耗力,因为要不断地翻炒以免粘锅,翻炒到把浓稠成面团状后,出现少许的锅贴,便可起锅冷却待用。清明粿浆起锅之后,放到一个干净且滑的木制桌上,铺上一层薄薄的保鲜膜,之后把清明粿团揉成一小团,用擀面的棍子擀成薄薄的片状,用勺把馅包进去。清明粿包出了的形状类似绿色的大饺子,当然根据个人的喜好也可以包成长方形、正方形、条形等。清明节,除了用清明粿祭祖、扫墓用品之外,一般也要有肉、鱼、豆腐、糕点、水果。现在由于生活水平提高,多买水果糖、瓜子、花生等。

图 5-6 清明粿

(三)四月初八日

每年的农历四月初八日,梅村村民都会煮乌米饭,吃乌米饭可以驱除邪气,祈求平安。乌米饭因其颜色像天空中的乌云而得名。据了解,乌米饭不是梅村土生土长的特色食品。乌米饭是浙江畲族的特色食品,每年的四月初八日,迁居梅村的浙江人,都会煮乌米饭,并且把做好的乌米饭分给邻居们吃。梅村的人吃了浙江人做的乌米饭觉得十分好吃,便开始亲自制作乌米饭,于是这种习俗一直被延续下来,至今已有了很长的历史。制作乌米饭的原材料主要是糯米和一种被称为乌俾仔或糖俾仔的草。首先,把糯米用水浸泡一个晚上。之后把乌俾仔、洗干净之后用水稍微浸烫,便把叶子放到石臼之中,用木槌捣烂,用水浸泡半天左右,直到水变得乌黑,便可以把水里叶渣过滤出来,留下乌黑的水以备用。最后把泡好的糯米倒在乌黑的水中,直到把米染黑色。到了四月初八日这天,把浸润好糯米捞至木制蒸桶之中蒸熟。再将蒸熟的糯米饭与肉丝、糖、香菇、红枣、葡萄干、木鱼丝等混合炒熟,炒熟之后便可食用。色泽乌黑明亮,且带有植物清香的乌米饭,是梅村人最喜爱的食物之一。

农历的四月初八日,除了制作乌米饭之外,梅村的人还会爆炒黄豆和葵花籽送走"毛娘"。"毛娘"指的一种毛毛虫,主要是居住房屋顶上的瓦片之上,天气一热,这些毛虫便会从瓦上掉下来,如果不小心掉在人身上,便过

敏,身上会有大片红色的颗粒。因此,梅村的人为了赶走毛虫,便会把做乌米饭的染水,洒在屋顶石棉瓦上。所以四月初八日做乌米饭,也是为了赶走毛虫。便有谚语是说:"千里送毛娘,毛娘送出千里,毛娘永远不会回乡"。最后,相传四月初八日是牛神的生日,这天牛是在家休息,不下地干活,人也会给牛买些补脑汁。

(五)端午节

端午时节,梅村与其他地区大致相同,家家户户都在宰鸡杀鸭,也会买猪肉、虾、田螺、牛肉等来准备丰盛的食餐。除此,这边还会做水饺和粽子。每年端午节前两三个月便开始准备制作粽子的食材,村民到山上采粽叶、砍"杜荆"(又称"洋香"树)用来制作碱粽子。采回来的粽叶要提前晒干以备用。梅村的粽子大概可以分为三种,甜粽子、咸粽子、碱粽子又称为白粽子。其中,最有特色的为碱粽子,梅村的碱粽子与城市里销售的粽子略所不同,梅村制作碱粽子的过程较为复杂繁琐,但原汁原味。在端午节的前几个月,梅村村民便会到山上砍一种叫"杜荆"或"洋香"的树。把树砍回来,待树晒干之后,把"洋香"树烧成灰烬,灰烬冷却之后盛入干净的塑料袋里以备用。到端午节,把灰烬倒入水中过滤干净,然后把浸泡好的糯米倒入碱水中,之后便可包粽子,用高压锅压熟。碱粽子其颜色相对偏黄,口感相对比较涩,一般蘸白糖、蜂蜜等吃,大部分老人比较喜欢吃。在梅村村民的观念里,"洋香"是可以去太阳气,因此吃碱粽子不容易中暑和感冒。碱粽子还有个优点是存放的时间比较长,可以放一个月左右。相传,梅村还有个说法是在端午节的这天要是吃七个粽子和七个田螺,眼睛就会很亮,这样去山上采蘑菇就能很快找到,黑夜走路也不拍摔倒。现在除了端午节那天制作粽子之外,在日常生活中,如果想吃粽子也会制作粽子来当作零食,也有的村民会制作粽子卖给游客,以赚取微薄之利。

(六)鬼节

农历七月十五日,梅村人称之为"鬼节",主要是祭祀祖先和孤魂野鬼。首先,是祭祀祖先,"鬼节"这天,梅村的村民会准备些水果、肉、酒等贡品来祭祀祖先。另外,还需要三杯酒、三杯茶水(或茶叶)、两支香,一对蜡烛、冥纸祭拜祖先。此外,这天许多老人都会到三岔路口烧纸钱、点香烛、供饭菜于路边,碎碎念念,以此安息孤魂野鬼。除了以上祭拜之外,梅村人在七月半这天会做一种饼,当地人称之为"魂饼",俗称"饴仔"。用稠米浆作为皮,馅有甜、咸两味,外面用芭蕉叶包成长方形。"魂饼"主要功能是祭祀祖先,但制作"魂饼"是为了增加节日的欢乐气氛。制作"魂饼"大概流程是,在"鬼节"到来之前一个月左右就要把做制作"魂饼"的芭蕉叶采摘回来晒干以待用。传统

图 5-7 魂饼

上,农历七月十五日过鬼节的前几天就要把"魂饼"做好,即七月十三、十四日便把"魂饼"做好。"魂饼"的原材料主要是糯米,做"魂饼"之前还要将大米和糯米按照一定的比例先在冷水之中浸泡一个晚上,使其发胀变粗。第二天用碾米机把泡好的米碾成米浆,然后把其盛到白布上,拿回家中用石头重压直到把水分完全压干变成米粉。便开始准备馅料,甜馅的主要材料是红豆,先煮些红豆,煮熟之后把红豆捣烂成泥状,捏成小拇指大块状;咸馅的主要材料是腌菜、香菇、笋干、瘦肉、木鱼丝等。做好两种馅之后,把之前晒干了的芭蕉叶拿出来用开水烫软,包饼时便于下手。之后便用芭蕉叶把压干了的米粉包起来,根据喜好把甜馅红豆泥、白砂糖或咸馅腌菜、香菇等包入米粉中,用高压锅压熟或用木桶蒸笼中蒸熟。"魂饼"作为祭祀祖先灵魂的食物,一般是在早上祭祀祖先。但是"魂饼"即饴仔现在已经演变为当地街头的特色小吃。

(七)重阳节

九月初九日,重阳节,在梅村也算是比较隆重的一个节日。这天村村民会制作"七层糕"来食用,在传统的观念里"七层糕"是因分七层而得名,主要的象征意义有两个方面:首先,重阳节这天吃"七层糕"象征着在世的父母平平安安,长命百岁;其次,吃了"七层糕",代表着即使父母逝世了,还有兄弟和朋友,以表示对远方亲朋好友的思念之情。由于制作"七层饼"较耗时费力,工序繁琐,所以在平日里很少人特意地去做千层饼来食用。制作过程大

概是:首先将所需大米浸泡在冷水之中。次日再把浸泡好的大米拿到加工坊加工成米浆装置木桶之中,以备所需。然后,炒一些肉丝、香菇、红枣、竹笋等以备用。准备好相关材料,之后便可开始蒸糕,先用大锅把水烧开,然后以碗盛米浆装至圆形铁蒸笼放到锅中,先装一层,并在米浆中放入肉丝、香菇、红枣、竹笋等。第一层大概蒸十五分钟,如果米浆开始冒泡便在往上浇上一层,以此类推每隔十五分钟加一次,层层递增,加至碗满。蒸熟之后,便用刀切下来吃,糕点鲜嫩,香甜可口。在梅村,因为制作工序复杂,所以村民一般不做"七层糕",即便偶尔做一次也是在妇女怀孕期间,主要是为了给孕妇补充营养。而现在制作"七层糕",不一定就只蒸七层,许多家庭都是根据自己家所需要糕点层数的来制作。

结　语

俗话说得好:"民以食为天。"梅村因特殊的地理环境历史文化形成了独特的梅村饮食习俗。其风味小吃繁多,历史悠久,制作精良,品种各异,带有浓厚的闽北饮食特色。

此外,梅村岁时节日的饮食和传统特色小吃,随着旅游发展不断被重视、挽救、继承发展。例如,梅村的木印糕子,在过去相当长的一段时间里,由于手工艺制作繁琐而被弃用。随着旅游业的发展,传统的木印糕子作为梅村的特色品牌不断向外辐射,在梅村的旅游业中占有一席之地。而过节时清明粿、饴仔等特色小吃也得到越来越多的重视。

另外,随着交通的便利,市场的扩大,梅民可选的食物不断增加,一定程度上也丰富了梅村人的饮食结构。如五日一次的赶墟,使梅村村民即使自家不种也可以购买到新鲜的蔬菜、肉类、饮品等。有随着家用电器的不断普及和炊具的引进使梅村村民饮食烹饪更加快捷和方便。

第 六 章

梅村的邹氏宗族

❋ 朱志林

前　言

宗族是中国汉人社区比较典型的社会组织，这种组织尤其在东南地区普遍存在。"一般认为，先秦时期的氏族、秦汉的豪族、魏晋隋唐的士族、宋以后至明清的宗族，标志着中国宗族组织发展的不同阶段"①。而学界所论及的"宗族"概念，通常是指宋以后尤其明清时期的宗族。徐扬杰认为，"家族（或宗族）就是同一个男性祖先的子孙，若干代聚在一起，按照一定的规范，以血缘关系为纽带结合而成的一种特殊的社会组织形式"②。李文治、江太新认为，"宗族制是一个以血缘为核心的家庭共同体。这个共同体包括三个部分，一个是以孝悌伦理为主的思想意识结构；一个是实现孝悌伦理的组织机构，即设置族房长，建祠修谱，制定族规，借以宣传孝悌，实现和睦，约束族众；一个是为聚合族众追宗祭祖而设置的祭田，有的族姓还置有赡给族众的族田"③。前者言简意赅的定义了宗族，后者则从宗族制的角度全面阐释了宗族的丰富含义。左云鹏认为，宋元之际的宗族组织主要是进行"敬宗收族"的实践，明中叶以来，统治者为加强统治，利用宗族组织来维持和稳定封建秩序，从此，宗族组织的族权逐渐与封建政权相结合，到了清代，统治者进

---

①　郑振满：《明清福建家族组织与社会变迁》，长沙：湖南教育出版社，1992年，第3页。
②　徐扬杰：《宋明家族制度史论》，北京：中华书局，1995年，第1页。
③　李文治、江太新：《中国宗法宗族制和族田义庄》，北京：社会科学文献出版社，2000年，第27页。

一步加强族权与政权的结合,宗族组织演变成基层政权组织,逐步成为统治者维护和巩固统治秩序的重要工具。①

晚清以来,由于政权的不稳定,战争、革命等因素的影响,宗族组织逐渐衰落。民国时期,宗族组织作为阶级斗争的对象遭到打压。新中国成立后,宗族组织基本已经瓦解,"文革"后方有部分宗族组织以一定的面貌和形式出现,而此时出现的宗族与明清时期的宗族在很多方面则大相径庭。

梅村的邹氏宗族确立于清初,新中国成立后渐趋瓦解,而其复兴于2003年,即在梅村搞旅游开发之后。2015年7月1日至8月20日,笔者与班级同学在梅村进行田野调查,写成田野报告试图通过对所掌握的邹氏宗族的资料进行论述分析,以期把握邹氏宗族过去及现在②的状况,知其变迁。

一、村落概况

梅村隶属武夷山市(原崇安县)武夷街道管辖,离市区约十公里,距武夷山景区、度假区约六公里。因位于梅溪下游,得名下梅(即梅村)。梅村是一个历史悠久的古村落,很早就有人在这里生息繁衍,清代便已形成繁华的街市。据《崇安县志》记载,"其时(清初)武夷茶市集崇安下梅,盛时每日行筏三百艘,转运不绝",足见梅村昔日的繁荣景象。2004年,梅村成功申报为福建历史文化名村,2005年又成功申报为第二批"中国历史文化名镇名村"。梅村现有人口2700多人,13个村民小组,是个以种植业为主、兼旅游服务业、养殖业发展的村落。

梅村处于一个小盆地中央,四周有山环绕,盆地中央是平坦的空地,村落就坐落于这空地中央。梅溪和当溪流经村落,梅溪水流较大,当溪水流较小,当溪注入梅溪,两溪构成丁字形水网。当溪将村落的主街一分为二,可谓梅村的中轴线。梅村的建筑格局具有很明显的防御性和排他性,从保存下来的古宅以及巷道仍可窥之。据说,梅村四周曾经都是围墙,东西南北各有一道大门供村民进出,围墙内部是交错相连的巷道,房子从正门呈几厅几

---

① 左云鹏:《祠堂族长族权的形成及其作用试说》,《历史研究》1964年第5~6期。
② 本文田野调查时间为2015年6月30日至8月20日,写作时间为9、10月份,故"现在"、"如今"等词汇的时间语境为田野调查期间。

进向内层层推进,在最后面还有一道逃生之门。现今的梅村周围虽没了高墙围绕,但保存下来的古宅仍旧被一堵堵高墙围护着,新建的房屋也多在门前建起了围墙,开一道大门,大门内的空间作为院子,人不在家时大门通常用锁锁住。

昔日的梅村何以呈现这样的建筑格局?笔者觉得主要在于防卫敌人。明清时期,中央王朝的国家权力一般只到县级,县级以下主要靠乡村自治。而宗族作为一种地缘和血缘相结合的基层社会组织,对于乡村自治发挥着巨大的作用。宗族聚族而居,一个或几个宗族组成一个村落,村落自然相对集中。村落为防御其他村落的宗族或土匪、小偷等来袭,于是在本村落周围建起围墙,围墙内设置迷宫一般的巷道,自家的房屋也建造得具有防卫和逃生的功能。①

梅村原先存在多个宗族,早在清初邹氏迁居梅村之前,方氏、江氏、陈氏等姓氏人口早已在这里生活。如今梅村有数十个姓氏存在,可唯独只有邹氏宗族的祠堂得以保存下来,邹氏宗族所从事的宗族活动也较其他家族更为活跃,加上邹氏宗族在梅村历史上的显赫地位,笔者遂选择邹氏宗族作为研究对象。

二、宗族的源流及传衍

从古至今,人丁是否兴旺对于每一个家庭、家族都甚为重要,随着人口的发展,家族也越来越庞大。当人口达到一定限度时,而当地的资源无法再满足生产、生活需求,部分人口不得不迁移以寻找生息之地。再加上战争、自然灾害、经商、为官等因素,一个家族不可能永久在一个地方生息繁衍。人口的壮大以及家族成员的迁居使得家族的世系分流,家族成员散居各地,但正如梅村邹氏所保留的民国己未年(1919年)续修的《南丰茶陇邹氏家谱》中所言,"万千枝叶总属同根,百沧分流其源维同",分居各地的家族成员有着共同的源头。

笔者在梅村进行田野调查期间,曾询问过很多邹氏后人关于其家族的

---

① 梅村的建筑特色,参阅本书的第四章。

第六章 梅村的邹氏宗族

源流,从口头了解到其祖籍山东邹城,后由江西上饶迁居武夷山梅村。据《南丰茶陇邹氏家谱》可知,邹姓源流远溯及周朝,家谱'远代考'中第一位为微子,"周封于宋以主殷祀",其后有正考父、曼父、宪父等。笔者查阅史料得知,曼父姓邹,是叔梁纥(孔子的生身之父)的堂侄,和孔子是同宗七代内的堂兄弟,叔梁纥多次为鲁国立功,封陬邑(今曲阜)为采邑,叔梁纥晚年将曼父从邹城接到陬邑承祧为嗣子,孔子后出仕,周游列国,曼父继叔梁纥食陬邑。从上面所述可知,梅村邹姓最初发源于山东邹城及曲阜之地,与孔子同宗而异姓。

《南丰茶陇邹氏家谱》谱序中旧序十五有言:"茶溪迁祖轩佑公本居闽之建宁,游猎庋止相,其地势后山如枕,前山如屏,溪水紫绿而缭绕之,遂卜宅焉,其始迁也时维北宋之季,洎明生齿,繁而成族,迨至熙朝,人文蔚起,建祠宇,立祭祀,上溯五代以田周为亦祠主,谱牒亦由此肇修也。"由此可见,梅村以及南丰邹氏奉轩佑公为茶溪鼻祖,并上溯五代奉田周公为一始祖,家谱上以田周公为第一世。轩佑公原居福建省建宁县,北宋之际迁居至江西省南丰县。

梅村邹姓迁居武夷山市梅村乃系清代,据《崇安县新志》氏族卷关于邹氏的记载,"下梅邹姓原籍江西之南丰。顺治间,邹元老由南丰迁上饶,其子茂章复由上饶迁崇安,以经营茶叶获资百余万,建房七十余栋,所居成市。茂章故任力闻,祠堂犹保存扁担、麻索以激励后人云"。① 关于梅村邹氏由江西南丰迁上饶再迁梅村之事实,如今仍然屹立在梅村邹氏家祠里的祠碑上,以及《南丰茶陇邹氏家谱》都有涉及。在《南丰茶陇邹氏家谱》中邹元老、邹茂章、邹英章之传记里均有所记载,兹择取邹元老传中部分句子以为证:"幼卿公之潜德公,讳元老,字幼卿,原籍丰邑(即今江西省南丰县),迁居玉山(即今江西省上饶市玉山县)……殁后令子俱理茶叶于闽,卜居崇邑之下梅里(武夷山梅村)。"

南丰茶溪邹氏到了第十三世又分房支,有从茂公、从鞠公、从保公房等十多房。而梅村邹氏之近祖邹元老为从鞠公房后裔,邹元老清代顺治间由南丰迁上饶,其子再迁武夷山梅村。迁居梅村的邹氏不久即为闽北巨室,官宦之家,在梅村建豪宅七十余栋,从如今保存完整的"大夫第"、"施政堂"、邹

---

① 刘超然、吴石仙主修,郑丰稔纂修:《崇安县新志》,武夷山市市志编纂委员会整理,1996年,第119~120页。

氏家祠等旧宅便可略窥其实力。随着人口的发展以及财力的雄厚,邹元老之子乃于1790年置买土地,建盖家祠以祀祖先。

任何一个宗族的传衍过程中,家谱字派的作用都是十分重要的,字派明世系,立祭祀,规范后代取名之规则,一家之长对家谱字派无不恭敬,添丁取名皆不敢乱用之,均遵循字派顺序以取名。梅村邹氏依照字派取名可追溯到第十三代从鞠公之"从"字派,《南丰茶陇邹氏家谱》字派图跋有云:"是谱以后九郎之八郎田周公为一世祖至十三世始分房,方有字派可稽。十三世为'从'字派,'从'字以下曰'贵德廷仲本,子元世永太',字义甚美,而文理未协。'太'字以下曰:'昌大家声远,传宗纪善良;希景先贤步,必尊孔孟芳'。此五言四句是康熙辛丑年修谱所定,成文成韵,永远可以遵循,兹特因其字派详其世次排列为图,俾观者粲然可晓云。"从字派图跋可以看出,邹姓字派排到第四十三代,之后便需再创字派,或是不在依循字派取名。观其字派,涵义儒雅,寓意美好,尤其最后四句更是明显的寄意后人要遵循孔孟之道。随着宗族的影响变小以及宗族作用的变迁,字派如今已经变得不再那么重要。梅村邹氏大部分按照字派取名,然也有不依字派的,最近三代便有一些未依循字派取名,一些家长甚至不知道字派或是忘记了字派。

宗族的传衍和发展依赖其成员的传衍和发展,因此,实现人丁的增长是个体延续的要求,同时也是宗族延续的要求。在传统社会里,代际的延续十分重要,断了香火则被视为不孝,会影响宗族的壮大发展。然而,每一代个体的延续不可能一直顺利,有可能会遇到没有子嗣的情况,无儿无女,或是有女无儿。当遇到无儿无女或是有女无儿的情况,往往就要采取一些补救措施,前者采取过继或收养的方式,后者采取招赘的方式。过继和招赘作为延续香火的做法,在几千年的中国历史上一直存在着,兄弟间若有一家无子嗣,有不止一个子嗣的家庭有义务将自己的一个或几个子嗣过继给兄或弟,否则就属不孝。邹氏在传衍的过程中也有一些过继和招赘现象,如轩佑公将四子中次子出继给无嗣的堂兄轩爵公,将三子出继给无嗣的堂兄轩禄公,又如梅村邹氏第二十七代邹声教无子嗣,其弟邹声雷将次子过继给他,而邹声文没有儿子,只有一个女儿,乃招女婿上门。过继和招赘这两种方式在一定程度上解决了传宗接代的问题,使得家族的谱系和血脉得以传承,也使宗族更好的传衍下去。

三、宗族的象征

在中国历史上很长的一段时间,立庙祭祖的权利乃特权阶级方能享受。然而自宋以降,由于程颐、朱熹等人的倡导,逐渐形成一种民间化的宗法理论,其后民间宗族组织渐渐兴起。明中叶以后,建祠堂、修族谱、祭远祖逐渐成为一种普遍的社会风尚,宗族组织大肆发展。作为以血缘和地缘等为纽带而形成的复合体,宗族在其发展过程中逐渐形成了一种自我界定并具有象征意义的集体认同标志,这种标志即是以祠堂、族谱、族产、族权等为核心的认知符号,以故后来人们用这些认知符号来判断宗族存在与否。祠堂、族谱、族产、族权这四者并不是独立分割的,它们紧密地联系在一起而发生作用。若以上述四种认知符号来判断梅村邹氏是否存在宗族组织,答案是毋庸置疑的,显然该宗族组织已发生很大变迁。由于族产和族权与宗族组织的实际运作过程联系紧密,为避免累赘,笔者将族产和族权两方面的内容放到下一部分"宗族的运作"栏目下论述,此处只介绍邹氏宗族的两种象征符号,祠堂和族谱。

(一)祠堂

祠堂,又称祠庙,家庙,也有称作家祠、宗祠,民间祠堂与天子宗庙同源而异流。作为一个神圣的地方,"祠堂是一个家族组织的中心,它既是供设祖先的神主牌位、举行祭祖活动的场所,又是家族宣传、执行族规家法、议事宴饮的地点",①祠堂的风水被认为与宗族的兴盛息息相关,祠堂建得好坏反映了宗族的实力。

梅村邹氏家祠建于1790年,为邹元老之次子邹茂章和幼子邹英章斥资所建。今屹立于家祠内的祠碑上的碑文即可见证这一历史:"盖闻人必有先,故建祠以报祖德,章惟由旧故立。式以贻后昆,邹姓世居江右茶溪,自幼卿公生子禹章茂章舜章英章四人,缘家计日薄,幼卿公殁后,昆季均来崇邑下梅里,各营生计,分立门户后,茂章英章生意日遂,产业渐充,于乾隆五十

---

① 陈支平:《近500年来福建的家族社会与文化》,上海:三联书店上海分店,1991年,第35页。

五年(1790年),将自手买置下梅鸭巷口地基,卜建祠宇,一应工资皆茂章、英章独任焉,此下梅邹姓宗祠所由建也。"似乎并没有太多人关注这破旧的石碑,以致介绍邹氏家祠的牌子上把建祠时间都搞错了,牌子用中文、英语、俄罗斯语、蒙古语四种文字这样写道:"邹氏家祠,建于公元1787年,是武夷山境内保存完好的一座祠堂建筑,是邹氏后人清明节开展传统祭祀祖先的场所,是下梅村古村落的标志性建筑"。

　　祠宇的建设向来讲究风水、实用、美观等,邹氏家祠建筑物不仅气势恢宏,功能实用,而且精致细腻,其设计富含寓意,兼有实用、审美、教育等价值,展示了邹氏的财富实力以及文化、审美追求。家祠坐北朝南,材质为砖木结构,占地一百多平方米。正墙上有三道门,中间较大的为正门,左右两侧也有两道稍小的门。正门的两侧有一对抱鼓石,即俗语中所称的"户对",暗示这户人家非富即贵。正门之上有四个圆形门簪,俗语也称"门当",门簪和抱鼓石显示了家族具有很高的身份地位和等级。正墙上面有众多的砖雕,雕刻着许多吉祥图案,墙面正中"邹氏家祠"四字十分醒目,而两道小门之上还有四个古体字被雕花围绕,一为"木本",一为"水源",意在警示后人不要忘本。由正门走进祠堂,前面是类似屏风的门,是为中门,平时一般不打开,初一、十五祭祀日打开,这道门据说可以挡住煞气,旧时有贵人来时方打开迎客至内,中门平时不打开的时候,人们按照男左女右从左右进出。由中门进去之地即为昔时戏台用地,戏台用地再往后是天井,为采光、通风、疏浚雨水之用,天井地面被数块长达一两米的大青石块覆盖,据说闽北没有此种青石块,这些青石块乃是从闽南运至梅村的。天井的左边有三块石碑,其中两块是祠堂建盖时立的,碑文介绍了祠堂建盖的历史背景、祠堂财产的管理使用以及祭祖活动事宜,另外一块石碑是梅村村民为纪念2001年重修大坝而于次年立的纪念碑。由天井再往里面就是祠堂的大厅,大厅正后方是供奉祖先牌位的神龛,现供奉牌位394个,大厅左右为厢房,厢房的楼上为观戏台,演戏时族里德高望重的人方可在观戏台看戏。祠堂的最里面神龛之后还有另外一个天井,两边各有一间狭小的储物间。出于防火目的,祠堂顶上建有封火墙,若是祠堂起火,火势不至于蔓延至隔壁。在正厅前方有两根独特的圆形立柱,两根柱子均是裂开的,仔细对比一看,其长长的裂痕竟然是一样的。据邹氏29代后裔邹全荣讲解后才知道,原来两根立柱均是由四片90度角的扇形柱子拼接而成,这样做是刻意为之的。邹元老生四子,四子后由上饶玉山迁居梅村,以经营茶叶起家,成为巨室。两根立柱合四为

一、抱为一体,意在教育邹氏后人要像四兄弟一样,团结一致,齐心协力发展家业。不仅如此,邹氏曾经还在家祠的神龛内摆放梅木扁担、麻索等创业时的劳动工具供后人凭吊,以此勉励后人弘扬祖先创业美德。邹全荣还向我们介绍了他所破译的关于邹氏家祠前廊戏台的一个谜,墙际线、柱子、枋、梁所暗含的"商"字谜,其所著书上是这样解读的:"家祠正面南墙天际线上的'乌纱帽'造型,居中成为一点,原是瓦镇;檐前的宽大的穿榔梁为一巨横;左右两垂柱为两点;承载藻井的拱梁为一横;支撑它的左右两根立柱为两竖;门呢,不言而喻,是一个理想的口子!数一数商字,共十一笔,这商字的十一笔,都蕴含在墙头瓦镇、梁柱门框中"。① 邹全荣还向告诉我们,富甲一方的祖宗在向后人传达守业从商的思想时,并不满足于做一个商人,"商"字顶上那一点即乌纱帽造型的瓦镇,意在传递入仕为官才是邹氏族人所追求的终极理念。

梅村邹氏家祠从 1790 年建立到现在已经 225 年,虽经历了两百多年的风风雨雨,但仍然保存得比较完整。该祠宇在"土改"时期被没收归大队使用,在"文革"时遭到破坏,雕刻和石碑被部分毁坏,所幸毁坏并不严重,2009年梅村发生特大洪水灾害,洪水由祠堂门前的当溪漫出,洪水冲垮了梅村多栋古民居,大水也淹至祠堂大厅里面,然祠堂仍旧屹立不倒,异常坚固。祠堂现为村委会所有,邹氏后人具有部分使用权,可进行清明祭祖、聚会等祭祀活动和家族活动。梅村搞旅游开发后,作为一个标志性的古建筑,邹氏家祠被村委会和旅游公司开辟为一个重要景点。虽邹氏族人已经不具有家祠的所有权,但旅游公司每年给邹氏三千元以资助其祭祖等活动。祠堂为旅游公司管理,早晚有专人来开门、锁门,平时的卫生清理也有专人来做。邹氏后人邹全荣,由于在梅村申请福建历史文化名村和中国历史文化名村时贡献很多,争取到了祠堂的左厢房作为自己的办公室。2006 年,为了使家祠更具敦本教化的人文特色,邹全荣结合邹氏的人文历史,或抄录,或引经据典自撰了八副对联和两个牌匾,经旅游公司请人制作后悬挂于家祠内。一牌匾"望出范阳"悬挂在中门之上,一进家祠便能看到,这匾告诉人们邹氏出自范阳堂。范阳,即古幽州范阳郡,辖境相当于今北京市昌平、房山及河北省涿州市地区,邹氏早期在山东邹城繁衍,其后一支迁居范阳,发展成为望

---

① 邹全荣:《邹氏家祠商字谜》,收于《探索万里茶路起点武夷山》书稿,未出版。

族,后以"范阳"作为郡望和堂号。另一匾"礼仪惟恭"悬挂于神龛之上,意在传儒家思想文化,承孔孟之道。八副对联分别为:万千枝叶总属同根,百沧分流其源维同;明荣知耻正世风,规范师表匡道德;参天之木唯有其根衍先祖,怀山之水必得斯源泽后裔;思源敬舜尧其德方知廉耻,敦本尊昭穆之序恪守礼仁;践行典范能自律方正,博览书经可成就圆融;崇礼明义尊长爱幼子孙安居乐业,敬祖思宗涵韬养略世代远瞩高瞻;慨夏眭之劳劳秋毫皆有补,笑冬烘之贸贸春梦全无回;心术不可得罪于天地,言行要留好样与儿孙。这些悬于祠堂的对联告诫人们要敬畏天地、谨遵忠孝仁义、知荣辱、明礼仪、勤劳敬业,极具敦本教化的教育意义。

(二)族谱

以血缘和地缘联结在一起的宗族组织,其发展不仅需要进行祭祀、议事、执法等活动的场所,还需要具备强化宗族同宗共祖之血缘关系的族谱,以促进族人对于宗族的向心力,从这个层面上讲,族谱的作用甚至不下于祠堂,为宗族活动的进行提供了血缘上的依据,明确世系,同时也记载了宗族发展的历史。

南丰茶溪邹氏家谱总共修过七次,下梅邹氏保存的《南丰茶陇邹氏家谱》为1919年续修的版本,为第七次续修的版本,也是距今较近的版本,而最新的家谱还在修订之中,预计要今年冬至才能修订完成。民国所修的邹氏家谱记载了修谱的来龙去脉,家族人口的传衍,族人需要遵守的规约训诫、修谱凡例细则,以及个人传记、科举入仕等内容。家谱关于一代代人口生卒殁葬的详细记录,以及按字派取名的做法,可以使得世系看起来比较明晰。家谱与血缘是紧密联系在一起的,家谱在一定程度上还强化了宗族的血缘关系,家谱的延续也代表着宗族血脉的传承。而家谱的延续需要人口的不断繁衍,这样传宗接代、延续香火就不仅是个人的事情,它也关乎整个宗族的发展。此外,一个人繁衍了后代,却因为触犯族规或律法上不了族谱,或是从族谱上删除,那么他等于是被宗族抛弃了,对于宗族来说他是没有完成血脉传承的,由此可见,族谱之于血缘关系的强化对宗族发展所起到的凝聚作用。如今虽然人们不再具有如此强烈的传宗接代思想,但受传统的影响,大部分人还是希望生个男孩以延续香火,这是不争的事实。

族谱作为一种比较正式的书写形式,有一定的条例和规约可循,而不是胡乱编就的。邹氏家谱旧立条例中对于修谱所要遵循的条例有明确记载,

第六章 梅村的邹氏宗族

兹将其摘录如下:

> 谱惟据所知者为编次,此苏明允作谱意也,是谱遵苏法,大宗列前,小宗列后,以别长幼,父子相继,兄弟相联,以定尊卑;系下小传,备参考也,书名,书字,书号,书娶纳,书生年月日时,书殁年月日时,书功名以明正异,书寿年以分修短,书坟茔以崇祭祀,书生子以重嗣续,书生女以重缘配;御讳、圣讳命名者,固当敬避,一脉相传祖讳亦不得袭犯;凡同胞兄弟,人单不得出继,或兄之子出祧于弟,或弟之子出祧于兄,生父、祧父名下当著载明白,一娶纳无嗣,择继必先立亲房,甚至亲房无人以及有人而玷宗不肖者,听其请继别房,当于生父、继父名下著载明白,总宜昭穆相符,不得托权宜之说贪婪率就;夫妇合传,元配生书,娶殁书,妣继配生书,继娶殁书,继妣纳婢为妾,生子以长幼为次,若数子异母,书母姓出,女未嫁者书待字字某,已嫁者书适某;以子孙贵获受,诰封者,宸翰当书谱内;贤子孙能尽孝悌忠信之行,敦礼义廉耻之风者,或作传以祀之,或作赞以表之,其文字须清晰畅达,然后书入谱内;贤子孙读书博古,著有诗、古文、辞集,本人名下须载明稿名、集名,或行世或待梓,若其所著之篇为有关人心风化者,亟登艺文类内以乘永远;贤妇人孝顺慈祥及丧夫守义罹难全节者,概书谱内,以维风俗;子孙行为不端玷污先人者削出不载;抚养异姓之子及再醮妇待前夫之子及前夫遗腹之子不得乱宗,如有家盖舞弄,鸣官究治;子孙迁居异地,其县名、乡名、村名当于本人名下著载明白;妇人改适及招夫,养子名下只书某氏,不书生殁,其书某氏者为其子,溯鞠育之原也,不书生殁者为该妇让他适之别也。

从家谱的条例中可以看到,邹氏修谱所采用的体例为"苏体",条例对于什么内容要书写入谱而什么内容不可以书写入谱、修谱的禁忌和忌讳以及该怎么书写都有详细的规定。此外,修谱条例中还反映了宗族的一些族规训诫,这些族规训诫无不带着浓厚的宗法观念色彩,反映了宗祧和血脉的正宗在宗族发展中的重要地位和作用。民间修谱的风气自明中叶开始兴盛,发展到民国初年已经数百年,然而修谱之条例虽有变化,但仍一脉相承,大同小异。现今修谱多模仿先前的条例,但省略了很多事项,主要是记载世系的传承情况。

族谱的修订是一个较大的工程,往往需要投入巨大的人力、财力等方能完成。一般族谱的续修跟上一次修谱都会间隔二三十年,有的情况下则会

推迟四五十年或更长时间。修谱通常都是在人丁兴旺后且有经济条件才组织进行。修谱需要派人四处奔走采集家族人口的信息,这些信息不仅要全,还要准确无误。修谱是一个集体、整个宗族的事情,一个家庭即使有财力也不会单独修谱。由于修谱开销较大,除非该宗族组织拥有较大的族产,否则修谱时就必然要向族人募集钱财。《南丰茶陇邹氏家谱》谱牒规约有记载道:"议男丁每位丁钱四百八十文,女丁每位丁钱三百六十文,钱价就本地银价扣算。"到了2014年再次续修,每户交150元,不同于以往,这次续修每户都会得到一部家谱。修谱工作由茶溪邹氏家谱续修编纂委员会负责,从一开始到现在已经一年多,据说到今年冬至会分发给大家。

在宗族尚未被打压破坏之前,族谱的地位和作用是不可小觑的,它通过强调血缘世系把族人牢牢联结在宗族组织之下。族谱通常只有少量的几本,作为权力的象征和一件宝贝由族长或是房长保管。如今,族谱已经丧失它原有的光环,不仅户户都有,更重要的是人们对族谱的看法和态度发生巨大变化,人们不再视之为神圣和珍贵的宝贝,不是特别在意自己是否写入族谱,甚至认为族谱也没什么作用,可有可无。但不管怎样,一旦续修族谱,人们通常很少拒绝,因为人们认为,族谱难得修一次,一户也花不了太多钱,有族谱总比没有族谱好。由此我们可以看出,族谱的地位已经大大降低,作用也明显减小。

四、宗族的运作

一个宗族的维持和运转,必然要依赖一定的经济基础以及宗族得以组织起来的规则、权威和管理系统,否则它将很难延续下去。族产作为宗族组织运行的经济基础,其作用不言而喻,没有财产支撑的宗族组织是不完备的,祠堂修建与维护、族谱的修订、宗族每年所举行的祭祀活动、聚会以及资助事项等都需要花费大笔的开支,宗族首先必须要有这个经济条件,所以将族产视作宗族是否存在的标志之一也就不难理解。作为一个组织,宗族也必须是按照族人认可的基本规则组织起来,族人得有建立组织这个意愿,并制定一些族规、家训,以此为准绳。宗族组织需要运行和管理,得有族权,所以需要有权威的管理者和管理系统把资源利用起来,把族人联结起来。宗族运行需要具备经济基础这个前提固然十分重要,但在实际运作中则主要

第六章 梅村的邹氏宗族

是宗法制度和管理系统发生作用,这就构成了非正式的权力结构关系,也就是族权。这种非正式权力具有极高的权威,其效力并不下官方的正式权力。它建立在宗法制度之上,以血缘关系和孝悌伦理为基础,有严密的组织结构,设置族长、宗支长、房支长等,建祠修谱,制定族规,置办田产,进行敬宗收族的实践。

如今仍然屹立于梅村的邹氏家祠中保留着两块石碑,这两块碑铭在"文革"中曾作为"四旧"遭遇了破坏,1998年梅村着手申报福建历史文化名村时,碑被重新安置回原位。碑铭记载了邹氏在梅村建盖家祠的历史背景、家祠公产的管理使用以及祭祖的规矩等信息。其中一块石碑上的碑铭保存的相对比较完整,字迹也仍然清晰,另一块裂成三块,被拼接在一起,有几个字已经残缺或是无法辨识,笔者田野调查期间将之全部抄录,以期分析,兹将其赘述如下,其一为:

> 盖闻人必有先,故建祠以报祖德,章惟由旧故立。式以贻后昆,邹姓世居江右茶溪,自幼卿公生子禹章茂章舜章英章四人,缘家计日薄,幼卿公殁后,昆季均来崇邑下梅里,各营生计,分立门户后,茂章英章生意日遂,产业渐充。于乾隆五十五年(1790年),将自手买置下梅鸭巷口地基,卜建祠宇,一应工资皆茂章、英章独任焉。此下梅邹姓宗祠所由建也。厥后禹章子永显,舜章子明远均能成立,见宗祠已建,各踊跃思置产业,以备蒸尝,为日后长久之计,爰集每房各出银二百两,共成八百两之数。生息幸,生意顺。遂自乾隆五十八年(1793年)起,至嘉庆十三年(1808年)止,共计得银五千余两。于十三年,置买曹墩彭蒙求田及庄一所后,连年添买各姓等田,共计租谷一千九百余桶。蒸当有资,亦可永垂奕□矣。惟祖祠年久自要修葺,以及田土旱涝各项,均须整顿弥补,况本大枝繁,子孙读书上进。及无力殡葬者,皆宜预备酌给,因集各房子孙,公议所有宗祠租谷银两,除每年给值办祭者洋番一百五十圆外,余概不许轮收,每年公存若干,管理者仍清出账目,不得侵吞以及私相借贷,逐年添买田产。以务日充日裕。俾各子孙咸享先泽于不坠焉。至幼卿公坟祖妣李氏坟墓,葬在江右广信丙午山。因乾隆五十二年(1787年)□□□姓涉讼,偕茂章英章竭力办理完结,并合刊明仍将□□□规条勒石于后。

嘉庆二十二年(1817年)二月

其二为:

每年值祭,轮着者领出洋番壹佰伍拾圆,于清明前亲往广信丙午山幼卿公坟祖妣李氏坟祭扫,清明日祠堂设祭,各房子孙男女均于祠堂饮胙,冬至日复办祭一回,只有男丁饮胙,女眷不复设席。祠堂饮胙,不论男女均要亲身到祠,不得私请亲戚及乳母婢仆擅入。违者,罚本子孙在祠演戏一台。祠堂日后损坏田土推涝及每年钱粮管理者,均要及早修葺整顿完纳,不得推延。祠堂银钱管理者,不得侵吞,子孙借贷,违者查出,即无力赔缴亦令将产业抵还。祠堂内公择一诚实之人,逐年看守,每年给谷□①桶。及祠堂门边铺排,钱出息资其用度,如有赌博滋事,即行逐出。子孙有庆吊大事,准其开祠设席,但不得私借与外姓排设,及子孙令工匠在内造作贮藏什物其器皿椅桌,亦不得私借、私用、失落。违者罚赔□。子孙考试:于院考时,给盘费洋番二员;入学者,给帮费洋番一十员;赴乡试,给帮费洋番四员;中举者、新科,给盘费洋番四十员。第二次者,每次给盘费洋番贰拾员。中进士者,给帮费洋番六十员。恩拔副岁贡,给盘费洋番一十六员。子孙有无力殡葬父母者,给洋番一十二员。祠堂年剩银两,管理者仍须逐年充置产业,于祠堂田薄注明。

嘉庆二十二年(1817年)二月

从上面两块碑铭中不难发现,下梅邹氏宗族过去的运作,有其雄厚的经济基础、严密的组织规则以及权威的管理系统。碑文也彰显了邹氏注重忠孝仁义、创业持家、为学求仕、扶贫济困等优良传统。

宗族作为一个由许多家户组成的复合体,它不仅需要制定宗族成员统一遵守的族规,同时也有家训作为每个家庭教化后人的准则。邹氏宗族的家谱上就记载了家训十二则,分别为尽孝悌、正名分、敦和睦、肃祀典、重祠宇、供赋役、广醮产、端家养、培斯文、勤职业、戒健讼、禁斗狠。限于篇幅,兹仅赘述"尽孝悌"一则:

孝悌本乎天性,似不待告语而知,不烦督责而从者,然而持循愈密则其存守益固,最上养志,其次养口体,为子者须随分竭力以报,周极于万一,至兄弟则分父母之形气,以生者式好无,犹互相友恭,一门内和气盎然,休祥之集,当有胜于寻常,万万者矣,倘忤逆不遵教训者,国有明条,祠有公罚,决不姑徇。

---

① "□"为石碑上故意留下以备写字的空白。

这些家训树立了一套教化族人规矩,规范了族人的言行举止,对于每个家庭甚至对整个宗族的延续和发展起到重大的作用。

宗族的族产通常包括土地田产、山产、房屋祠宇、水利工程、鱼塘、碾坊等生产生活设施,而主要是土地田产。强宗大族拥有较多的族产,弱小宗族族产较少。从祠碑可以看出邹氏宗族曾经比较富裕,经过几百年的发展,现今的邹氏家族组织已经没有共同的田产,其赖以运作的经济基础主要依靠每年清明祭祖时族人所交的"份子钱"、家祠作为旅游景点每年所得的收入以及邹氏宗亲的捐款。"份子钱"每家都会交,数额不固定,族人凭财富状况及意愿而交,但有公职的家庭每人一般不少于三百元。梅村开发旅游后,旅游公司将邹氏家祠开辟为一个重要景点,旅游公司每年给邹氏家族三千元以资助其祭祖事宜。同时,其他地方的邹氏宗亲也会有一些捐款。这些财产是邹氏宗族组织得以运行的经济基础,在宗族的管理系统下与家祠、族谱相结合,把族人联结在一起,进行宗族活动。关于族规和家训,据老族长邹远旺的说法,邹氏宗族如今已经没什么族规和家训了,只是祠堂牌位只限邹氏男性后裔,而且至少要年满50岁,女性牌位不入祠堂。由于缺少族人必须遵守的族规以及教化后人的家训,甚至族人间发生冲突时也没有调解的机制,而明清时期族规和家训在宗族的运行和维持中所发挥的作用是巨大的,它具有一种威慑力,约束着族人的行为。

邹氏宗族的权力结构主要为邹氏宗亲会,家族组织更多的依托这一权力结构而运作。邹氏宗亲会有会长、副会长、秘书长、财务以及其他一些成员,宗亲会负责处理宗族内部的重要事务。会长邹远波、副会长邹远禄、秘书长邹浩文、财务邹天荣,这几人都已从梅村迁出去,平时不住村里,但恢复宗族活动是他们牵头重新搞起来的。而他们之所以能够说服和动员大家,一则是他们在邹氏家族中较有文化(其中三位是教师),有一定身份地位;二则是族人也希望恢复宗族活动,团结发展邹氏家族,光宗耀祖。宗亲会没有严格选举程序,主要是邹元波等人在族人中挑选合适的人来担任。当然,除了每年的清明祭祖及其他一些事务,宗亲会并没有太多的事务需要处理,不过最近一年在修族谱的事情上则会有不少工作要做。此外,邹氏家族还有一位族长,由辈分和年龄最大者邹远旺担任。族长因年迈和处事能力下降,对于宗亲会并没有什么权力可言,也很少发挥宗族运行的领导作用,为一象征性的职位。族长身兼看管家祠、敬香等事务。如果有人要借用家祠,则需要向族长打招呼并征得同意方可使用,除非有上级开的红头批文。族长每月初一、十五日要到家祠进行例行的点香仪式。族长作为宗族内辈分及年龄的最长者,以及一些事务的身体力行者,每年有 400 元的生活补贴,由宗亲会拨给。

明清时期的宗族组织与乡村政治、经济、文化紧密联系并对之有较大影响,由于民国后宗族组织的一度中断及社会变迁,如今又重新恢复的梅村邹氏宗族缺乏严密的组织形式,也没有约束族人的族规,从事较少且简化的宗族活动,同时缺少充裕的宗族财产,其对于梅村政治、经济、文化并未产生较大影响,甚至对族人产生的影响也属有限。尽管如此,它仍具有宗族的某些形质,并以一定的方式在运行着。

五、祭 祖

宗族的发展传衍中,祭祖作为一种祖先崇拜方式,是一项极为重要的仪式。陈支平认为,"福建民间家族的祭祖方式,大致上可以分为四类:一是家祭,二是墓祭,三是祠祭,四是杂祭。这四种不同层次、不同规模的祭祖方式,组成了家族内部严密而又交错的祭祖网络"。① 根据其定义,家祭以家庭为单位,在居室内举行,家祭的对象仅限于祢、祖、曾、高等三至四代的近亲祖先,家祭一般在春秋大祭日及年节朔望日举行,而祖先忌日祭尤为隆重。墓祭为到祖先坟地祭扫,一般有春祭和秋祭,祭祀对象包括近祖和远祖。祠祭即在祠堂内举行的集体性祭祀活动,有春祭和秋祭,祭后通常有宴会,形式比较讲究,为家族四类祭祀方式中最正规化的一种。杂祭为非定时的祭祀活动,如遇婚丧嫁娶、添丁、中举、架屋等大事,一般都要举行祭祖活动,而最隆重为农历七月十五日的"鬼节"和不定期的唱拜。

上述四种祭祖方式,如今的邹氏宗族均或多或少地在践行着,不过形式和内容都已简化或发生一些改变。在宗族文化尚未衰落以前,杂祭作为时间、规模不确定的祭祀活动,较为盛大隆重的在家祠进行,而稍微平常的则在家里进行。由于如今邹氏宗族已没有较为盛大的杂祭活动,杂祭已变为家庭性的祭祀,这里将杂祭并入家祭一起讨论。

---

① 陈支平:《近 500 年来福建的家族社会与文化》,上海:三联书店上海分店,1991 年,第 168 页。

第六章 梅村的邹氏宗族

家祭仍以家庭为单位在家里独立举行,一般在农历每月初一、十五日或逢年过节、婚丧嫁娶时举行,祭祀对象为三至四代的近亲祖先,一般是男性长辈在家里祖先的"神主"位前祈福、作揖、上香,没有祖先忌日祭。一般而言,家祭的祭祀规模小,形式比较简单化,但家祭作为一种传统习惯,表达了对父辈、祖辈的孝顺、哀思和缅怀,同时也在教育子孙后代要弘扬孝道,不忘悼念先人。

墓祭也以家庭为单位进行,有时亲兄弟或堂兄弟组成的家庭一起进行。墓祭一年一次,时间为清明节早晨,由于远祖的坟茔久远失传,祭祀对象为近祖坟茔,主要是各扫离自家血缘关系较近亲人的坟茔,关系稍远的则不扫。墓祭一般由长辈带领,家里男女老少帮忙,需要带上事先准备好的诸如烟、酒、肉、水果、香、纸钱、鞭炮、蜡烛等祭品以及砍刀等清理墓地的辅助工具。到达墓地后,首先是清理墓地,除去杂草、灰尘,顺便查看坟茔是否被损坏,接下来摆放祭品,放鞭炮、烧纸钱、烧香、点蜡烛,最后是三鞠躬,鞠躬后乃宣告墓祭完毕。墓祭由一个家庭或几个家庭的人共同参与,形式较为正式、规模较大,不仅是一次祭拜先祖、缅怀先祖、表达孝心的祭祖活动,同时也是一次检查坟茔是否毁坏、清扫坟茔和维修坟茔的活动。

祠祭在邹氏家祠里进行,由于往生的邹氏男性牌位都供于家祠,所以祠祭对象包括近祖和远祖,于农历每月初一、十五日及每年清明节祭。平时初一、十五日的祭祖由族长一人负责,清明节时的祠祖①集体进行,是最正式、规模最大的祭祀行为,凡宗族内部人员均可参加,在外工作或是迁居出去的族人也大多会回来参加,江西南丰那边也会派族人代表过来。清明节,邹氏宗族的人每家要向邹氏宗亲会交一定数目的钱以用于祭祀、聚餐等开支,钱的多少凭自己财富状况及个人意愿,交百十元至上千元均有。早上墓祭之后,族人回到家稍作休息准备,然后去家祠参加祭祖事宜,诸如清扫整理家祠、准备祭品等。祭品十分丰盛,有猪头、羊头各一个、全鸡、全鸭各一只,还有其他酒肉食品、水果等。祭祖仪式主要是早上这一次,傍晚所做的仪式相对来说不是很隆重。临近中午,摆放好祭品后,在族长等几位长辈的引领下举行祭祖仪式,族人面向祖先牌位排成队站着,年龄较长的几位长辈向祖先

---

① 关于邹氏清明节的祭祖,参见钟涛:《福建古村落的开发与保护:以武夷山市下梅村为例》,厦门大学人类学与民族学系 2014 年硕士学位论文,但笔者进行田调时并未遇上此项活动。

献祭、告慰、祈福,然后是念祭文,祭文念毕则族人一一走到牌位面前上香,通常最先上香的是最年长者,上香完毕后祭祖仪式宣告结束。祭祖仪式结束后,了解家族历史的人还要向族人讲述祖辈的光辉业绩,号召后人不要忘本,要发扬传统,再创佳绩,光宗耀祖。聚餐也是清明祭祖重要的附带内容,这天有午餐聚和晚餐聚。前些年,聚餐所食的饭菜由族人亲自操劳,最近四五年聚餐在家祠旁边的饭店聚族而食。清明祠祭通过神圣的祭祖仪式和世俗的宗族聚餐,唤起族人对宗族的主观认同,加强了宗族的凝聚力。

六、宗族的兴衰

宗族的兴衰取决于很多因素,其所处时代的政治氛围、宗族人口的繁衍、经济发展状况以及宗族内部的团结等都会对宗族的发展产生很大影响。政治氛围最为关键,如果政治条件不允许,宗族就无法继续维持下去。人口和经济之于一个宗族也异常重要,人口和经济若得不到扩充发展,宗族自然而然慢慢变得弱小,进而趋于解体。宗族内部关系也是宗族维持发展的一个重要因素,如果宗族内部派系复杂,冲突不断,缺少团结,那么宗族也难以持久作为一个组织存在。

梅村邹氏宗族在清朝时期十分辉煌,而其发家致富系于经营茶叶。清初,武夷茶市集中于梅村,邹氏以经营茶叶获资百余万,建房七十余栋,所居成市。邹氏通过经营茶叶积累了大量财富后,乃于1790年置买梅村鸭巷口地基建盖了邹氏家祠,后继子孙也踊跃添置产业,自乾隆五十八年(1793年)至嘉庆十三年(1808年)止,仅仅十五年间就积累了银五千余两的族产。在邹氏经商发达后,并不满足于富商的身份地位,于是向朝廷捐官职。《南丰茶陇邹氏家谱》中,收录了邹氏捐官诰轴共十二卷,兹特摘录邹元老及其妻一卷,原文如下:

奉天承运,皇帝曰:考绩报循良之最,用奖臣劳,推恩溯积累之遗,载扬祖泽,尔邹元老乃捐职州同加二级邹莹之祖父,锡光有庆,树德务滋,传清白之芳声,泽留再世,衍弓裘之令绪,祜笃一堂,兹以尔孙克襄王事驰赠尔为奉直大夫,锡之诰命。於戏!聿修念祖,膺茂典而益励新猷,有谷贻孙,发幽光而丕彰潜德。

制曰:册府酬庸,聿著人臣之懋绩,德门辑庆,式昭大母之芳徽,尔李氏乃捐职州同加二级邹莹之祖母,箴诚杨芬,珩璜表德,职勤内助,宜家久著其贤声,泽裕后昆,锡类式承乎嘉命,兹以尔孙克襄王事驰赠尔为宜人。於戏!播徽音于彤管,壶范弥光,赓异数于紫泥,天庥永渥。

乾隆五十三年(1788年)十二月初十日

这卷诰轴是邹英章兄弟于1788年为其父母邹元老、李氏捐职所得,是追捐追赠的官职,因为邹元老及其妻均在1724年逝世。邹英章于1788年也为自己和妻子捐职,职位跟其父母一样,梅村邹氏大夫第这座大宅院由此得名,如今仍为邹英章后裔所居住和拥有。邹氏大夫第是梅村保存最完整的、建筑最豪华、最有价值的一栋古民居,1999年12月1日被联合国列入世界文化遗产名录,2000年列为福建省文物保护单位。《崇安县新志》也有邹氏为官的记载,如邹氏第二十三代邹杰,"下梅人,知县,癸酉据历任直隶、柏乡、临城等县①",第二十三代邹栋,"下梅人,署广州同知",②第二十四代邹荣椿,"下梅人,浙江同知"。③ 在邹氏发达后,还捐资修渡口,斥资修桥,造福一方,《崇安县新志》就记载了邹茂章、邹英章的事迹,"邹茂章,清乾隆时与茂英(即邹英章)、重与(全名张重与,下梅人,太学生)同捐谷一百四十桶助梅溪渡"④,"邹茂英,清乾隆十八年建下梅中坑桥"。⑤ 梅村邹氏亦商亦官,官道、商道齐头并进,足见其雄厚的经济实力,宗族蒸蒸日上。不仅现在保存完好的邹氏家祠、邹氏大夫第、施政堂等建筑仍可以看出邹氏宗族曾经的辉煌,梅村至今仍在流传的一些民间故事也诉说着邹氏辉煌的历史。

梅村邹氏自邹茂章、邹英章开始,繁荣了一百多年,至鸦片战争前后开始衰落。《崇安县新志》记载,"清初本县茶市在下梅、星村,道咸间下梅废而赤石兴,红茶、青茶向由山西客(俗谓之西客)至县采办运赴关外销售"。邹

---

① 刘超然、吴石仙主修,郑丰稔纂修《崇安县新志》,武夷山市志编纂委员会整理,1996年12月,第378页。
② 刘超然、吴石仙主修,郑丰稔纂修《崇安县新志》,武夷山市志编纂委员会整理,1996年12月,第391页。
③ 刘超然、吴石仙主修,郑丰稔纂修《崇安县新志》,武夷山市志编纂委员会整理,1996年12月,第392页。
④ 刘超然、吴石仙主修,郑丰稔纂修《崇安县新志》,武夷山市志编纂委员会整理,1996年12月,第846页。
⑤ 刘超然、吴石仙主修,郑丰稔纂修《崇安县新志》,武夷山市志编纂委员会整理,1996年12月,第846页。

氏主要以经营茶叶为业,自鸦片战争后,福州、厦门、广州等通商口岸开放,梅村茶市渐渐衰微,道光、咸丰年间,梅村茶市转赤石,梅村废而赤石兴。随着茶市的转移,邹氏日趋衰落,可以说梅村邹氏因茶而兴也因茶而衰。然而,邹氏的衰落并不仅仅因为茶市的转移,根据邹全荣族人的等一些说法,邹氏宗族的败落跟族人吸食鸦片和摊上诉讼也有莫大的关系。到建国前后,邹氏大部分人已经成为普通百姓,没有太多的财产,一些甚至已经沦为穷苦人家。梅村邹氏宗族于2003年左右恢复宗族活动,由于宗族情感和观念的淡化,族人觉得关心各自家庭的发展比关心宗族的发展来得更实在。

结　　语

　　作为一种历史悠久的组织机制,宗族组织在中国存在和发展了数百年,宗族组织以地域为基础、以血缘为纽带、以祠堂为活动中心、以族产、族权、族谱、族规为核心,曾对中国传统社会的政治、经济、文化等方面产生过较大的影响。20世纪二三十年代至"文革"期间,宗族组织有所中断,后来又以宗亲会等新形式出现。本文是对梅村邹氏宗族进行研究的一次尝试,邹氏宗族因为拥有家祠、家谱、部分族产和族权而成为笔者的研究对象。文章首先考察了梅村错落有致、高墙林立、封闭的村落建筑格局,显示了宗族或村落对外防御的一面。接着探讨邹氏宗族的源流及传衍,宗族的祠堂、族谱、族产、族权四大象征及祭祖形式,宗族的运作和兴衰。可以知道,梅村邹氏宗族曾经是一个富裕的宗族,拥有豪华气派的家祠,有家谱,有丰厚的族产,有严厉的族规、家训,从事着以祭祖为主的宗族活动。该宗族经历了兴盛、衰落、中断、复兴的过程,而复兴之后的宗族与原先的宗族相比已相去甚远,宗族之于政治、经济和文化的影响力、之于族人和村民的凝聚力、约束力都很小。如今的宗族表面上虽然仍有家祠、家谱、族权和族产,但其实质内容已发生很大变迁:宗族情感和宗族观念的淡化,使得宗族的权威大大降低,族长和宗亲会并没有什么特别的权力;宗族和家庭也没有了明文规定非遵循不可的族规、家训;族人对于能否上族谱、修不修族谱也没那么在意;少量的族产使得从事宗族活动的钱需每个家户集交;每年践行的宗族活动少之又少。

第七章
梅村的婚姻、家庭与姓氏迁移

※ 张亚磊

前　　言

　　本报告基于为期45天的田野工作(2015年7月1日至8月15日)地点为福建省北部地区武夷山市梅村。经过约十天的调研,笔者发现很多村民从外地迁移而来,浙江龙泉、温州、江西方向的"北路"以及闽南的惠安等地。有村民甚至说,三分之二都是外来的。虽然村民无法保证这个数字的准确性,也未说是以多少年为限,但是这种说法却值得注意。笔者在村中家访发现,没有家谱的村民们,最远能追溯到一百年左右的家庭迁移史,超过一百年的事情,基本都是模糊不清了。那么是否可以假设,村民们所说的"三分之二"是指一百年之内呢?笔者认为,这是一个可以验证的问题。

　　在此次调研中,村中两委因为某些原因,未向本调研团队提供任何书面材料。他们只是口头解答一些问题,比如梅村人口为2789人,至于性别比例,年龄构成,则表示不知道,并且也不愿意提供书面材料,这为本次调研增加了很大的难度。在武夷街道办计划生育办公室,笔者却受到热情接待,并找到很有价值的资料。

　　本报告之撰写,根据如下资料:一,笔者的家户调查资料;二,武夷山市图书馆藏的国民经济统计资料,历次人口普查资料;三,武夷街道办计划生育办公室提供的关于梅村的人口资料(更新至2015年7月)。

一、人口结构

人口结构即人口按照某一性质而划分形成的不同性质之群体,构成划分标准的因素通常有年龄,性别,教育程度,职业,收入,民族,宗教等,一个地区的人口结构可以反映当地的社会面貌。下面从人口数,年龄性别构成,教育程度等方面,描述梅村的人口结构。

(一)人口数

因为村两委未提供历史数据,笔者通过访谈和查阅市图书馆保存的国民经济统计资料和人口普查数据,获得一些数据。

1949年前,梅村的人口数据已经不可获得,只能依据老人们的回忆来了解大概。根据两位七十岁以上老人的回忆:

> 解放前因为匪乱以及国共争天下,梅村人口锐减。解放初,梅村约有200户人家,800人左右。当时,村中很多房子无人居住,很多房中长起了高高的芦苇,有些房子甚至成了野猪窝。

可见在1911年至1949年间,梅村人口有一个锐减的过程。

在1994年版的《武夷山市志》第781页中亦有提到:

> 1935年,国民党军队对革命根据地进行全面"清剿",强迫"移民并村"……杀害人民11461人,使11820户成为灭绝户……崇安县人口在1935年从14万人骤降至解放前的6万人左右。

革命的历史在村民心中仍然留下了记忆,隆润南老人(1944年生)回忆道:

> 梅村曾经有一个老父亲有三个儿子,两个儿子都参军了,并且已经阵亡,老父亲仍然要三儿子去参军,老父亲说,这是在争天下!梅村参加革命的比较多,在革命过程中是吃亏的。

我们可以有把握的推测,梅村百年以来人口变化的大趋势为:1911年之前,人口很多;从1911年至1949年,人口锐减,并有外地人迁;1949—2015年,人口渐渐增加,从800左右增长到2558人(计生办数据,截至2015年7月),增长约三倍多。

笔者在调查过程中发现,不同的统计口径,统计结果有所差别。例如截至 2015 年 7 月,武夷街道办计生办的人口数据是 2558 人,但是派出所的数据则是 2789 人。计生办给的解释是,有些女性已经出嫁,但户口未迁走,有些在派出所户口登记,但是人在外地居住。派出所的人口登记以户口为准,冗余很多,所以会有多出来。

同一个统计口径,前后数据也可能出现矛盾,例如全国人口普查数据,1983 年梅村人口为 1905 人,365 户;1990 年为 2051 人,483 户;2010 年为 1842 人,533 户。其中 2010 年的数据显得尤为可疑,其人口总数相对于 1990 年为负增长,并且和其他统计口径相差很大,例如武夷街道办给出的数据,2011 年底梅村人口数为 2432 人。人口普查数据由统计局提供,统计局的一位同志坚信自己数据的正确性,问到为什么会有人口负增长,则解释为人都进城了,打工或者做别的事情,所以就减少。实际上,笔者在村中访谈过一位做 2010 年人口普查的当事人,据其回忆,他们做得非常严格,挨家挨户统计,最后统计的人数约为 1900 人。这与 2010 年最终公布的统计结果 1842 人也很接近。

因为以上种种原因,出现了一个令人尴尬的事实,关于梅村的人口数,派出所、计划生育办、统计局,三方给出三个数据,有时这三方的数据甚至差异很大。笔者没有能力找到三方的人"对簿公堂",也没有足够的时间和精力把每一方统计人数的实际流程查清楚。实际上,这三方也不会将笔者的疑惑放在心上。三方抱持着三个不同的数据,并且都认为自己是正确的。笔者只能根据从各方找到的资料,必要时做取舍,做出一个大致合理的数据排列。

表 7-1 梅村历年人口数据

时间	人口数	户数	男	女	数据来源
1950 年	约 800 人	约 200 户	不详	不详	老人回忆
1965 年	1451 人	330 户	740	711	统计局
1978 年	1822 人	365 户	950	872	统计局
1983 年	1905 人	365 户	984	921	统计局
1990 年	2051 人	483 户	1053	998	统计局
2011 年	2432 人	不详	1221	1211	武夷街道办
2015 年	2558 人	636 户	1263	1295	武夷街道计生办

从表1可以看出,梅村从1950年到1965年间人口增长很快。这不仅是从笔者访谈来看,高生育率的结果,也是人口迁移到结果,这段时间从浙江龙泉、温州、福建惠安等地,均有人口迁移来梅村,因为梅村地多人少。

据照隆润南老人回忆,建国初期,村中人甚至害怕迁来的浙江龙泉人,因为浙江龙泉很多,并且说话也听不懂更增加了恐惧。后来村里为了让来自不同地区的人能够互相交流,便响应国家号召,大力推广普通话。

2015年的人口信息,笔者没有选取派出所的数据。因为梅村拆迁,有预期中的补偿款,所以很多户口以各种理由迁进村,而人实际上不住村里,这部分人口占一定的比例。计生办提供的数据则显得更符合村中的实际情况。

(二)年龄与性别

根据武夷街道办计划生育办公室提供的截至2015年7月的梅村《总人口年龄别,性别汇总统计报表》,可以得出梅村人口年龄性别统计表如下:

表 7-2 梅村人口年龄与性别统计表

年龄段	男	女	总人数	百分比	合并人口比例
0~4	115	118	233	9.11%	
5~9	80	61	141	5.51%	23.22%
10~14	48	62	110	4.3%	
15~19	61	49	110	4.3%	
20~24	91	107	198	7.74%	
25~29	114	155	269	10.52%	
30~34	112	119	231	9.03%	
35~39	82	77	159	6.22%	
40~44	108	112	220	8.6%	67.95%
45~49	127	114	241	9.42%	
50~54	89	89	178	6.96%	
55~59	64	54	118	4.61%	
60~64	60	64	124	4.85%	

续表

年龄段	男	女	总人数	百分比	合并人口比例
65～69	40	33	73	2.85%	8.83%
70～74	31	31	62	2.42%	
75～79	24	24	48	1.88%	
>=80	17	26	43	1.68%	
合计	1263	1295	2558	100%	

从表中可以看出,梅村的男女比例比较均衡,女性总数略多。其中0～4岁,25～29岁,45～49岁,这三个年龄段是比例高峰。0～4岁的比例高峰意味着婴儿潮的到来,说明25～29岁年龄段的人已经结婚生子。在现今社会中,我们经常听到80后,90后,00后的说法,从梅村的人口结构来看,这三个年龄段的人口比例是:1.99∶1.23∶1,也就是说,80后比90后多了62%,比00后多了近100%。

(三)姓氏迁移史

梅村是一个多姓氏杂居村,在村里新区公示的"武夷街道梅村代表联系户"中,笔者数出557个村民的姓名,有74个姓氏,其中数量排在前面的是:陈(54人),吴(38人),李(36人),王(36人),邹(26人),彭(23人),林(21人)。邹林二姓的来源比较单一,邹姓是邹元老1719年从江西南丰迁到梅村,其时邹茂章15岁;林姓则是1965年根据国家政策从惠安移民到梅村。其余各姓则来源复杂,一般有好几个来源。

这557个名字相当于全村姓名的一个抽样,笔者通过多次访谈和查阅资料来研究这557人的姓氏迁移情况,以此反映出人口迁移史。中国人的姓氏传递,一般依据父系。在梅村,如果有男人从外地来上门,一般第一个孩子随母姓,其余孩子随父姓或者母姓,也就是说,父姓可以流传下来。那么这个男人进村上门的时间,既是其姓氏迁移进村的时间。女人嫁进村里,其姓氏无法传递给后代。

通过访谈,笔者发现,村民的家族记忆时间上限是100年,一般能追溯到最远的时间是1900年。访谈得知,1900年以来,移民进村的数量很大。

根据访谈及查阅相关文献,笔者将梅村的姓氏迁移史划分为以下几个时间段:1950—2015年,1900—1950年,1800—1900年,1700—1800年,

1600—1700年,1500—1600年。每个时间段的详细迁移情况如表7-3所示。人员姓名指他本人迁入梅村,或者是他为迁入梅村人员的后人。

表7-3 历史姓氏迁移统计表

序号	迁入时间	人员	来源地	备注	人数
		1950—2015			
1	1965	林毅,林财富,林镇,林忠雄,林财栋,林庆文,林财旺,林财国,林天送,林天富,林才生,林才贵,林元宝,林元荣,林永明,林元财,林秀英,林美妹,林才松。陈水华,陈金华,陈志通,陈志华,陈靖,陈志荣,陈炳林,陈炳山,陈炳坤,陈友才,陈友发。	闽南惠安	国家移民	30
2	1967	梅希贤	浙江景宁	上门	1
3	不详	朱庆生,朱茂森	溪洲		2
4	1968	周小伟,周宝宝	大布		2
5	1975	洪福安	四川		1
6	1983	兰秀生	吴齐	上门	1
7	60年代	何世华	浙江龙泉		1
8	1978	刘先发,刘长兴	湖北天门		2
9	70年代	邱福生,邱水平	市区		2
10	1975	彭东,彭油兴,彭小妹	公馆		3
11	60、70年代	彭贵元	浙江龙泉		1
12	65年	沈福富	闽南惠安		1
13	1951	沈小宝,沈江庆,沈江涛,沈江伟,沈林	龙泉		5
14	60年代	柳齐树	文成		1
15	1975	任兴和,任小斌,任兴琪	温州		3
16	70年代	袁松根	吴屯		1
17	1964	潘辉煌	黄柏		1

续表

18	1962	徐德连	景宁	1
19	不详	肖华明	煤矿	1
20	70年代	祝雪花	温州	1
21	1975	姜秋娇,姜明友,姜焕新,姜欢财	江山	4
22	不详	丁彭寿	上门	1
23	70年代	郑贤进	温州	1
24	1976	江炳煌,江家煌	公馆	2
25	1956	吴仁茂,吴仁贵,吴仁财,吴仁旺	上梅荷墩	4
26	1959	江志文,江明妹	上门	2
27	不详	叶高亮	建阳 上门	1
28	1984	江和德	上梅下阳 上门	1
29	不详	江太贵	上门	1
30	1976	叶启富	寿宁	1
31	1970	李春生,李国贵,李国雄,李国富	浦城	4
32	1980	李木根		1
33	60、70年代	季松根	龙泉	1
34	不详	占天亮	浙江绍宁 上门	1
35	1980	冯安国,冯安平,冯平清	四川	3
36	不详	卢峰	吴齐	1
37	70年代	曾淳满	寿宁	1
38	70年代	王芳福	龙泉	1
39	1971	胡力圣,胡绍平,胡高绍,胡孙宝,胡金绍,胡瑞绍	浙江温州内安县	6
40	不详	张兴宝	吴屯	1

续表

41	不详	赵绩林	四川		1
42	60年代	王日贡	兴田	上门	1
43	1985左右	王隆进	吴屯	上门	1
44	70年代	王炳元	吴屯		1
45	60年代	王付亮	吴屯		1
46	不详	王盛华,王盛富	吴屯	上门	2
47	不详	李荣元,李俊武,李俊胜,李俊文	吴屯	上门	4
48	不详	李志德,李志胜	浦城		2
49	不详	陈活宝	吴屯	上门	1
50	不详	吴启明	上梅		1
51	不详	李昌辉,李昌南,李昌根,李昌文	吴屯		4
52	不详	苏浩仔	龙泉		1
53	1953	刘雪满,刘仁宝	江西广丰		2
				合计	121人

1900—1950					
1	不详	操冬兰,操贤报,操贤文,操贤飞	龙泉		4
2	40年代	周继谷	龙泉		1
3	1940	范良松,范忠洪,范忠瑞,范良寿,范刚强	龙泉		5
4	1935	罗樟树,罗祥贵,罗祥华,罗崇福,罗秉钜	松溪县		5
5	不详	刘美坤,刘建生,刘才生,刘忠发	岚谷		4
6	不详	廖帮金	浦城		1
7	1946	严帮富,严家文,严家胜	龙泉		3
8	不详	柴明生,柴坤生,柴小生,柴光明	吴屯		4
9	1946	蔡汉斌,蔡汉生	龙泉		2

续表

10	1945	万金生,万兴富,万兴发,万兴旺,万建明	赤石		5
11	不详	赵瑞钦,赵瑞龙	江西		2
12	不详	邱应新	高苏坂		1
13	不详	柳行美	龙泉		1
14	不详	詹月仙,詹官宝	溪洲		2
15	1915	夏海寿,夏海友	角亭		2
16	不详	苏生财,苏忠英,苏财生,苏有生	黄柏		4
17	不详	袁祖良,袁水生,袁水春,袁仁宝,袁小菇	吴屯		5
18	不详	潘水根,潘超群	龙泉		2
19	不详	应开宾	龙泉		1
20	1937	祝同兰,祝瑞和,祝德顺,祝桂彪,祝德文,祝庆仔,祝瑞高,祝光亮,祝德明	吴屯		9
21	不详	危凤英	江西南城		1
22	不详	项德玉	兴田		1
23	不详	谢晨斌,谢火宝	江西		2
24	不详	丁细弟	江西		1
25	1920	官仁兴,官宝仁	溪洲		2
26	不详	杨声靖,杨声敏	吴齐		2
27	不详	郑友,郑生	龙泉		2
28	1914	江书文,江书武,江李荣	吴屯		3
29	不详	许顺旺,许顺兴,许兰玉	寿宁		3
30	1939	叶兴满,叶土根,叶兴灿,叶发昌	龙泉		4
31	不详	郭家林	龙泉		1
32	不详	黄瑞良,黄瑞清,黄瑞华	龙泉		3

续表

33	不详	季盛旺,季世荣	龙泉		2
34	不详	毛作明,毛作武,毛必富,毛道回,毛迫宗	龙泉		5
35	1910	鲍德荣,鲍德华,鲍丽英	阳角		3
36	不详	陈日英,陈日茂,陈日新,陈日龙,陈日强	龙泉		5
37	1936	钟春文,钟雨婷,钟波	福安县		3
38	不详	左彩平,左兴旺	吴屯		2
39	不详	汪喜龙,汪洪涛,汪宝菇,汪喜财	壕口		4
40	不详	张庆荣,张庆宝,张庆华,张明富	溪洲		4
41	不详	王富仔	吴屯		1
42	不详	王进财,王进忠,王弟仔	吴屯		3
43	不详	王炳富,王维元	龙泉		2
44	1945	叶帮兴,叶帮明,叶帮富,叶帮忠,叶帮文	龙泉		5
45	不详	吴兴华,吴兴德	不详		2
46	不详	王金泉,王金堂,王金友	龙泉		3
47	不详	李茂春	吴屯		1
48	不详	李聪明,李喆	吴屯		2
49	不详	王善益	龙泉		1
50	不详	王昌福,王昌寿	吴屯		2
51	不详	王继梅	龙泉	竹簑	1
52	不详	王德兴,王德茂,王德胜,王德元,王建兴,王建忠,王建宝	柘洋		7
53	不详	章华寿,章华富	江西		2
54	不详	章秀祥	吴屯		1
55	1936	陈同兴	江西		1

续表

56	不详	孙朝荣,孙朝春,孙朝坤	不详	3
57	不详	孙晓平,孙晓鸿	不详	2
58	不详	廖邦金	不详	1
59	不详	吴文福,吴文生	黄柏	2
60	不详	吴先发	江西	1
61	不详	王瑞夷,王瑞华,王国平	吴屯	3
62	约1915	余永明,余国元,余国妹,余城,余宝仔,余国恒。余建南,余建东,余建北,余吉良,余吉飞	岚谷	11
			合计	173人

1800—1900

1	不详	安文生,安仁财,安志荣,安仁贵,安松勇,安志财,安松强,安小军,安志华,安建福,安仁仪	洋庄	11人
2	不详	衷炳辉,衷炳华,衷炳旺,衷柳清,衷小姑,衷树松,衷恕,衷奋发,衷树林,衷焕春	吴屯	10人
			合计	21人

1700—1800

1	约1730	邹云春,邹远年,邹天荣,邹金桂,邹生荣,邹生华,邹生胜,邹生茂,邹金芳,邹远旺,邹云泉,邹文妹,邹金生,邹浩祥,邹礼良,邹春珑,邹香夷,邹香池,邹宝良,邹政怀,邹金宝,邹建良,邹荣良,邹洪良,邹彩良,邹全荣,邹贵良	江西南丰	27人
2	乾隆年间	隆文柏,隆毛盛,隆紫英,隆润楠,隆紫兴,隆邹潭,隆福成,隆福兴,隆福生	原籍河南开封	原住山头	9人
3	乾道年间	吴汉弟,吴节宝,吴欣,吴二龙,吴进宝	原籍河南开封		5人
			合计	41人

1600—1700

续表

1	约1650	岳炎坤,岳炎荣,岳宗傲,岳瑞钦,岳瑞财		5
2	约1691	彭明达,彭明远,彭明逊,彭坤生,彭永洪,彭昌祥,彭天祥		7
3	约1680	江如林,江泉钦	崇安李源头村	2
			合计	14人

1500—1600

1	约1500	方高马,方羊胖,方贵旺,方贵华,方桂英,方禄旺,方福章,方顺娇	崇安城西,避邓茂七之乱	8
2	约1570,嘉靖万历年间	陈文贵,陈文富,陈文松,陈重武(德顺),陈文柏,陈文槐,陈章兴,陈章宝,陈桂芳,陈文彪,陈淑宝,陈文兴,陈文宝,陈德强,陈德功	崇安西乡石雄里伞街	15
3	约1570,隆庆年间	孙似祥,孙利文,孙利兴	不详	3
4	约1570(嘉靖隆庆年间)	郎兴荣,郎文富,郎友兴,郎松华,郎兴文,郎松春,郎松贵,郎新成,郎兴忠,郎年安,郎年彪	不详	11人
5	万历年间	彭水生,彭贵华,彭贵元,彭为春	不详	4人
			合计	41人

从上表可知,在557人中,笔者共查出411人的迁移时间,其中,1950—2015年为121人,1900—1950年为173人,1800—1900年为21人,1700—1800年为41人,1600—1700年为14人,1500—1600年为41人。也就是说,1900—2015年,近百年以来,梅村迁移人口比例为(121+173)/411=71.5%,接近四分之三为迁移人口,这比村中老人说的三分之二比例还高。而明清迁来的人口留下的后裔,只占目前梅村人口的28.5%。如果跟笔者的家乡(湖北枣阳)相比,不能不说,近百年来梅村的人口迁移比例,相当大。

1900年以来,迁移来的人口既有从附近来的,浙江龙泉、温州,江西;也

第七章 梅村的婚姻、家庭与姓氏迁移

有从较远的省份迁过来,如湖北天门、四川等;也有从邻近的县迁过来,例如浦城、寿宁、松溪、福安、惠安;还有很多是从附近乡镇迁过来,如吴屯、岚谷、洋庄、兴田、上梅,等等。如此多的人口从外地迁过来,直接原因是梅村地多人少,土地肥沃,交通便利,生活条件较好。根据村中老人讲,新中国成立后政府曾鼓励人口往梅村迁移,当时是大集体时代,人口迁移简单,有劳动力来村插队,村里同意就行。

笔者在调查中发现,只是描述人口迁移史,并不能完全准确地反映出村子历史上的人口变迁史。例如,20世纪70年代末80年代初,村中男人从四川买很多女人一人价格为八千元左右,四川女子因为生活条件艰苦,亦有不少人愿意远嫁梅村,还有不少人嫁过来之后把亲戚也介绍过来。但也有不少女人,被买来梅村之后,又趁机跑回四川,致使梅村人财两空。人口的交流代表着文化的交流,从四川来的七十多个女人,无疑会对梅村产生影响。这与本地的婚嫁,性质并不相同。四川女人并不能在后代身上留下自己的姓氏,所以从姓氏来做研究,反映不出来这段历史。

又如三年大饥荒时期,梅村人口亦有减少。根据吴碧熙老人(1932年生)回忆:

> 三年大饥荒的时候,粮食都被收上去了,老百姓粮食不够吃,很多人得了水肿病,我也得了水肿病,被抬上病床。给开的药是三斤糠,一吃,拉肚子,拉稀,水都拉出来,人就慢慢好了。很多人死了,五六十岁死的比较多,有时候一天死五六个个。人死了就像狗一样了,直接抬去埋了,也不做迷信(意指做丧葬仪式)。具体死了多少人,没有统计过。

根据隆润南老人(1944年生)回忆:

> 如果村里往常年份每年死10个人,那几年(大饥荒)每年至少要死三十个人。很多是很好的劳力,吃不饱饭,死的很多。

这两种人口变化,都是姓氏迁移反映不出来的,但却对村民们产生过深刻影响。

从梅村的人口迁移,可以看出以下几点:

第一,村史与国史密切相关。1900年以来的革命战争使梅村人口锐减,直接导致了近一百年的人口迁移。第二,梅村所在的武夷山市,人口迁移非常频繁,这是当地老百姓的常识,不仅有县内迁移,还有临县迁入,省外迁入,例如浙江的龙泉温州,江西诸县等等。第三,人口迁移呈现"联动"现象,即一家迁过来,一般也会将同乡的亲戚带着迁过来,这在龙泉和温州人的迁移中非常明显。

在笔者研究梅村姓氏的过程中,还得到不少有趣信息,比如王姓各家共享着同一个传说:王家来自于河南开封府,桥头第三巷,分为"江河海清源"五个"宫头"(房支)。儒学正堂的陈家,字派是"永德文章华国",据陈姓报道人说,他们和兴田镇的城村陈家有血缘关系。安家字派是"仁志华国再文章"。余家字派,是"景章松少辈后国永元昌"。

二、家庭结构

家庭是社会的基本组成单位,家庭结构包括家庭成员的构成及其成员间的代际关系。家庭结构会随着社会的发展与变革而发生变化。笔者在梅村调查过程中,深感中国社会的巨大变化在家庭层面的体现。在村里行走,碰到的人基本都是中老年和小孩,很少能见到年轻人。做家访的时候,则经常能听到说儿子女儿在外打工,或者在外读书,甚至有些人举家外迁,家庭成员的离散化非常明显。按照人类学对于家庭的分类,有核心家庭、主干家庭、扩展家庭等等。这些家庭分类的一个共同特点是对家庭成员的实际居住状况没有严格清晰界定。例如一般的人类学词典对"家庭"的定义:由居住在一起的一个或数个女人,和一个或数个男人及其孩子组成。"核心家庭":由一对夫妇及其未婚子女所组成的家庭。①

实际上,村中的青壮年大多没有住在家里,那么何为"居住在一起"?

针对现实中复杂的居住状况,笔者认为我们可以用"离散家庭"这个概念来形容当下的农村家庭关系。例如,一对父母,有一个住校读书的孩子,一周放假回家一次,此时虽然不能算作共同居住,但是父母与子女之间联系还是比较紧密;同样,在现代通信和交通条件下,如果父亲在外打工,母亲留下照顾孩子,父亲与孩子之间也可以有比较紧密的联系;这两种情况下,他们仍然算作一个家庭,但已不是传统意义上的"核心家庭"。

以此类推,在主干家庭和扩展家庭的基础上,若有家庭成员经常在外而无法完全实现其家庭成员的角色功能,这些家庭也归类于"离散家庭"。现

---

① 吴泽霖主编:《人类学词典》,上海:上海辞书出版社,1991年,第251~252页。

在的中国已是一个流动社会,在梅村,很多人都在外读书或者工作,可以预计,离散家庭的比例会相当高。

下面是笔者随机走访得到的125户家庭情况的数据,其中不完整核心家庭指子女都已分家/出嫁,只有夫妇在家;或者是有丧偶、夫妻离异等情况。空户指全家人居住在外,户口仍然保留在梅村。

表7-4 梅村家庭结构统计表

编号	户主	家庭关系	世代层次	人数	在位数	家庭类型
	男	户主+配偶+子	2	3	2	离散家庭
	男	户主+配偶+子	2	3	2	离散家庭
	男	户主+配偶+女	2	3	2	离散家庭
	男	户主+配偶+女	2	3	2	离散家庭
	男	母+户主+配偶+子+媳+孙	4	6	6	主干家庭
	男	户主+配偶+子+媳+2孙女	3	6	6	主干家庭
	男	户主+配偶+2女	2	4	2	离散家庭
	男	父+母+户主+配偶+女	3	6	3	离散家庭
	男	户主	1	1	1	单身家庭
	女	户主+女+子	2	3	1	离散家庭
	男	户主+配偶+子+媳+孙女	3	5	5	主干家庭
	男	户主+配偶+女+子	2	4	2	离散家庭
	男	户主+配偶+2女+2女婿+1孙+3孙女	3	10	9	扩展家庭
	男	户主+配偶	1	2	2	不完整核心家庭
	女	户主	1	1	1	单身家庭
	男	户主+配偶	1	2	2	不完整核心家庭
	男	户主+配偶	1	2	2	不完整核心家庭
	男	户主+配偶	1	2	2	不完整核心家庭

续表

编号	户主	家庭关系	世代层次	人数	在位数	家庭类型
	男	户主＋配偶	1	2	2	不完整核心家庭
	男	户主＋配偶＋子	2	3	2	离散家庭
	男	户主＋配偶＋2女	2	4	4	核心家庭
	男	户主＋配偶	1	2	2	不完整核心家庭
	男	户主＋配偶	1	2	2	不完整核心家庭
	男	母＋户主＋配偶＋女	3	4	4	主干家庭
	男	母＋户主＋配偶＋2子＋2媳＋1孙＋1孙女	4	9	6	离散家庭
	男	户主＋配偶＋子＋孙	3	4	3	离散家庭
	男	户主＋配偶＋2子＋2媳＋孙女＋孙子	3	8	6	离散家庭
	男	户主＋配偶＋子	2	3	2	离散家庭
	男	户主＋配偶＋子＋媳＋2女	3	6	6	主干家庭
	男	户主＋配偶＋女＋子	2	4	3	离散家庭
	男	户主＋配偶＋女	2	3	2	离散家庭
	男	户主＋配偶＋子	2	3	2	离散家庭
	男	户主＋配偶	1	2	2	不完整核心家庭
	男	户主＋配偶＋子＋媳＋2女	3	6	3	离散家庭
	男	户主＋配偶＋子＋媳＋孙	3	5	3	离散家庭
	男	户主＋配偶＋子	2	3	1	离散家庭

第七章 梅村的婚姻、家庭与姓氏迁移

续表

编号	户主	家庭关系	世代层次	人数	在位数	家庭类型
	男	户主＋配偶＋女＋子	2	4	3	离散家庭
	男	户主＋配偶	1	2	2	不完整核心家庭
	男	户主＋配偶	1	2	2	不完整核心家庭
	男	户主＋配偶	1	2	2	不完整核心家庭
	男	户主＋配偶＋子＋媳＋孙女	3	5	3	离散家庭
	男	户主＋配偶＋子	2	3	2	离散家庭
	男	户主＋配偶＋子	2	3	2	离散家庭
	男	户主＋配偶	1	2	2	不完整核心家庭
	男	户主＋配偶＋子	2	3	1	离散家庭
	男	户主＋配偶	1	2	2	不完整核心家庭
	男	户主＋配偶＋女＋子	2	4	2	离散家庭
	男	户主＋配偶＋女	2	3	3	核心家庭
	男	户主＋配偶	1	2	2	不完整核心家庭
	男	户主＋配偶＋子＋媳＋2女	3	6	6	主干家庭
	男	户主＋配偶＋子＋女	2	4	3	离散家庭
	男	户主＋配偶＋女＋子	2	4	1	离散家庭
	男	户主＋配偶＋子	2	3	2	离散家庭
	男	户主＋配偶＋子	2	3	2	离散家庭

续表

编号	户主	家庭关系	世代层次	人数	在位数	家庭类型
	男	户主＋配偶＋女＋子	2	4	4	核心家庭
	女	户主＋子＋媳＋孙	3	4	2	离散家庭
	男	户主＋配偶	1	2	2	不完整核心家庭
	男	户主＋配偶＋子	2	3	2	离散家庭
	男	户主＋配偶＋2女	2	4	2	离散家庭
	男	户主＋配偶＋女＋子	2	4	2	离散家庭
	男	户主＋配偶＋外孙女＋外孙	3	4	2	离散家庭
	男	户主＋配偶＋子＋媳＋孙	3	5	3	离散家庭
	男	户主＋配偶＋子＋媳＋孙女＋孙	3	6	6	主干家庭
	男	户主＋配偶	1	2	2	不完整核心家庭
	男	户主＋配偶＋子＋媳＋2孙女	3	6	6	主干家庭
	男	户主＋配偶＋子	2	3	1	离散家庭
	男	户主＋配偶＋女＋子	2	4	0	空户
	男	户主＋配偶＋子	2	3	0	空户
	男	户主＋配偶	1	2	0	空户
	男	户主＋配偶	1	2	2	不完整核心家庭
	男	户主＋配偶＋子＋女	2	4	2	离散家庭
	男	户主＋配偶＋女＋子	2	4	4	核心家庭

续表

编号	户主	家庭关系	世代层次	人数	在位数	家庭类型
	男	户主＋配偶＋子＋媳＋孙女	3	5	5	主干家庭
	男	户主＋配偶＋子	2	3	2	离散家庭
	男	户主＋配偶＋子	2	3	3	核心家庭
	男	户主＋配偶＋子	2	3	2	离散家庭
	男	户主＋配偶＋女	2	3	2	离散家庭
	男	户主＋配偶	1	2	2	不完整核心家庭
	男	户主＋配偶	1	2	2	不完整核心家庭
	男	户主＋配偶	1	2	2	不完整核心家庭
	男	户主＋配偶	1	2	2	不完整核心家庭
	男	户主＋配偶＋女＋子	2	4	2	离散家庭
	男	户主＋配偶＋子	2	3	3	核心家庭
	男	户主＋配偶＋子＋媳＋孙女	3	5	3	离散家庭
	男	户主＋配偶＋子＋媳＋孙＋孙女	3	6	6	主干家庭
	男	户主＋配偶＋3女	2	5	0	空户
	男	户主＋配偶＋子＋女	2	4	0	空户
	男	户主＋配偶	1	2	2	不完整核心家庭
	男	户主＋配偶＋子＋媳＋孙女	3	5	5	主干家庭
	男	户主＋配偶	1	2	2	不完整核心家庭

续表

编号	户主	家庭关系	世代层次	人数	在位数	家庭类型
	男	户主+配偶	1	2	2	不完整核心家庭
	男	户主+配偶+2女	2	4	0	空户
	男	户主+配偶+子	2	3	0	空户
	男	户主+配偶+子+媳+孙+孙女	3	6	6	主干家庭
	男	户主+配偶+子	2	3	2	离散家庭
	男	户主+配偶+子+媳+2孙女	3	6	4	离散家庭
	男	户主+配偶+2子	2	4	4	核心家庭
	男	户主+配偶+女	2	3	3	核心家庭
	男	户主+配偶	1	2	2	不完整核心家庭
	男	户主+配偶+子	2	3	2	离散家庭
	男	户主+配偶+子	2	3	0	空户
	男	户主+配偶+2子	2	4	0	空户
	男	户主+配偶+女+子	2	4	0	空户
	男	户主+配偶+2子+女	2	5	0	空户
	男	户主+配偶+子	2	3	0	空户
	男	户主+配偶+女	2	3	0	空户
	男	户主+配偶+女	2	3	0	空户
	男	户主+配偶+子	2	3	0	空户

续表

编号	户主	家庭关系	世代层次	人数	在位数	家庭类型
	男	户主＋配偶＋子	2	3	0	空户
	男	户主＋配偶＋子	2	3	0	空户
	男	户主＋配偶＋女	2	3	0	空户
	男	户主＋配偶	1	2	0	空户
	男	户主＋配偶＋子	2	3	0	空户
	男	户主＋配偶＋女	2	3	0	空户
	男	户主＋配偶＋子	2	3	0	空户
	男	户主＋配偶＋2女	2	4	0	空户
	男	户主＋配偶＋女	2	3	0	空户
	男	户主＋配偶＋子	2	3	0	空户
	男	户主＋配偶＋子＋女	2	4	0	空户
	男	户主＋配偶＋子	2	3	0	空户
	男	户主＋配偶＋子＋媳＋女	2	5	0	空户
	男	户主	1	1	0	空户
	男	户主＋配偶＋子	2	3	0	空户
	男	户主＋配偶＋女	2	3	0	空户
	男	户主＋配偶＋女	2	3	0	空户
合计				439	261	

笔者采集到125户家庭数据,共439人,261人,人口在位率为59.45%,平均每户3.5人。其中32户为空户,比例为25.6%;离散家庭45个,比例为36%;不完整核心家庭25个,比例为20%;主干家庭12个,比例为9.6%;核心家庭8个,比例为6.4%;单身家庭2个,比例为1.6%;扩展家庭一个,比例为0.8%。家庭结构统计表如下。

表7-5　梅村家庭结构统计表

家庭类型	空户	离散家庭	不完整核心家庭	主干家庭	核心家庭	单身家庭	扩展家庭	合计
户数	32	45	25	12	8	2	1	125
占百分比	25.6%	36%	20%	9.6%	6.4%	1.6%	0.8%	100%
人口数	103	179	50	67	28	2	10	439
占百分比	23.5%	40.8%	11.4%	15.2%	6.4%	0.4%	2.1%	100%

从统计结果来看,空户、离散家庭、不完整核心家庭、单身家庭共104户,占家庭总数的83.2%。这几类家庭意味着原有亲属关系的弱化,而如此高的比例,则意味着乡村人际关系呈现离散化、碎片化等趋势。

传统意义上的核心家庭、主干家庭、扩展家庭共21户,占家庭总数的16.8%。如此低的比例,说明传统的家庭形式在乡村之中,已不占主流,并已处于边缘化的地位。人的伦理亲情关系,在家庭成员之间才能培养。现在家庭形式的巨大变化,必然会使人们的伦理亲情观念发生重大变化。这种变化在社会层面会有何表现,我们过去、现在和未来,都会感受到。

(一)梅村民的生育状况

125户家庭的生育子女情况可以分为以下几类:生一子、生一女、生一女一子、生两女、生一子一女、生两子等。数据统计如表7-6。

从统计表可以看出,家庭总数95个,生育子女134人,平均每对夫妇生育1.41人,远远低于人口代际更替平衡要求的2.1人。

生育一子和一女的家庭占总数的61%,独生子女占子女总数的43.3%,非独生子女占子女总数的56.7%,说明一半以上的子女是非独生子女。生两个小孩的家庭占总数的36.8%,子女人数占比为52.2%。生三个小孩的家庭只有两个,占家庭总数2%,子女人数占比为4.4%,说明愿意生三个小孩的家庭极少。

表 7-6　梅村的生育类型

类型	一子	一女	一女一子	两女	一子一女	两子	三女	两子一女	合计
户数	37	21	15	12	6	2	1	1	95
户数百分比	38.9%	22.1%	15.8%	12.6%	6.3%	2.1%	1%	1%	100%
人数	37	21	30	24	12	4	3	3	134
人数百分比	27.6%	15.7%	22.4%	17.9%	9%	3%	2.2%	2.2%	100%

从子女类型可以看出,生育一子的占家庭总数比例最高,占家庭总数的38.9%;生育一女的家庭比例则减少很多,占家庭总数的22.1%。按照现行的计划生育政策,第一胎为女,则可以生育第二胎;第一胎为男,生育第二胎则要罚款。梅村民很想要儿子,生育一女不是长久之计,父母很可能会生育第二胎,争取要一个儿子。所以一女的家庭比一男的家庭比例要少了16.8%。

一女一子和两女占家庭总数的28.4%,但是一子一女和两子只占家庭总数的8.4%。生三个小孩的家庭只占家庭总数的百分之二,几乎少到忽略不计。从这些数据可以清晰看出计划生育的巨大威力和人们生儿子的强烈愿望。

(二)梅村民的工作状况

种种因素使梅村的家长们对孩子通过教育寻找出路基本不抱期待,孩子成绩不好,也不是让家长多么头疼的问题。村民们对手艺的青睐则是普遍的,眼前的利益也很可观。梅村民有不少人打零工,田间管理、清理茶园等粗工,工作一天收入100～150元,而泥水木匠电工等技术工作,一天可以收入200～300元。并且粗工还受年龄限制,岁数大了,就干不了;而技术工则对体力要求较低,人越老技术越好,越受人青睐。

笔者在调查中还发现,拥有一门技术不仅能使衣食更有保障,而且能使匠人们获得更大的自由,可以到处流动。梅村有两家竹编和一家铁匠,都从外地迁移过来。两家竹编来自于江西,铁匠一家来自于浙江。会一门技术,可以使人摆脱土地的束缚,因为匠人们靠手艺吃饭,而不是靠土地。人的土地可能因为各种原因而丧失,并且人获得土地,实际上也是被土地所"俘获"。而人拥有的技术却几乎永远不会失去,并且可以传给子孙。只要有人的地方,都需要手艺人,相比于土地带来的种种限制,拥有一门手艺则受限制很少,并且是一份取之不尽用之不竭的财富。

笔者调查发现,梅村很少有人在广州、深圳、北京、上海等大城市打工,一般都是在武夷山市区,远一点的也是在省内,福州、厦门等地。问其原因,一般的说法是"没有人带路"。这个说法让笔者觉得甚是有趣,因为就笔者所知,梅村在国内大城市打工的人不多,但是去意大利和新加坡打工的人却有将近二百人,其通常模式是,一人出国,然后带动其亲戚圈和朋友圈的人也出国。对于梅村民来说,因为有人际关系网络,意大利和新加坡显得更近,而北京上海广州却显得更远。

三、通婚圈及亲属关系

考察一个村庄与邻近地区的通婚状况,可以看出很多方面的情况,例如,我们可以预期,经济条件较好的地方会从经济条件较差的地方获取更多的配偶。那么,各地域之间的相对优势,可以通过哪方获得的配偶多来衡量,这是一个综合性的衡量标准,比单纯的看经济数据或者听各方如何评价要更有效。在梅村做调查的这段时间,笔者共收集到 507 个村民的通婚情况数据,其中 299 人是娶进,208 人是嫁出;在本村内婚嫁的共 98 对。详细数据如表 7-7。

表 7-7 梅村通婚情况统计

编号	地域	嫁出	娶进	合计
	武夷山市内			
	梅村	98	98	196
	武夷山城区	9	26	35
	溪州	16	9	25

续表

编号	地域	嫁出	娶进	合计
	吴屯	16	6	22
	吴齐	16	3	19
	角亭	8	2	10
	杜坝	6	3	9
	三姑	7	2	9
	黄柏	5	2	7
	高苏坂	5	2	7
	五夫	5	1	6
	荷墩	4	1	5
	岭下	2	2	4
	上梅下阳村	3	2	5
	上梅	2	1	3
	翁屯	0	1	1
	洋庄	5	0	5
	星村	4	1	5
	朝阳	1	1	2
	桐木	1	1	2
	大布	3	2	5
	公馆	2	3	5
	赤石	3	1	4
	新阳	1	0	1
	兴田	2	2	4
	仙店	1	1	2
	大渚	3	1	4
	澄浒	3	0	3
	樟树	2	1	3
	岚谷	1	0	1
	岩茶村	0	2	2

续表

编号	地域	嫁出	娶进	合计
	综合农场	1	1	2
	柘洋	0	1	1
	黄墩	1	1	2
	福建省内			
	浦城	3	2	5
	建瓯	3	0	3
	闽南	0	1	1
	南平	1	3	4
	顺昌	0	1	1
	麻纱镇	2	0	2
	将口	1	0	1
	建阳	3	2	5
	福州	1	4	5
	松溪	1	0	1
	宁德	1	0	1
	寿宁	0	1	1
	沙县	0	1	1
	惠安	8	0	8
	政和	2	1	3
	湄洲岛	1	0	1
	泉州	1	0	1
	三明	1	0	1
	莆田	1	0	1
	闽西	1	0	1
	福建省外			
	四川	11	0	11
	江山	2	0	2
	温州	2	2	4

续表

编号	地域	嫁出	娶进	合计
	龙泉	4	0	4
	杭州	1	0	1
	浙江	3	2	5
	贵州	1	0	1
	上饶	1	0	1
	江西	2	2	4
	广州	0	1	1
	甘肃	1	0	1
	镇江	1	1	2
	江苏	0	1	1
	随州	1	0	1
	洛阳	1	0	1
	上海	0	1	1
	柳州	0	1	1
	国　外			
	缅甸	1	0	1
	美国	0	1	1
合计		299	208	507

（一）市内通婚情况分析

从这份通婚数据来看，梅村内部通婚的比例非常高，共196人次，占到通婚总数的38.7%。但从笔者调查来看，在村内通婚的人多属于中老年，年轻人在村内通婚的很少见。笔者认为，梅村民的通婚观念正在发生巨大变化。一位报道人也提到：

1983年以前，村民们觉得能在村内找一个媳妇很光荣，因为大家都知根知底，随便有人说你家的坏话，别人可能就不愿嫁给你了，所以能从本村娶媳妇的，都是各方面没啥问题、周围没啥闲言碎语的人。当时有一句顺口溜，一等男孩找本村，二等男孩隔壁村，三等男孩找外地。

但是后来就变了,都以找外地、找大城市为荣了。

从村民通婚观念的变化,可以看出中国的经济化浪潮对梅村的影响。除了宏观方面的影响因素,笔者认为,梅村的通婚情况还有特殊原因,比如,梅村中老年人有接近四成在村内通婚,有三方面的原因:一是梅村是杂姓村,各姓之间没有通婚障碍;二是近水楼台先得月,距离较近,可以方便夫妻双方照顾老人;三是与梅村的移民历史分不开,大多移民家庭的通婚很有特色,以惠安、龙泉移民为例,他们第一代人往往从同一个来源地的人们中间选择婚配,第二代人则倾向于在村内婚配,与其他村民建立联姻关系,更好的融入村子。例如笔者发现一些外地移入梅村的家庭,假如生育了四子三女,则四个儿子全都从本村娶媳妇,三个女儿也全部嫁给本村人,这样他们就和本村人之间建立了错综复杂的人际关系网络。

这个表可以看出,城区从梅村娶了26人,嫁给梅村的只有9人,城区相对于梅村的优势非常明显。溪州、吴屯、吴齐,都嫁给梅村16人,从梅村娶了9、6、3人,可以说这些地方相对于梅村处于劣势。这一点从梅村民的表述中也可以看出,村民们一般称这三个地方为"乡下"。笔者曾问过一位报道人,梅村也是农村,为什么对这几个地方如此称呼,答曰:"它们没有墟,梅村有墟。有墟就是街上,没墟就是乡下。"这里有墟的意思就是定期有集市,一般是每隔五天。

吴屯与溪州、吴齐的情况有所不同,吴屯是一个乡,而溪州、吴齐是村庄。从通婚情况看,吴齐溪洲明显以梅村为中心,这与梅村的经济地位也是相符的,吴齐溪洲没有墟,而梅村有墟。如果以梅村为中心来看,则经济圈与通婚圈是重合的。从梅村来看武夷山城区,情况相似,从梅村嫁去城区的人(26人)明显多于从城区娶回来的人(9人)。城区是整个地区的政治经济中心,也是通婚圈的中心。

如果以乡(镇,街道)为单位来算,则通婚主体还是发生在武夷山市区内,包括武夷街道、崇安街道和新丰街道,共342人次,占通婚总数的67.5%。其中吴屯乡与梅村的通婚频次相对于其他各乡来说偏高。笔者认为,导致这种现象的原因有两条:

第一,经济因素。按照梅村民的描述,吴屯乡地处山区,土地贫瘠,气候寒冷,"经常要烤火炉",生活条件很差,人们都不愿意呆,女人们都想外嫁到条件好的地方。实际上,整个武夷山市都对吴屯有"歧视",笔者曾听一位报道人说起关于吴屯的顺口溜:道路不平、电灯不明、打架出名、赌博成群。

第七章 梅村的婚姻、家庭与姓氏迁移

梅村的条件算不错,气候适宜,土地肥沃,因为历史上人口减损,地多人少,成为各地移民流入的凹地。近年来因为旅游业的发展,有土地拆迁等大量现金收入,更是吸引了很多女人嫁进梅村。按照一些村民的说法,如果不是有拆迁款的话,很多村民根本没钱娶老婆。

第二,移民历史。在本篇论文的第二部分,笔者考察了梅村的移民历史,发现近一百年来,有很多吴屯人口迁移到梅村。他们到了梅村,与吴屯还会有千丝万缕的亲属关系。笔者在调查中发现,亲属关系是人们通婚的主要媒介,大多数说媒婚都是叔叔伯伯姑姑姨妈等亲戚介绍撮合而成。

大量的吴屯人迁移到梅村,势必会介绍仍在吴屯的亲戚嫁到梅村来,经济因素在历史上和现在都在发挥作用,吴屯成为源源不断的人口输出地。可以预料,这个过程是有尽头的。"现在吴屯的很多村庄已经是一片废墟,特别是山里,都没人了。我很想回到祖宗们住的地方去看看,但是父亲不同意,说那个地方有什么可看的,不要回去了",一位年约60岁的报道人说道。

因为经济因素和历史上的人口迁移,使吴屯与梅村的通婚频次远高于其他各乡。根据吴屯的案例,笔者提出一个关于人口迁移与通婚之间关系的假设:

两地之间有移民历史,会使现在两地之间通婚频次偏高;同样道理,现在两地通婚频次偏高,则历史上两地可能有移民历史;移民方向与通婚中女性流动方向一致。可以说,女性的流动是一种变相的移民,是历史上移民的延续。

通过绘制各地之间通婚的女性流向图,可以反推历史上的移民路径;同样道理,知道历史上的移民路径,可以推测现在两地之间通婚的女性流向。当然,所有这些假设的成立,都建立在各地之间的相对经济地位不发生重大变化的前提下。

至此,我们可以归纳出三个影响两地之间通婚的因素:距离、相对经济地位、移民史。可以猜想,在传统社会,距离的远近决定了通婚的可能性;相对经济地位决定了通婚的方向;而移民路径代表着其后的通婚路径。

这三个因素在省内和国内的通婚中,是否也会发挥相同的作用呢?笔者认为是的。

(2)通婚圈与经济圈之关系

吴齐、溪州的村民,每逢"二七"都可以来梅村赶墟,也就是农历每月的

初二、初七,十二、十七,二十二、二十七。对于吴齐和溪州来说,梅村是中心村,在婚姻和经济方面,皆是如此。但是除了梅村,临近的几个地方也有墟,比如高苏坂是"一六",三姑是"三八",星村是"四九",仙店是"五十"。这五个地方相距较近,恰好形成一个大的经济圈。同样道理,其他较远的一些地方也可以形成的一个类似大经济圈。

可以想象,如果一个村民能有辆自行车,可以每天去不同的地方赶集。实际上,根据笔者访谈得知,很少有梅村民会去别的地方赶集,五天一次墟,已基本满足生活所需,如果有别的需求,可以直接去市区买东西。真正在五个地方不停奔波的,是卖东西的小商贩们,他们将这些临近的地方连接成了一个大网。

那么,这五个地方会不会因为经济上的联系而对别的方面产生影响呢?比如会不会使通婚频率变高呢?笔者假定,可能会有影响,但是从各地通婚频次的统计结果来看,这种影响基本看不出来。比如和梅村通婚频次排在前两位的,吴屯乡22人次,上梅乡18人次,这两个乡都不在梅村的大经济圈内;而和梅村同属一个大经济圈的星村镇通婚频次只有9人次。另外几个地方,仙店2人次、高苏坂7人次、三姑9人次,和距离更近的角亭10人次、杜坝9人次相比,甚至处于劣势。

看来,商人就只是商人,不是媒人;经济圈只是经济圈,和通婚圈之间关系不明显。

(三)亲属关系

笔者在梅村研究的这段时间,经常惊讶于村民之间错综复杂的亲属关系,这背后,是他们之间千丝万缕的联姻关系。在前面通婚圈的研究中,已经可以看出端倪,村内通婚的比例占通婚总人数的将近40%。笔在梅村做研究时,遇到了好几例与此类似的案例,而且这些案例大多是外地移民进梅村的人家,例如,兄弟姐妹7人,其中4个兄弟都从村内娶妻,3个姐妹也都嫁给本村人,那么可以想象,这一家马上就可以与村民们建立了很强的亲属关系纽带。通婚是人际关系的强力粘合剂,这一原则被梅村民们熟练运用。

与联姻关系很不相同的另一类亲属关系是宗亲关系,父子,兄弟姐妹,皆属此类。如果说联姻关系不断地将人们连接成了一个错综复杂的网,则宗亲关系就是一个不断开枝散叶的大树。联姻关系可以在每一代人之间不停地更新,而宗亲关系则是在每一代人之间不停地分叉。

朱志林同学在梅村做宗族方面的研究,曾和笔者探讨,为什么梅村宗族成员之间关系会如此冷淡。笔者即从两种亲属关系的特点出发,提出:

> 随着宗族的不断开枝散叶,他们之间本来就有不断疏远的趋势,当宗族势力瓦解之后,其成员之间纵向的宗亲关系纽带更是大为减弱,并且由于"同姓不婚",他们之间亦无法建立起横向的联姻关系。两方面因素综合作用,使宗族成员之间,无法维持像样的亲属关系,那么他们之间关系的冷淡就可想而知了。

村内复杂的亲属关系,对于村民生活的各方面都有切实的影响,比如介绍通婚对象,笔者在前文已有所述,比如村"两委"的选举,这方面的研究由涂翔同学做,笔者不做详细论述。

结　　语

梅村45天的田野经历短暂又漫长,刚开始不适应忽冷忽热的气候,很快就发烧了,在床上躺了整整一个星期,高烧时来时退,涂翔、陈燕相继病倒了。那时候烧的飘飘忽忽,躺在床上和涂翔讨论《四书章句集注》的论语部分,"朝闻道,夕死可矣",心有戚戚然,我们都还没闻道呢,就已经病成了这个样子。

病好之后,田野时间已过了将近两周,心里有些着急,不知道研究该如何下手。跟村民闲聊的过程中,得知有很多人是从外地迁移过来的,这引起了笔者的好奇,迁移比例大概是多少呢?那就先从这个问题入手吧,研究人口迁移史。在过程中,笔者心里有许多疑问:通婚圈和赶墟的经济圈之间是什么关系呢?两者之间有联系吗?梅村的通婚圈有何特点?家里一半的人都在外打工,这种家庭该如何归类呢?村民的实际在位率是多少?村民的亲属关系有何特点?研究不断进行,发现可做的问题越来越多,而时间竟然都不够用了。

笔者在研究梅村,也在从梅村学习。在邹家祠堂,我见到这样一副对联:"慨夏畦之劳劳秋毫皆有补;笑冬烘之贸贸春梦全无回。"每次想到这副对联,我都想着,哪怕是一点点付出,都会有回报。于是顶着七八月份的毒太阳,一次次的出去做访谈。听村民讲各种奇奇怪怪的事情,感觉收获颇丰,并且更难得的是,我感受到了田野的快乐。

　　感谢梅村的隆润南、江书文、王瑞夷、吴碧熙四位先生,感谢你们不厌其烦、耐心细致的解答,我经常一问就问两三个小时,或者问一晚上,甚至到十二点,而且不是一次就能问完,登门拜访了很多次。感谢朱志林同学,我经常在深夜访谈后回来,被锁在饭店门外的时候,出来帮我开门。感谢梅村的基督徒们,你们对陌生人的热情和诚恳,给我带来了莫大的帮助。感谢各位小伙伴们,和你们在一起总是欢声笑语,我们是一个团队,我不是一个人在战斗。最后,感谢蓝达居老师,您的陪伴总是让我们感到心安。

第八章

梅村的正式权力①

* 胡 兰

前 言

"政治"一词来自希腊语 πολι,这个词可以考证出的最早文字记载是在《荷马史诗》中,最初的含义是城堡或卫城。后又衍生出政治、政治制度、政治家等词。因此,"政治"一词一开始就是指城邦中的公民参与统治、管理、斗争等各种公共生活行为的总和。在西方,政治一词初始指公民参与城邦管理的各种公共活动,是与公共权力及其运用连在一起的。关于"政治",其定义与文化一样多,必须具体分析,才能综合取舍。中国古籍《尚书·毕命》有"道洽政治,泽润生民",《周礼·地官·遂人》有"掌其政治禁令"。古籍更多的是将"政"与"治"分开使用,"政"代表公共权力(在国家制度中表现为秩序和法令),"治"指特定的机构(政府)以公共权力的形式来管理与教化人民,实现社会安定。现代汉语里的"政治"沿用了这一词义。

政治人类学是一门新兴的边缘学科,它运用社会文化人类学的理论方法,兼顾政治学的视角探讨政治文化,侧重于前国家的政治结构、权力象征及其风俗制度。由于世界经济政治的急速发展,传统社会的界限日益淡化,政治人类学开始转而研究部落社会的政治变迁和现代国家的民间政治事项。② 政治人类学的"政治"泛指为了保障社会权力结构的最佳利益持续进行的各种活动,包含公共权力及其执掌机构。在初民社会乃至现代国家的

---

① 本章提到的政策条例均摘自梅村村委所公开的政策信息。
② 何国强:《政治人类学通论》,昆明:云南大学出版社,2011年,第1页。

乡土社会,内部秩序的维持,领土权的保障,权力的分配、群体行动的决策等政治因素也是有的,但那里没有行政机构,也无其他国家机器,权力体系的运作是在氏族、部落、酋邦范围内,透过血缘、亲情和礼仪来实现。因此,说政治包含公共权力及其执掌机构,虽不能把二者平列,逻辑上应该优先考虑公共权力,因为没有公共权力,就没有政治分化甚或专业化。①

笔者在本章中将对梅村的政治建设情况进行具体阐述。②

一、梅村政府管理制度

村务处理流程和制度是村政府根据国家政策处理村务的重要指南,下面笔者就从这一角度阐释梅村的村两委是如何分工如何运行的,从而对整个梅村的行政系统有一个初步的了解。

(一)梅村两委干部的工作分工

梅村分为总支部和村委会两套政治系统,在公告栏中对这两套系统的村干部进行了简略的分工:

第一书记:负责整体全面工作;

总支书记:负责党建、土地、民兵工作;

村主任:负责村务全面工作,整体开发和综合治理;

纪检委员:负责纪检、林业和交通;

组织委员:负责组织、农技、劳动协管和文书工作;

总支委员:项目开发;

统战委员:统战、妇联、卫生、宣传;

村委:综治、调解;

村委:团支部书记。

从公告栏中了解到村干部的基本分工之后,笔者又与村中的组织委员兼文书进行了更加详细的访谈,希望进一步了解村干部的职责分工。梅村由于人口众多,党员人数也多,因此并不是一个党支部,而是党总支。党总

---

① 何国强:《政治人类学通论》,昆明:云南大学出版社,2011年,第14～15页。
② 关于梅村的非正式政治或权利,可参见本书的第九章。

支一共有5个委员,即书记、组织委员、纪检委员、宣传委员和统战委员。下分三个支部:旅游业支部、种植业支部和养殖业支部。按照国家政策规定,基层干部每三年要进行换届选举,2015年7月27日正好是该村进行换届选举的日子,虽然无缘现场观摩,但也了解到了一些选举流程,该内容将在后述内容中进行详细论述。而村委会主要干部包括1名村主任、2名村委,以及书记助理、财务报账员、计生管理员、各村民小组组长(每组1名)和代表(每组2名)。村中另一名委员谈到,村委中的三人中通常由支委中的一名兼任,所以村干部其实总共是7个人担任8个职位。据他所说,一般基层政府人员的名额都是单数,例如5名、7名或9名,目的是防止书记和村主任不合,在一些重大村务的决策上保持平等的票数,从而无法通过投票方式解决。一般情况下,若村委中并无支委兼任,则会再招一名助理形成9个人的村干部系统。

(二)六步工作法制度

通过落实"六步工作法",规范村内大事运作,充分发挥党总支领导核心工作力,带动村级各类组织、各支队伍合力推进社会主义新农村建设。

1. 征求意见。以村民代表联系户代表、意见箱等方式逐户听取群众的反映,了解群众的需求。需进行民主决策的事项应事先采取座谈、听证、走访等形式听取群众的意见和建议。对收集到的意见和建议梳理归类作为提出议题和决策参考。

2. 议事决策。本着"广泛征求意见,体现大多数人的意愿"的原则,村级事项都必须在村党组织领导下,按照"提出议案—商议方案—审议方案—票决方案"四个步骤进行同时采取"事前、事中、事后"三方面进行公开公示,并接受党员群众全方位的监督,做到公开议事、规范操作、民主监督。

3. 任务分解:全面推行"两制一配套"工作机制,制定《新农村建设三年规划及村两委履行职责承诺任务分解》,把年度工作任务进行细化分解落实到村两委成员,明确履行事项的工作目标、完成时限、具体责任人及项目资金。

4. 公开承诺。将新农村建设三年规划及村两委履行职承诺内容制定任务分解表上填公示,接受各级党组织和广大群众监督。

5. 组织实施。建立班子成员分工负责制,分别联系指导相应组织、队伍和抓好项目实施,同时成立新农村建设自治自建理事会,负责跟踪督促村两委履职工作的落实,发现问题,及时督促村两委限时完成承诺的事项。任务落实情况通过会议通报、村务公开栏张贴等渠道进行公布。

6.考评奖惩。实施村干部工作半年奖评制、工作室绩公示制、工作问责制三项制度,考评情况与村主干职业化管理相结合,根据考评等次兑现绩效工资,并落实相应的奖惩办法。

(三)村务监督委员会

该监督委员会由村民代表选举产生,包括1名主任和3名成员,其中主任是前任党总支书记,3名成员皆为村民小组组长,主要负责村财和村中重大事务的监督。

职责:

1.《中华人民共和国村民委员会组织法》第二十三条、第二十四条规定由村民会议、村民代表会议讨论决定的事项及其实施情况;

2.实施农村"五要"工程情况;

3.计划生育等国家政策的落实情况;

4.政府拨付和接受社会捐款的救灾救助户、补贴补助等资金的管理使用情况;

5.村民自治各项制度的执行情况;

6.检查、审核财务账目及相关的经济活动,集体资金、资产、资源管理情况;

7.村集体负责人和财会人员执行财务制度、遵守财经纪律情况;

8.开展党务、村务公开,推行时间、地点、内容、形式和程序统一制度情况;

9.村民委员会协助人民政府开展工作情况;

10.《福建省贯彻〈农村基层干部廉洁履行职责若干规定(试行)〉的实施办法》执行情况;

11.涉及村民利益、村民普遍关心的其他事项。

(四)运用"六要"群众工作法实施村务决策流程图

1.村里的事村党组织要引领:村里的重大事项要在党组织的领导下,按照规定的村民自治程序进行民主决策和组织实施,确保村党组织在农村中的领导核心地位。村里的重大事项提议环节,党组织集体研究;民主公开、征求意见环节,党组织把关审查;民主决策环节,党组织引导组织;监督、测评环节,党组织强化管理。规范村集体财务支出审批,较大数额的村财支出,由村党组织和村委会负责联合审批。

2. 村里的事村民要知道:村里的重大事项和村民普遍关心的重大问题,经村"两委"确定后,向村民公开,保障村民的知情权。村财公开内容实行出纳流水账公开,公开时间实行一月一公开,分别到户代表议事点公开、武夷山市政府网村居网站公开;重大村务的决议事项、实施方案、落实情况、实施结果,及时以会议通报和在村务公开栏、户代表议事点、武夷山市政府网村居网站公开等形式公布。村内"一事一议"筹资筹劳、土地征用补偿及分配、救灾救济、林地承包、工程招投标等单项工作,按照工作进展情况适时公开。

3. 村里的事村民要参与:对涉及村民切身利益的事项,在事前事中广泛征求村民意见,确保村民利益诉求得到充分表达,保障村民的参与权。新农村自治自建理事会具体组织或参与实施重大村务,采取在户代表议事点或向农户发放征求意见表、设立征求意见箱、村民代表联系户代表等形式,健全征求意见制度。依法制定村规民约,实现自我管理、自我教育、自我服务、自我约束。

4. 村里的事村民要做主:坚持在党组织的领导下,重大村务由村两委根据村务性质组织村民采取相应决策形式进行讨论决策,确保村民的决策权。积极推行"村民代表联系户代表"、"党员联系户代表"等做法,进一步深化完善户代表会议制度,集中体现广大村民的真实意愿。推行重大村务决策听证制度,村级组织在决定涉及农民群众切身利益的重大事项前,通过召开民主听证会的形式,充分听取农民群众意见、建议。根据有关规定和村务的轻重缓急,合理划分决策层次,分别由村两委会议、村民代表会议或户代表会议、村民会议进行决策。

5. 村里的事村民要监督:充分利用各种监督手段和形式,鼓励和引导村民对村里的事进行监督,保障村民的监督权。健全村集体"三资"管理制度,持续推进村账托管、村级招投标委托、村公有资产资源"台账式"管理;发挥村务监督委员会作用,依法依章对村级各项事务进行监督,把好村财支出关。村民对各项村务有疑问的,可以向村务监督委员会投诉,也可以直接向村党组织、村民委员会询问,由村务监督委员会或村民委员会及时予以解释和答复。

6. 村里的事村民要满意:坚持以群众满意为第一标准,加强农村基层干部队伍作风建设,创新服务载体,提升服务水平。同时将村级组织和村干部的工作成效交由村民评判,保障村民的评判权。深入开展"我和百姓拉家常"活动,切实发挥"宣传政策"、"沟通问政"、"技术服务"以及"密切干群关系"四大平台作用;全面推行为民服务全程代理制,为群众提供无偿、便捷、高效、优质的服务;以推行在职村主干职业化管理为抓手,结合落实村两委履职承诺制,认真开展村两委班子和村干部考评工作,考评结果与村干部的绩效工资、评先评优、管理使用、补贴报酬挂钩。

(五)党员联系户

在村委会办公室门口的墙上张贴着"武夷街道梅村代表联系户",从表中可以看到,每1名党员与1名村代表共同负责联系8户、9户或者10户人。表上共有列出了50名党员,一共负责全村485户人。对于这个党员联系制度,当地的书记谈到由一个党员负责十户人,如遇到各种事情先由党员走访这十户人家,听取他们的意见,做他们的思想工作。若某户人家遭遇了什么困难和灾变,党员也要负责稳定人心,帮助其度过难关。总之,党员必须掌握这十户人家的情况,做好上传下达的工作。但笔者也在多次访谈时提到过这个制度,其中老村长谈到这都是官方为了应付上级检查而准备的材料,并未在乡村管理中发挥实际作用,有的党员包括老村长自己甚至不清楚自己所负责的十户人到底包括哪些。村中的组织委员也谈到目前村中的党员联系户制度并无实际效用。

他还谈到,该村党员发展程序非常严格,梅村每年有20多名村民递交入党申请书,入党积极性很高。而每年的积极分子大概有2至3名,能够发展的只有1至2名,基本保证每个支部1名。因为除了本村按照入党流程发展的党员以外,可能还有在外上学和参完兵转回村中的党员,因此要限制本村的党员发展名额。该村申请入党的村民年龄结构偏年轻化,大多为30岁以下的男青年,也有少部分女青年。对于已经发展为预备党员的村民来说,预备期中不可出现违法行为,包括具有梅村特色的两违政策:违章建筑和违法开垦茶山,否则都无法转正。此外,梅村一直非常重视计划生育政策,预备党员预备期间超生则无法转正,正式党员开出党籍。该村的计划生育政策严格按照国家的政策执行,出现超生情况则按当地年收入的3倍缴纳罚款,由计划生育局统一收缴入库。

第八章 梅村的正式权力

二、不同时代背景下基层组织的变迁

为了更加了解梅村的政治历史发展过程,笔者特意向村中的老村长和老书记了解不同时期的梅村基层政治体系的特点和村务处理流程,从两者的对比中折射出更多梅村的特点。

(一)20世纪七八十年代的基层政治体系

1. 分工

老村长1973年开始担任梅村的村长,同时也兼任副书记,2000年卸任村长一职,2003年卸任副书记一职,从此退出梅村的政治舞台。老村长在任时,当时梅村的基层组织包括八大主干:(1)书记;(2)村长(大队长);(3)民兵营长;(4)妇女主任;(5)治保主任;(6)调解主任;(7)团支书;(8)文书。

关于党支部这一块,笔者与老书记进行了访谈。老书记于1982年入党,1985年—2002年担任梅村的书记,曾与老村长一起同为村中两大行政系统的首要干部。当时党支部的成员有:书记、副书记(大队长,村长)、组织委员、宣传委员、纪检委员。老书记谈到当时的党组织并不成熟,他也没有自主的入党意识,是上级领导不断给他做思想工作之后,他才写入党申请书加入中国共产党。但当时在递交了入党申请书之后并没有像现在这般严格的考验,因为当时所发展的党员已经在发展之前被组织考察过,一般都是村干部或村中较为优秀的村民。当时他与老村长搭档管理村务,他主要负责党务工作,组织村中的干部和村民学习、贯彻和落实上级的政策和精神,发展党员,而老村长主要负责行政工作。但大多数情况下,村中的很多重大事务都是由村长和书记以及其他村干部一起合作完成,这套分工原则也一直沿袭至今。

2. 村务处理

当时村干部的重要事务主要是两方面:一是提高粮食生产,用老村长的话说就是要响应国家的号召,力保一类苗,主攻二类苗,消灭三类苗;二是严格执行计划生育政策。梅村从20世纪70年代末开始实行计划生育,一旦发现有超生现象,所有村干部都会进行严格处理。若是普通村民则罚款,若是村干部就免职。老书记也谈到梅村的计划生育政策一直以来都非常严

格,当时实行的是三胎制,若家中前两个都是女儿可以生第三胎。为了减少超生现象,落实国家的计划生育政策,村中有专门的工作队负责协助村干部解决超生问题。目前梅村实行的是两胎制,若第一胎是女儿,可以再生一胎。但这个政策只针对村中的普通村民,村中的干部却只能生一胎。若村干部超生,则不仅会被撤职罚款,若是党员还会被开除党籍,甚至有进派出所的危险。

村两委作为梅村的基层组织,在整个国家的行政系统中扮演着中间者的角色。面向上级组织,它需要落实国家的各项方针和政策,加强对社区的控制;面对普通村民,它需要关心其切身利益,解决其面对的难题,维护乡村的稳定和促进其发展。因此,村干部在国家和社区之间起着上传下达的桥梁纽带作用。那么以老村长为代表的乡村干部是如何进行社会管理,如何处理村中的各项事务便成为了我们应该关注的重要内容。老村长谈到,在他手上完成了好几件大事,例如梅溪大桥、梅溪大坝、大礼堂以及村中的水泥路都在老村长在任时完成修建,并对在村中安装了闭路电视,这些工程都需要资金和劳动力的支持,从这些工程中我们可以透析出当时村中重大事务的处理过程。

首先是与上级领导之间的关系,这是资金的来源。任何一项集体工程都需要庞大的资金支持,如何争取到上级拨款或其他企业的资助看重的是村领导的交际能力。村中的闭路电视是由老村长等干部说服林场、煤矿出资2万元,再由村中出资1万元进行安装。而大桥、大礼堂的修建则是通过上级拨款得以完成。要得到上级的支持,必须与领导建立良好的关系,这通常有几个渠道:第一是按照上级要求做好村中的相关任务。当时村中的重点工作是抓粮食生产,老村长上任后的工作重心也是改良品种,提高粮食产量;第二是抓住地理优势,与领导加强联系。当时由于交通条件的限制,上级领导和工作队到梅村周边的村落考察时都需从梅村经过,并在该地吃完午餐再去其他村落。因此,梅村作为一个中转站,无形中增加了与领导接触的机会。当时老村长等干部也意识到了这个优势,每次在领导干部经过梅时,都进行热情接待。据老村长回忆,当时工作队下乡,每顿饭大约要花30元至50元,除了荤素相搭的饭菜,还要配备烧酒,一年差不多需要2万元,这些资金都是由村里出。与上级领导建立关系之后,村中若需要修水补路、修建大型工程还需要找领导吃饭,陪领导喝酒,村中很多重要工程都是在酒桌上敲定下来。老村长还笑称,就因为这样,把胃都喝坏了。

争取到资金之后,就需将任务下达至村中。就拿大礼堂的修建来说,当时村中实行的是工分制,每家有劳动力的人口都会参与集体劳动生产,挣取相应的工分,最后按所得工分分配粮食。而大礼堂属于集体工程,并不计算在工分之内,也无工资可发,若单独让某些村民来修建,就会引起不满情绪。因此,老村长将修建任务分配给各个大队,由大队自行安排劳动力来完成各自负责的部分,这样每个队都得到公平对待,修建过程也得到顺利推行。当时由于国家的主要目标是提高粮食产量,大礼堂的修建曾一度停工,但最后在老村长等干部的坚持下还是完成了修建。在当时的社会条件下,处理村务的过程中村长的权威也发挥着重要作用。例如在粮食征购问题上,虽说产量并不高,但老村长在按国家指标进行征粮时,村民都会配合先扣除相应的任务粮,再对剩余粮食进行自由分配。从这里也可看出,老村长在处理在国家与地方利益的之间,将国家利益放在首位。特别是在上世纪70年代,当时的粮食产量低、征粮任务重,村中的粮食并不够吃。面对这样的困境,老村长会先扣除需上交的粮食,若还不够就以集体的名义向外村借粮食。总之,在这个行政体系中,村干部在国家与地方之间所扮演的角色影响着整个系统的运行。

(二)现代基层政治体系

据笔者所了解,梅村目前的行政系统与以前并无太大的差别,只是在以前的基础上进行了某些职务的合并和新增。笔者将从党总支和村委会这两个部分来介绍。

首先是党总支。梅村的党总支主要有5名成员,分别是书记、组织委员、纪检委员、宣传委员和统战委员。其中,总支书记主要全面负责村中的党建等工作。组织委员分管旅游业支部,主要负责党组织方面的工作,例如整理完善党员发展、党建工作的相关材料,组织党员学习、开会。统战委员和宣传委员由一人兼任,分管种植业、支部统战委员主要负责宗教事务的管理,例如庙会、教堂等,宣传委员主要负责文教宣传。纪检委员分管养殖业支部,主要负责廉政工作,包括党总支纪律、法制和党纪等方面。除此之外,上一任村主任也挂职在党总支中,但并无实际的分管职责。2015年7月27日进行换届选举之后,新一届支部委员与之前的支委并无太大变化,只是由于参选人有年龄限制,这次的换届选举参选人必须是在1958年6月16日之后出生的才有权参加。因此上一届的组织委员因为年龄限制退出了这一届的选举,但其他职务仍继续担任。此外,上一届除了书记之外,只有三名委员,其中宣传委员和统战委员是由同一人兼任,这次换届选举之后新增了一名委员,形成了一名书记加四名委员的基层党组织队伍。同样,本届也有下派书记也称第一书记,三年任期,主要负责组织村中的党政工作,引领农村的发展工作。而其他四名委员的具体分工在笔者离开该村时还未明确划分。

其次是村委会,包括村主任、村委、书记助理、报账员、计生管理员和村民代表。

村委F氏:调解委员、综治协管员(综合治理协助管理员)、土地协管员;其中调解委员主要负责处理村中民间纠纷,目前村中的纠纷不太多,主要是家庭矛盾和征地矛盾。征地矛盾一般是在自留地征用上产生纠纷,而集体土地的征用一般很少出现纠纷。因为集体土地的征用首先要通过村民户代表签字同意之后才进行征收,最多只会在分配方案中产纠纷,例如对外嫁女以及一些挂户人口如何处理以及在青苗补偿(贵重药材、经济作物)上引起的纷争。综治协管员主要是做好村中的治安维稳工作。

村委L氏:妇女委员,分管团支部书记;目前村中年龄低于28周岁且遵纪守法的进步青年都被发展为团员。

书记助理:挂职,分管民兵营长。梅村中有一个应急小分队,主要应对村中的一些突发事件,民兵营长的职责就是做好这个应急小分队的相关工作,并负责参军入伍的相关事务。

村中财务报账员:梅村的财务由镇里直接管辖,村中有财务需要向镇里申请,同时也向镇里报账。目前村中的报账员是梅村本村人,但不属于村委会系统内,而是由梅村村政府聘用。

计生管理员:由计生局统一考试招收,工资由计生局统一发放,在本村工作只有一些补贴。

村民代表:梅村13个村民小组,每个组有1名组长和2名代表,这些组长和代表再加上村两委组成村民代表,在村中出现重大事务或者需要使用大笔资金时召开村民代表大会表决通过。其中,小组长主要负责将村干部布置下来的各项任务挨家挨户落实下去,例如征地工作、补贴的发放、村两委换届选举工作等等,以及组织户代表开会,收集材料、发放通知,完成村委会下达的各项任务,并及时将存在的问题上报给村委会,但由于村子比较集中,目前大多数村民遇到问题都会直接像村委会反映,很少找小组长。早年间组长只有工分补贴,并无工资,近几年才开始实行一年 600 元(也有村民说 800 元)的补贴,平时开会也有工资,半天 50 元,一天 100 元。小组代表并没有太多任务,主要是协助小组长,参与重要事务的商讨和投票,并无实际补贴。

村中的文书谈到,梅村支部委员与村委会干部通常会交叉使用,例如组织委员兼任文书、水利协管员、民政协管员、农技员、统计员、新型农村社会保障员、新农村合作医疗报账员以及为民办事全程代理员(主要负责为村民指明一些村务的办理流程)等;纪检委员分管林业。梅村有一个国有林场,是向村中租用的土地,因此土地依然是村里的集体土地。该林场的管理员由他们自派,村中有六个护林员,主要负责其他山林的安全工作,但同时也对国有林场进行义务管理。而旅游管理委员并不下属于村政府,而属于单独的行政部门,是武夷山市与武夷街道组成的旅游开发合营公司,主要负责梅村旅游开发的相关事务。

(三)两个时代背景下选举制度的变迁

1.过去的选举方式

20 世纪 70 年代至 90 年代村干部的产生方式与现在大不相同。老村长谈到,他当时家庭经济条件不好,原本在村里工资较高的砍伐队工作。后因村中年纪较大的干部退任,年仅 20 岁的老村长被提拔为生产队队长,即后来所谓的村长。当时的村干部并不是由村民投票决定,而是由上级组织对候选人的工作任务完成情况进行考核,通过任命的形式产生,大约从 20 世纪 80 年代开始,我国才开始实行选举制度。由于当时的经济条件较差,大多数人连温饱问题都难以解决。因此,在考核候选人时,最为主要的就是他的粮食任务完成情况,例如粮食产量、水费粮、统筹粮的上缴情况等等。虽然当时并未实行选举制度,但已然产生了选举制度的雏形,即在决定了村长人选后,会安排另一名实力较弱的候选人进行差额选举,老村长就是经由这个过程而被确定为村长。而村长与书记之间谁说了算这个问题,老村长说需由两者的能力决定,谁的能力强就由谁说了算。这个能力主要是指替村民解决问题的能力。他谈到,要想得到村民的拥护和支持,必须在村民寻求帮助时干脆地为其解决,而不是推卸责任,否则就会失去村民的信任。同时这个能力也跟在任时间长短和先后有关,在任时间长对村中的事务更为了解,经验也更为丰富,因此相对于后上任者具有较高的权威。此外,这个能力还包括与上级领导之间的关系,因为这种关系直接决定办事能力的高低。以前梅村作为一个中转站,上级领导要去芜湖等村进行考察时都要途经梅村,在该地吃午餐。这就是一个与上级领导建立关系的渠道,与领导之间的关系建立起来之后,才能在乡村建设中得到上级的支持,其中最主要的即是资金支持。

2. 当代的选举制度

从2000年以后,梅村的村干部以村民投票的方式进行选举。村两委都是三年换届,2015年刚好是换届时间,党总支换届时间为7月27日,村委会换届为8月中旬至9月底,其中村民小组长和代表换届时间为8月19日至24日,村委会的换届时间为9月15日。在笔者此次的田野期间(从2015年6月30日至8月20日),刚好进行了党总支的选举和村民组长及代表的选举。虽然没能进入党总支的选举现场进行观察,但有幸参与到了小组长和代表的选举,对选举过程亦产生了更加清晰的认识。总的来说,党总支委员的选举,主要是由所有在村党员对6名候选人进行投票,从中选出5名正式委员。村委会选举时,先选小组长和代表,最后再选村主任和村委。小组长由组内村民投票选举,村主任先由村民代表投票推选出两名候选人,再由村中年满十八周岁的村民投票选出最终的人选,最后上报到武夷街道办,由上级干部审批,审批通过就定为村主任,不通过则需重新选举。

3. 党总支换届选举流程

虽然此次未能亲自参加选举,但笔者事后还是向某些村干部了解到此次选举的相关安排。梅村党总支的换届选举通常按照"两推一选"的制度进行,以今年换届选举为例,其流程如下:

第一步是推选候选人,7月1日由村中所有党员和村民代表召开会议推选出6名候选人,每人从所有竞选人中按自己的意愿投选5名候选人。在本轮投票中,票选结果并不当场公布,而是直接上报给街道党组织。这是因为上级党组织需要保证票选结果与其统筹考虑一致。如若当场开箱,候选人的名单则当场确定,上级组织无法对结果进行掌控。第二步是由上级党组织对投票结果进行统计,按得票数高低推选出前6名候选人,并对这几名候选人进行政治审查,需到派出所、计生办等单位查看他们是否有违规的情况,例如家中是否有违章建筑(未通过审批的房屋)、是否有超生情况以及宗教信仰情况(无邪教信仰)。第三步,7月27日所有党员对通过审查之后的6名候选人开会进行投票,并当场公布票选结果,按得票数高低选出前5

名候选人成为正式的支部委员。据当地的组织委员所说,在换届选举会议上,正式党员人数需超过总党员人数的80%才能进行,参选人的得票数需超过已到会人数的一半方可作数。最后再将这5名支委的名单上报到武夷街道办,由上级委任书记,因为书记不一定是得票数最高的那位,还需要看他的综合素质以及与上级领导的关系。据新一届的纪检委员所说,这次参与投票的党员共有68名,投票结果较为集中,各候选人的得票数相差不大。

4. 村委会换届选举流程

村委会的换届选举相对于党总支来说,要复杂很多。根据当地的一名小组长所说,村委会的选举需要很长的时间来准备,对于农村来说,村委会的选举最为重要,也是村民最为关心的一件事。据他所说,村委会的选举流程如下。

8月10日左右村里召开村民代表大会,成立村民选举委员会,选委会是从新上任的支委和村委会里选出,两名候补委员一般也是村中现任或往任的干部。它存在的目的是为了防止正式委员中出现竞选村委会干部的情况,一旦正式委员中有人作为候选人参加竞选,则由候补委员填补他们的位置。选委会成立之后,就开始第二步选民登记的相关事宜,这些工作都是由选委会布置给各组组长完成,每个组的组长手中都有一份该组成员的户口表,组内所有具有投票权的村民姓名和基本信息都在表中,组长需在两天之内核对完名单,查看是否还有漏缺。这些事宜都会在村中张贴公告。此外,组长还要向组内外出人员下发《致外出村民的一封信》和委托书,通知外出村民回村参加村委会的换届选举,如若无法亲自返村投票,可委托近亲代替投票。当然他们也可以直接放弃投票权,这都由村民自己选择。等到选民登记日期结束后,村里各小组就会对登记结果进行分类统计(包括自己投票、委托近亲投票和放弃投票的人员名单)并公示,公示时间大概在8月14日左右,全村具有投票权的所有村民都会按小组罗列出来,并根据小组成员的居住区域,将各组的名单张贴在组内成员相对集中的地方。若名单上有遗漏还可再次进行修改和添加,然后再次公布确定无误的名单,随即由各组组长下发选民证。据村中另一名小组长说,村里对村委会换届选举的投票权也有一些弹性政策,例如在本村居住超过一年,即使户口不在本地,只要得到村民认可,也可以拥有投票权。但支委选举就不可以,必须是党组织关系在村中的党员才具有投票权,否则就算是本村人,党组织关系挂在其他地方都没有投票权。这位小组长说,他本人的党组织关系就挂在以前工作的公司中,现在也并无投票权。

　　在定下投票时间和地点之后,小组长就负责通知本组村民参与投票。带本组成员差不多到齐之后,就开始组织有意愿参选的人进行登记,写下自己竞选的职位(组长或代表),然后进行简短的发言,主要是涉及上任后的规划以及对本组成员的承诺。只要没有犯大错或者出现组内人员强烈不满的情况,组长一般都会继续参选,因为一开始做组长会觉得很困难,时间一长也就积累了经验,越做做容易。最后由户代表对组长候选人和代表候选人进行投票,该流程同样必须按照要求填写好选票,组长候选人中得票数最高的确定为正式组长,代表候选人中得票数为前两名的则被确定为正式的小组代表。据该组长所说,小组长并不是所有村落都具有的职务,一般只有较大的村庄以及涉及旅游开发的地方才会由组长对村民进行管理。他谈到,小组长对梅村的村干部来说非常重要,组长工作做得好,其他村干部的工作就会比较轻松,也不会存在较大的纷争与不满。

　　村主任和村委的选举在组长和代表选举结束后进行。先选定时间召开村民代表大会,报名登记新一届村主任和村委参选人,并由村民代表对参选人进行投票,按照得票数高低推选出两名村主任候选人和三名村委候选人。确定完候选人之后,将名单上报至武夷街道办进行政治审查,审查内容与支委相同。审查通过之后将候选人的名单在村里进行公布,9月15日进行最后的村民投票,选出最终的村主任和村委。这个环节的投票有定点投票点和流动票箱两种方式,定点投票点一般都设在村中较为宽敞的地方以便容纳更多村民,以前都在赶墟那里。村中的年轻人和腿脚方便的中老年人都可以到定点投票点进行投票,并有四五个专门的秘密写票处,保证村民充分行使自己的投票权,不受其他人的干扰和影响也不会因未投某个人的票而引发冲突和矛盾。而流动票箱则是专门为村中的老弱病残、行动不便的村民而准备,由专人(一般是村干部或镇里的干部)提着票箱到村民家中完成投票。无论是小组长选举完成还是村委会选举结束,都会召开村民代表大会,村干部要作报告,欢迎新上任的村干部,同时对新一届的工作进行安排和部署。

第八章 梅村的正式权力

三、官民关系

时代背景的变化引起了政治权力的变迁,虽然目前梅村基层组织的体系与之前并无太大实质性的区别,但在官民关系上却有了明显的变化。根据笔者在梅村近两个月的观察和访谈,发现该村的官民关系有些紧张,很多村民都对村政府存有存在一些意见,而政府官员也常常感慨村民的误解。不满情绪较浓的村民主要集中在梅村经济核心地带之外,即当溪两岸和村口到祖师桥公路之外。因为这些村民在旅游业日渐兴盛的梅村获利较少,一方面,他们没有可以作为小景点的古老房子能让他们直接从旅游开发中得到经济利益。另一方面他们在旅客集中的核心地带没有店面,无法享受因旅游业发展带来的间接经济利益。笔者对梅村与不同村民访谈的有关官民关系的内容进行了分类,主要从古民居修缮、洪灾和新区搬迁以及旅游开发等几个方面来体现村民的想法,从而寻找目前梅村官民之间存在误解的原因。

(一)古民居修缮

由于梅村是一个历史文化名村,同时也是武夷山一个重要的旅游景点。该村被誉为"万里茶路的起点",可以说最为出名的是茶,但笔者认为该村第二出名的应该是数量颇多、保存较好、地理位置较为集中的古民居。这些古民居是梅村发展旅游的一个重要文化元素,其中一些历史较为久远的房子更是承载着浓厚的当地文化。但由于这些古民居大多都是木质结构且已经历几百年的风吹日晒,如何维修、保存这些重要的物质文化成为了梅村一个重要且棘手的问题。

据当地的村干部所说,目前村中正在进行统一规划,目的是为了更好的发展旅游业。2010年福建报业集团到梅村投资,村政府准备在新区建设一批新房,然后将全村的村民迁到新区,以便重新规划当溪沿岸的古民居。因此,梅村的古民居如有坍塌的情况,有两种解决方法:一是一比一置换,即按照老房子的房屋面积在新区换取新房;二是由政府拨一点钱给村民自己修整(有村民说最多只有10000元,但是完全不够)。由于在政府的规划中,梅村的所有村民在新区的房屋修建完成之后都要通过一比一的置换搬入新

房,因此很多村民都不再愿意花钱修缮古民居。但直到笔者离开梅村(2015年8月20日),新区房屋的建设还仅仅停留在地基的建设上,而且听说已经因资金不足而停工。

同时,为了保留这些古民居以便发展旅游业,该村禁止村民自行修建水泥房屋。虽然一直有这样一个制度,但村民在生活水平不断提高以及新需求出现的情况下,新区建设进程缓慢和住房紧张之间的问题越来越严重,村民与政府之间的矛盾越来越激化,因此村中存在不少建房的情况。笔者在一位W大哥家中看到,他们家除了拥有一栋很宽敞的旧式木质房屋外,还新修了一栋半木质结构的新房。按照政府的规定,村里不能私自新建房屋,只能对老房子进行维修,但房顶不能拆,也不能推倒重修。因为推倒重修之后房屋面貌改变,房产证就无效了。村中的水泥房也都是违规建筑,没有房产证。但村中就有一些村民从维修的角度切入,修建新房屋。就像W大哥这样,家中原本是木质房屋,想要新建一栋木质的,就以维修危房的名义向政府申请,同时拍一些比较破旧危险的房屋照片作为危房证明材料,名义上说是申请对古老房屋进行原貌恢复,实际上是重新修建一栋新房。至于最后到底修成什么样,政府也没那么多精力来一一检查。

虽说这两年村中很多新建的房屋都无法拿到房产证,对此,村民并不是特别在乎。从笔者了解到的情况而言,房产证对于农村人来说,其重要程度并没有城市人口高,因为农村本就是一个契约社会和人情社会,它自有一套特殊的制约方式。因此,能不能拿到房产证并不那么重要。而政府虽然在制度上规定不可修建新房,但对于已经修建好的房屋也持默认态度,并无任何罚款或其他处罚方式。可见,在禁止新建房屋这个政策的执行过程中,正式权力或者说基层组织已经出现了瘫痪的状态,而无法正常行使其管理权。在这个问题上,村政府一旦强力介入,就会进一步激化原本已经十分紧张的官民关系。因此,村政府只能借力于上级政府来处理这个问题。

村中的村干部也谈到,目前在房屋修缮和住房搬迁的事情上出现了很大的问题。为了保护古民居,梅村十几年来都严格控制土地建设的批示,尽量不让村民新建房屋,以免破坏古建筑。而从梅村开始开发旅游之后,村政府向村民征用了499亩土地展开新区建设,准备让梅村的所有村民都按照房屋置换原则搬进新区,从而对整个村落进行了全新的规划。关于房屋的置换,目前居住在梅村的村民可以按照一比一的原则用古民居换取新区的房屋。由于当溪两旁的商铺具有地理优势,其所具有的价值也比较高。因此关于这部分房屋的置换规定还在商讨中。此外,在当溪两旁开商铺的村民在进行房屋置换后,再想开店需缴纳租金,但拥有优先租用权。但到目前为止,新区只完成了90户新房的修建,已经用于安置2010年遭遇洪水的灾民。而由于村民家中人口数量的增加以及兄弟长大成婚需要修建新房,房屋置换的政策与村民目前的实际需求之间存在着分歧。从而导致了部分村民的不满之情。同时也因村民知晓未来会进行房屋置换,因而不愿花钱修缮古宅,导致很多的古民居出现坍塌的情况,危房数量逐渐增多。对于村民的搬迁工作,他谈到目前新区安置建设进程缓慢与村中为了保护古村落禁止村民建房这两者发生了强烈的冲突,居住问题是村里亟需解决的问题,否则将会引起村民的不满以及更加激烈的反应。由此,村干部也积累了经验,以后在项目规划中要更加完整,对于村中的违章建筑,实在达到太多数量时,只能强拆。

(二)洪灾和新区搬迁

2010年梅村曾发生过一次特大洪灾,村中有好几十户人都受了灾,导致家中房屋发生倒塌,无法正常居住。当时福建报业过来征地,预计投资100亿元来促进梅村的旅游业发展。考虑到受灾情况,当时的规划分为两期,一期是修建新房安置因洪水受灾的村民,二期是修建新房,将所有村民迁入新区。当地的一位村干部谈到,目前梅村新区一期的房子已经修建完毕,二期刚开始修建,目前因为投资方与村镇委员会之间的协商问题现在暂时停工,计划2至3年时间里700多套房子实现入住,让梅村的村民都搬到新区去住。

对于2010年洪灾的事情,大家各有说辞。一位老党员告诉笔者,当时受灾的大约有六七十户,镇里和市里的干部都有下来视察灾情,村干部也在尽力救灾,统计受灾情况。村里安排家中房屋倒塌的村民统一在学校和大礼堂吃饭,并找人去给村民做饭,由镇里给做饭的人发放补贴。受灾村民一起吃了二十来天的饭之后,村里才通知各家各户分别在亲戚家暂时居住,由村里统一发放军用棉被,并且每个人按每天15元的标准发放补贴,一共发放了二十天左右。同时,受灾户每个人还发了1万元的补助,以及一台电视机。另外一些村民则对此有不同的说法,一位大哥谈到,自己在灾后什么补贴都没拿到,估计是因为与政府关系不是很好。此外,政府为受灾户修建的一期安置房这2010年10月份动工,年底完工,首先安置的就是受灾户。当时采取的是自愿换取原则,家中因洪水受灾的家庭都登记在册,村民根据自己的意愿按一比一的原则用旧房换新房,但大多数搬入新区的村民都要向政府补钱,因为原本房屋的面积比现在的房屋小。新区的房屋有面积大小之分,受灾家庭根据人口多寡进行抽签决定,抽到哪一栋就按照面积进行置换,不愿意换取新房的就算自动放弃资格。据另一位阿姨说,当时也有一些受灾户不愿意搬入新房,主要有两种情况:第一,原住宅位于地理位置优越(当溪两边和公路边)的家庭不愿意搬,因为一旦搬走原住宅就属于报业所有,地理位置优越的住宅与巷内住宅的价值等同,都是一比一置换,而新区的地理位置还没那么好,而且随着旅游业的开发,当溪两边的住宅价值会有所增加。第二,有些人想等第二批新房建成之后再搬进去,这样可以换取好一点的房屋。因为第一批房屋确实建房时间短,质量可能没有保证。

(三)旅游开发的矛盾

在梅村,引起官民关系紧张的另一个重要原因,即旅游开发。作为一个历史文化名村,旅游开发成为推动梅村经济发展的重要助力,也是当地村民提高经济生活水平的重要途径。笔者在该地进行了为期约一个多月的田野调查,每天都能看到络绎不绝的游客往来于村中,大多数由村中的导游带领着参观各处具有历史意义的小景点。一个巷子里的小卖部大叔谈到,梅村的旅游业没搞好,每天有上百名游客,但是年底分红,每个人只得到20元,特别是位于巷子里面的住户,由于地理位置不是很优越,所以基本没有享受到旅游开发带来的利益,家里有种植茶叶和作为景点的家庭经济条件会比较好一点。

而村中几个小景点的开发,也存在着利益分配不匀而引起村民不满的情况。梅村目前的各个小景点是按比分获取年底分红,总分是100分,每个景点根据其具有的旅游价值而分配分数。例如老村长家的闺秀楼只占5分,一年大概只能分到4000元左右,老村长谈到作为旅游景点,平时还要进行维修,这样的利润还是太少了。大夫第所占股份最多,分到的钱也最多,这让很多村民心生不满。据笔者所得资料,发现梅村的旅游股份分配如下:武夷山旅游(集团)有限公司占35%;武夷山翡翠谷旅游投资发展有限公司占6%;武夷山市武夷地产开发公司占5%;武夷山市梅村民委员会占21%;

另外还有三位梅村村民共同约占33%。① 村中的老书记张某在与笔者的交谈中也谈到,村民也可以入股,每股200元,但也发生过变动,最高达到230元一股。而对于是否入股或入股多少则看村民的家庭经济条件和对旅游开发的信心。至于旅游公司每年给每位村民发的20元补贴是一种类似于年终福利的性质,并不是村民入股的分红,主要是为了回馈社区,也相当于一种卫生保护的补贴。这是旅游公司的心意,并非必须给予的费用,就算不给也可以,村民不应该对此产生抱怨。

通过上述三个问题,笔者大致揭示了梅村村民关系紧张的原因,主要是由于利益分配不均导致。但是对此,村干部却有他们的说法。村中新一届的纪检委员X某认为现在的村干部都很难做,村民经常会不理解他们的工作。他谈到现在的村干部面对的都是一些不大不小的杂事,很费脑力,也不可能做到让所有人都满意,而且还会遭到村民的谩骂。原本这一次换届选举时他不想参加,只是迫于街道办的挽留才继续参选。X某的老婆也谈到了自己作为村干部家属的看法。她认为作为村干部其实非常不容易,不管怎么做都不能让所有人都满意,但村干部其实只是一个中间人,很多事情他们并无决定权,只是负责上传下达,进行实施。可是村民有不满只会针对村干部,将怨气发泄到村干部身上。例如福建报业集团来梅村投的项目,从开发到现在很长一段时间都处于停滞的阶段,逐渐让村民产生不满,村民将这些不满都归结到村干部的身上,认为村干部腐败无能。但她认为村干部只是引进了这个项目,希望能够更好地促进梅村的经济发展和旅游开发,资金并不在村干部手中,他们无法决定其进程,村民将矛头都对准村干部并不公平。而很多时候,作为村干部的家属也会受到很大牵连和质疑。2010年发生洪灾,村中很多户村民都受到了水灾的影响,一些房屋倒塌严重的村民都临时搬去学校和大礼堂吃住。为了安抚受灾村民,村干部的家属每天很早就去学校和大礼堂为村民煮饭,帮助大家一起度过难关。但村民都觉得他们是拿了上级拨下来的补贴,从中赚钱。她觉得很委屈,其实他们并没有拿到一分钱,而是作为村干部的家属义务帮忙。后来街道办觉得每天做饭也很辛苦,就开始给煮饭的人发工资,这时所有村干部的家属都避嫌退了出来,让村中其他人去煮饭,以免村民误会。她谈到,其实乡村干部最不好做,

---

① 引自《梅村武夷山市下梅民俗文化旅游发展有限公司章程》第三章第八条。

这些村民都没有什么文化，遇事不是吵架就是打架，很难跟他们沟通。不过现在好一些，打架基本不会出现，偶尔发生一些纠纷会直接找村干部解决。

总之，在发展乡村旅游之地，总会涉及各种直接和间接利益的分配问题，一旦出现利益分配不均的情况，必然会导致村民关系、官民关系之间出现误解和纷争，这亦是旅游开发中难以避免的难题。要想将旅游业持续发展下去，解决好官民之间的矛盾也是重中之重。

第九章

梅村的非正式文化权力

※ 涂 翔

前 言

本篇报告是关于梅村社会组织以及政治权力关系的人类学分析。本文关注的核心是,在官方的政治制度以外,[①]人们如何在日常的社会互动中表达权力。和正式的国家权力不同,本篇更多留心那些边角之处,希望以一种迂回的视角来看待地方的政治实践。但国家权力依然处于比较中心的地位,任何的迂回都不意味着中心的消除。在农村复杂的社会关系中我们很难界限分明地对正式和非正式进行划分,人们的权力只有在这样一张囊括了各种渗透、联合、断裂的复杂关系中才被呈现出来。无论是政治、经济、宗教还是亲属、宗族关系,在农村社会中都是相互嵌入的,它们共同编织了一张覆盖广泛的文化权力网络,在具体的日常实践中,以各种各样的方式被不断唤起并提供社会解释。本篇报告据此从三个方面来分析这种关系网络如何在不同的状况下牵扯并展现内部张力。首先,政治精英们依靠各种社会文化关系网络来维系稳定的政治地位。对处在依附性地位的党员或村民来说,他们也处于这张文化权力网络之中,利用它来处理各种生活事件,积极争取个人利益或者碰到文化权力网络的边界后自动退缩。其次,村中的宗教活动比较活跃,基督教和民间宗教都有自己的宗教组织形式,它们也发挥了一些补充性的社会功能,它们在梅村政治结构中的位置也是讨论的一部

[①] 关于梅村的正式政治组织情况(政府机构设置、地方治理、选举等),可参阅本书的第八章。

分。最后描述村里舆论场中的评价体系和它对于村民的约束力,在无孔不入的舆论规训中,民间冲突是如何被各方所理解,裁断的权威又是如何体现乡村伦理。

一、选举中的社会文化权力网络

选举是一个斗智斗勇的过程,需要参选者花费很大成本。他们需要一定的经济基础用作竞选的支出,也需要很强的社会动员能力。在选举过程中,当村民从两方拿到类似的允诺时,社会文化关系网络的作用就凸显出来。对于选民来说,即使他不愿意选某个候选者,他也不会明确拒绝他,因为这样就可能得罪于候选者。村里几乎所有人都希望——最起码在表面上——不要割破人与人之间的联系。连接不同人之间隐形的关系线就算再怎么羸弱,在不断强化之后也可能变成紧密的关联。因此,彻底的决裂总是尽可能避免。就像村小组的组长、组代表竞选过后,所有组里的成员还会聚在一起吃饭。虽然落选者沮丧,获胜者高兴,但他们在酒桌上还会相互敬酒。但总体而言他们处在差序格局的社会网络之中,那些关系越近,离自己中心圈越近的人,越信任他们,也越不容易回绝他们的请求。

就算竞选者本人对整个村子的关系网络不熟悉,比如一些村民都不认识的年轻人参与竞选,也没有太大的妨碍,只要他的亲戚朋友在关系网络中有足够的分量,这种关系资源都可以继承给他。而且年轻人可以依据青年团体的关系增加社会资本。但村中甚少见到年轻人,他们也没有积极介入到乡村的政治之中。年轻群体也没有内聚团结到足够公开表现自己的政治影响力。但这种社会青年之间的兄弟情谊,在政治上仍具有重要性。它可以表现在,村干部可能会通过这种社会关系中的一个人,争取到这整个社会关系链条里面的成员,并且更进一步争取到他们的家庭成员。在乡村中,每个人都具有不同的社会关系,每个个体身上都挂着不同层次的社会文化网络,这些社会关系之间也错综复杂,相互缠绕在一起。在这种不同网络相叠加的复杂情况下,每一种社会网络的勾连都可能在政治上发挥重要性。

村民是如何通过非正式文化权力网络来解决事情呢?大多数村民都会告诉我,只要有关系就可以。这个关系可以是你认识来自上面的人,比如能和高于村一级的行政人员或者权威人士建立关系,并且他们愿意帮助你向

第九章 梅村的非正式文化权力

下面打招呼。这就非常有效,一般情况下,事情会快速得到解决。其次,如果村里面有人的话,那也是很有助于解决事情,比如,一个村民的亲戚是村干部,那么他们更懂得规则和可操作性。再者,涉及集体事务时通过民主决议的方式,这属于政治组织履行其正式职能。

虽然人们通过正式流程可以让政治组织帮助自己解决问题,但普通百姓在与外界打交道的时候很依赖于自己所处的社会文化网络,他们用最经常用所处的社会文化网络来解释和解决现实问题。尤其对于教育程度低的人而言,去和官僚体系打交道远远超出了他们的社会文化网络所能起作用的范畴,行政官僚冰冷的威严是在这张网之外以另一种逻辑运作的。因此他们更愿意选择退缩到熟悉的文化规则中。

二、宗教组织

基督教组织。梅村有基督教堂一座,信徒大致人数有60,70个人。信众每周日聚集在教堂做礼拜。上午唱诗,唱完圣歌后由武夷山总教会下派的同工布道,分享信仰经验。教堂有一个简陋的厨房,每周日一些信众会从自己家里带一些蔬菜食物过来,同时教会也去采购一些,由几个虔诚的老奶奶在此义务做饭,用来招待那些不回家用餐的信众或者访客。

基督教在梅村主要通过亲属关系的纽带来传播,而且女性扮演非常关键的角色。在教会活动中,这些妇女总会带着他们年幼的子孙儿女参与基督教仪式。梅村的宗教信仰相对自由,虽然很多村里人对基督教信仰并不很看重,但他们认为这是他们自己的选择,而且这些信徒待人友善,劝人向善,并不引起太大反感。教徒在日常生活层面上和其他人一模一样,真正可能发生激烈冲突的地方在于他们对祖先的态度。很多教徒在家庭内部受到很大的抵制就是因为他们不祭祀祖先。男性亲属(父亲、叔父或兄弟等)是阻挠最剧烈的群体,而女性亲属群体在男性家长的权威下表现出更温和的态度,甚至倾向于接纳这种信仰。在一个案例中,基督徒的孩子得了怪病,在医院和民间信仰无济于事时,婆婆、姨妈等女性亲属反而背着家长父亲,暗地里让孩子去教堂,接受基督徒的祷告。在这些叙述中,女性基督徒和信佛的男性亲属处在对立的状态中,而女性亲属则处于两极的中间位置,通过她的劝说或者暗地相助,病痛者最后在上帝的神迹中被治愈,而男性亲属的错误信仰被纠正。一个女教徒未出嫁前是信佛的,后来嫁到了梅村,与公婆住在一起,因婆婆信仰基督教,她过了一段时间也信仰了基督教。

基督教通过亲属关系渗透只是它进入乡村的一种形式,但最重要的是满足了村民的实际需求。这种需求不一定是宗教性的。村子里拥有极其丰富而多元的神灵,无论是信主的或信佛的人都并不否认这些神灵的存在,他们的"信"是基于对神灵能力的信仰。比如一个信佛的人就见证了不同神的混战,村子里供奉的神最后在"主"面前落荒而逃,于是不得不承认基督徒的神更大一点。这种对于更大和更厉害神灵的信仰,和民间信仰对于神灵世界的认知结构更相似,所有的神灵都在官僚体系中,谁管的更大就信奉它。但不同之处在于民间信仰除了那些职权比较大,管理范围比较广的神灵要时时敬奉以外,那些地方小神也不能触怒。因为天高皇帝远,整个神灵世界的各种事务要依托这些各种各样的技术官僚们来执行。除了神灵保佑以及上帝更能治病方面,世俗性和社会性的考虑也是非常重要的因素。因为在村子的一般社会结构中,这些信徒都被视为"破铜烂铁","老弱病残",社会地位比较卑微。在每周日的教会活动中,我们可以看到参与者中,老年人占绝大多数,除此而外,是老年人带来的小孩子以及一些中年妇女,年轻人比较罕见。

即使是非边缘人物,但其信奉却也有可能基于同样的经验。当年樊先生被骗到国外打工,过着农奴般的生活,后来在教会那边获得了人性的对待以及温暖的关爱。尤其在其生了重病之后,教堂里的人照顾他并不断祷告,最终帮助他度过难关。这是驱使他信教的关键原因。参与者在教堂能够感受到家庭般的关爱氛围,教徒的这种博爱原则不仅用到教会的弟兄姊妹上,而且也体现在他们对非教徒的关爱上。基于和睦、仁慈和友爱的伦理实践,他们形成了内部非常团结的群体。如果信徒家里有困难,他们会通过这种宗教组织来寻求帮助。弟兄姊妹们也会在能力范围之内尽力帮忙,有力出力,有钱出钱。梅村教会在过年过节也会慰问村里生活比较困难的教友,虽然援助的数目不大,但对于那些贫困的教友无异于雪中送炭。家庭教会在农村中承担的慈善功能不仅仅是针对教会内部。出现自然灾害时,教会组织慈善义捐,为那些灾民微尽绵薄之力。2010年梅村爆发了大洪灾,教徒也被组织起来救灾。他们贡献出教堂作为临时安置点,同时动员能做事的教徒积极参与到救灾以及安置灾民的慈善活动中。

第九章 梅村的非正式文化权力

教会这种相互关爱还涉及教友送葬。① 各个家庭教会依据所在地区的远近分成不同的"送葬圈",一般在这个送葬圈中有教友过世了,那圈内的各个教会都相应会有一定人数出席送葬,而圈外的各教会则不需要出人送葬。当一个教徒过世时,他所在的教会就通知附近的教会,他们就组织人员,自愿去送葬。每个教会都会有负责联络的人,他通知教友什么时候去送葬,在哪里集合等等事宜。

基督教会在梅村还承担了一部分教育职能,尤其帮助中老年人识字并普及文化知识。在王家举办的一次读经日,我对当晚的基督徒做过一个年龄和教育程度的统计。当晚共有17人在场:两个随奶奶来的小孩,我和另一位同学,以及13个成年信徒。成年信徒的平均年龄60岁左右,最小年龄43,最大的71,70以上的有三个人。他们之中学历最高的是两个初中毕业生,其余的都没接受过初中教育。但现在这些老年人每周都有固定的时间和机会去读圣经,学唱赞美诗,这极大提高了他们的文化水平。很多目不识丁的老年人,利用闲暇琢磨颂诗,不断学习,掌握了不少文字。最典型的例子就是梅村的一名同工,她小学没毕业,但凭借后天不断学唱赞美诗,诵读圣经,阅读一些神学布道的文章,如今掌握了很高的文化水平,对整本圣经的熟悉程度令人感到惊讶。除了识字功能,基督教对农村信徒的道德教化非常成功。

在武夷山地区,大的家庭教会每周的聚会都有同工来讲道。所有的同工都归武夷山基督总会管理和分配,他们就像学校组织老师去给不同班级上课一样,每个月会提前排出一张表格,安排不同的同工去各个乡村的教会布道。武夷山地区共有30多个家庭教会,所有这些同工每周末就在30多个地方不断流转。整个武夷山地区就相当于一片教区,它独立于其他的教区(比如建阳片区),也没有更上一级的管理组织。各不同片区教会之间的关系类似于兄弟关系,彼此也有联络往来,但相对比较自主独立。在武夷山总教会下属的这30多个较大的家庭聚会场所,某种程度上是小"信仰圈"的中心。梅村这个家庭教会就是附近几个村落的中心聚集点。附近溪洲、吴齐、荷墩的信众在周末都在梅村做礼拜。

梅村教会和干部之间关系比较和睦。每年教会都会邀请书记和主任前

---

① 有关梅村的殡葬习俗,参见本书的第十章。

来参加圣诞节。村干部也接受他们的邀请,并留在教会里和大家一起吃饭。现任的村主任不仅接受了邀请,而且按照传统的民间礼仪,在圣诞节那天给教会包了个红包。虽然教会没有收下这个红包,但教会对于村里"领导"的出席感到非常满意。他们告诉主任,圣诞节是主的生日,大家在这个日子里庆祝主的诞生,称颂主的恩典,只要过来参加,他们就很开心了。这意味着那些政治精英对于他们这个群体的关注,而且敏感认识到这个群体在村里所具有的政治影响力。事实上,教会本身是独立于政治之外的,政治活动和权力运作从来都不是教堂所追求的东西。教堂是一个信仰空间,教徒的出发点是个人和上帝之间独立的关系。但因为教友之间亲密的关系和内部团结,这种关系也成为政治拉拢的对象。村里干部在圣诞节出席很大层面上也考虑到宗教团体的政治影响力。一个报道人曾说,当年村主任选举的时候,各竞争者也利用社会关系,希望通过教会里支持自己的人去说服别的教友也投票给他。虽然教会保持中立,也不会劝信众去支持哪一方,但教友关系却可能成为一种可资利用的政治资本,这也是村里的干部不得不对这个群体表示重视的原因。事实上,基督教徒的身份本身也是一种政治资本。在我参加的一次小组组长和组代表的选举中,一个竞选组代表的候选人就是基督徒,他获得了很高的票数,成功连任。很多村民认为他是个基督徒,是老实人,不好的事他们不会做,因此信任他。

综上所言,梅村的基督教组织是跨越村落的,通过同工的布道建立一种类似等级联系,同时通过丧葬圈,将附近几个村落的教徒联络成一个松散互助的网络。但这种超村落的联络并不是其获得政治影响力的原因,它并没有要联络其他地方的教徒来对抗村里的反对势力。相反,它在政治结构中占有特殊的位置,恰恰在于宗教组织的内部结构,在于他们作为一个村子中的小团体凝聚在一起这个既定事实,他们才拥有了一定的政治资本。

会首制。梅村有三个重要的庙宇,万寿宫、镇国庙和圣旨庙。其庙会组织都采用会首制,但镇国庙和圣旨庙分享同样的会首及头头,万寿宫则有自己的会首,两者不是同一个组织管理体系。虽然很多人可以既是万寿宫,也是镇国庙的会首,但万寿宫庙会的影响力要弱的多,而镇国庙、圣旨庙的庙会则热闹很多,村里人的投入热情也更大。万寿宫原先由贩卖倒运茶叶的江西人所建,因此早几辈的梅村人并不认为它是梅村的庙,而是江西人的庙,所以本村人不去拜。当时江西茶商赚了钱,就想"建一座庙给当地人看看",意思是炫耀他们的成功。解放后,江西商人相继离开了梅村,这个庙就

第九章 梅村的非正式文化权力

遗留下来,渐渐的也被村里人接受,村民也过去拜了,但去的人远没有镇国庙那么多。万寿宫7个固定的负责人都是女性,平时也都是这几个老太太在那里念经。而在镇国庙里,虽然也有女人念经,但她们并不负责庙里的事务。村里最重要的庙是镇国庙,梅村街道两侧原先还有妈祖庙、华光庙、三清祖师宫,这些庙现在都没有了,里面的神如今都供奉在镇国庙里。

  解放以后,这些寺庙全都收归国家,大多被用做谷仓。集体时期结束,有些庙被私人买去另作它用。原来属于第10生产队万寿宫正殿也被私人买去拆掉了,后来通过集资赎回偏殿,于是那些神像都放在那里,直到后来镇国庙从第7生产队赎回来,才把神重新请回来。当时牵头的是村里的老人家,组织人员到全村每家每户集资登记。他们还发动村民去外村的亲朋好友那里"讨钱",告知他们要集资买庙,出钱人的名字和捐的数目也都登记下来。同时村里还通过组织舞龙队赚了一部分的费用。村里的壮年参与舞龙队,为赎回这两座庙贡献了不少。舞龙原先只是在本村以及周边村子舞,其获得的收入算作公益款,用作修路修桥等公共事业。但随着政府承担了基础设施建设的职能,如今舞龙也变成私人逐利手段。不仅从各小队买回寺庙的钱资金是公众集资的,当时塑观音神像,也是贴出告示差了多少钱,有意愿的就资助一些。塑像的工人也是在各个会首家轮流吃饭。

  镇国庙的庙会组织,入会形式非常简单,只要交20元的入会费,就可以成为会首。在六月十五的圣旨庙庙会中,共有106个会首。除了少数几个外地人,这些会首绝大多数都是村里人,而且只有几个是负责庙里事务的会首。据老人介绍,以前庙会的会首只能是村里人,外人被排斥在会首制之外,可推测原本其庙会组织与村界是重叠的。这种宗教组织历史上在多大程度上承担了非宗教性的组织活动和乡村事务,并没有找到直接材料。但从现今庙会依然还在承担的一些公共事业,大致可窥探出围绕着镇国庙的庙会组织是限定在村界范围内,而且以前也可能承担了更多的社会性功能。如均山老路就是通过庙会组织集资出钱修缮的。早先去圣旨庙只有一条陡峭的小路。后来修了一条大路,但这条路也不算好,一旦下雨,道路泥泞湿滑不堪,车子很容易打滑。我参加的这次庙会的前天下了一天大雨,庙会当天也是时雨时晴,因此道路很不好走。但原来的路还要差很多,村里的会首就商议修缮这段道路,很多在外赚了钱的信徒在宗教组织的倡议下纷纷解囊,庙里也出一笔钱,就在这路上铺了沙子和石头,而且从均山到圣旨庙这段路还铺上了水泥。在修路这种公共事业逐渐由地方政府负责修缮的当下，民间宗教组织在那些并不占中心地位的村务上依旧承担了重要的职能。庙会的组织力量以及对于村务的影响力远不及正式的国家权力那么强大，但仍然具备一定的动员能力。

镇国庙原先也有庙田庙产，解放后充公。早先的会首头是各个片区排，巷子里靠近方家门的那块地方为一个片区，巷子上面的地方为一个片区，镇国庙对面为一个片区。三个片区轮流做庙会，排到哪个片区，就由该片区出一个会首头。早先镇国庙有15亩庙田，排到哪个片区，田就由该片区的会首头安排种，会首头决定种什么粮食，然后将任务分配给片区内的农民，大家一起种这些庙田。其产出就用来做庙会开支。如果种的不好，做会的时候没米吃，就会引起其他人的责骂甚至冲突。如果引发村里乡绅的责难，那是非常严重的事情。而如果做会的时候吃的好，则那一片地区的人就会获得公众的好评，挣得好名声，因此在庙田的种植中，会首头和村民都不敢懈怠。

如今，这种轮排会首头制已经废弃了，寺庙也没有庙田，但会首的形式仍然沿袭下来。会首头不同于以往年年更替，三年轮换的方式，而是选出一个长期在任的负责人，一般任期3年至5年左右。现在负责操办庙会事宜的会首头刚选出来不久。会首头的选择和政治选举类似。决定更换会首头时，一些人就自愿或者由别人推荐报名，然后大家决议选出3个候选人，最后通过神选选出一个会首头。通常并没有多少人会报名当会首头，而那些年老者虽然整天都在庙里，也不会去当会首头。大家都偏向于那些资历尚可、老实可靠而且家境也不错的年壮者成为候选。因此候选人并不会很多。当会首成为候选人，他们就来到镇国庙的神娘面前掷筶杯，由神娘来决定谁当会首头。做的好的会首头一般就会一直做下去，直到上了年纪。如果会首头在任期间，出现一些经济上的不清楚，或者有事情做的让大家很不满意，村民就会提议换新的会首头。现任的会首头是一孙姓中年男子，他不仅是个党员，而且还是村里一个小组的组长，具有一定的政治地位。会首头平常很少去庙里，只是有事情的时候如举办庙会，他才负责起组织人员，置办各种物什，操办各种活动等工作。会首头孙很坦诚地告诉我，没事的时候他几乎从不去庙里，因为那里都是些老头子，没什么好玩的，也聊不到一块去。长期在镇国庙里的是两三个念经的老奶奶，以及几个上了年纪的老爷爷，他们坐在庙里喝茶，聊天，看着游客来来往往。

负责镇国庙日常事宜的正是这几个上了年纪的老人家。庙里有7个人

第九章 梅村的非正式文化权力

在一周内轮流负责开门锁门,他们的工作还包括打扫卫生,点香点蜡烛以及清理烛台等。还有三个人掌管功德箱,他们保有功德箱的钥匙,掌管钱财,记录收支状况,履行会计和出纳的职责。因为现在寺庙运作良好,每天都有不少游客参观,因此有人提议既然庙里有钱,做庙会的时候不要交这20元的入会费。庙里的孙爷爷就站出来讲话,认为交20元根本不算多,做三天的宴席,还有各种开销,庙里还要倒贴一些,并强硬的表示,只要他没死就绝不允许废除这基本的入会要求。虽然,村子里仍然还有一些议论,认为这些庙里的人天天都是吃庙里的,得了很多好处。但这个提议最后还是被否决掉。由此可见,孙爷爷作为一个"庙里的"老人家所具有的权威。事实上,这些老人家才是寺庙的真正掌管者,而不是那个年轻的会首头。他们之间的关系更像是一群德高望重的董事会成员雇佣了一个精明而年轻的经理,而他们共同对村里的所有会首负责。会首头对于庙里面事情的处理必须要征得这些元老们的同意,同时也要让普通的会首感到满意。会首头曾经和我说过,他在庙里看到那些老人家不穿衣服,赤膊上身,有时还在庙里面喝酒。对这种现象,他认为非常不雅,往来游客这么多,都看在眼里,有损庙的形象。但他却告诉我不能太直接的对他们说出来,话也不好讲重,怕伤了和气。而且这些人都是长年在庙里,如果说重了,他们会反驳,认为他这种年青人还没有资格对他们指手画脚。对于孙爷爷来说,作为景区的寺庙应当符合一个景区应有的样子,那些不体面的东西不要展示给游客,但另一方面那些老人家才是庙里真正的权威,他虽然被选为头头,但如果他们不满意,就可以随时提议更换庙会的会首头。因此在这种情况下,他的选择就是平时少去庙里,做庙会的时候尽心尽职。但会首头的重要性仍然不言而喻。如同那些老人家所说的,"庙里面总得有个集中,如果没有集中,那怎么办得了事情"。而且组织一次庙会活动是一件大事,不仅要请先生,做一些仪式,置办一些物品,还要组织人员操办持续三天的宴席。对于这场庙会的总指挥,其任务之繁重可想而知。

除了六月十五日圣旨庙的庙会外,还有十月十五日(三位奶娘)、正月十五日(三位奶娘)、三月二十三日(妈祖)、九月二十七日(华光爷)四个重要庙会。其中正月十五日抬菩萨是梅村最重要的一个庙会。菩萨抬出来后,路线有一定惯例,舞龙也是如此。一般从镇国庙出来,先要去其他小庙绕一遍,先后顺序视其地位高低而定。在世俗世界也按照这样的秩序,首先会把神抬到书记和村主任家里,除非有人愿意出风头,让抬到他那里,并允诺下

红包,以前有个治保主任很"喜欢这些事",就让抬到他那里,并允诺一个大红包。村里的支委、村委以及那些"名声比较响亮的人"(他们都是在村里有一定身份的人),他们如果"信这个"的话也会相继请庙里的人抬菩萨到他们家。要名气的人往往会主动去请菩萨来自己家里,比如那些在外面赚了钱的人,就非常乐意做这个事情。菩萨抬到家里,主人就要放鞭炮,还要给这近30人的抬神队伍分发香烟、点心,有的还要包红包。只要将三位奶娘接过来,最少这家主人也要花费一条多香烟。对于主人来说,请菩萨到自己家里,不仅仅是出于宗教方面的考虑,认为这会给他们家带来好运和平安,更重要的其实在于一种炫耀性的展示,将菩萨抬到自己家里是做给村里别的人看的,表明了实践者具备这样的实力和身份,能够承担得起这些从实用经济角度上毫无价值的过度开支。它的意义体现在一种夸富宴式的消费逻辑中,无视使用价值的过剩消费成为一种表征身份差异的符号。

三、乡规民约和权威裁决

梅村在解放前,宗族组织具有一定的势力。其中尤以邹家为兴盛。此外还有几个宗族,皆是在历史上陆续迁进梅村的。村子的人口来源复杂,分不同时期迁进梅村。中共获取政权后,对农村土地重新分配,房多地广的宗族家产多分给了佃户、雇农。土改后,国家权力对于农村的进一步渗透和掌控体现在农村集体化进程中。伴随着各种激烈的政治运动,传统的乡绅地主阶层彻底被粉碎。改革开放后,宗族势力没有能够复苏。近几年茶叶市场的兴荣,以及旅游业的开发促使他们重新发掘历史,建构宗族象征,以至废弃已久的宗族祭祀又重新复活。但在现实利益的竞争和分配中,原本微弱的宗族整合能力无力消除掉内部分裂。从村中选举和党员分布情况来看,宗族很少发挥政治性功能。宗族组织对于族员的约束和组织能力只限制在极小范围之内,不足以用作政治动员的资本。

宗族势力的衰弱还表现在族长对于族员基本没有制约性的权威,也没有涉及道德伦理训诫的强制性族规。在梅村,村民们接受并实行的是另一套传统习惯规约。以王家兄弟对猪圈的争议为例。王某的父亲有两个儿子,他在世的时候两兄弟就分了家。老大娶了媳妇以后就建了一栋新房,住到外面去。在建新房子的时候,老二帮了很多的忙,做了50多个工。后来

第九章 梅村的非正式文化权力

老大把他分到的那部分旧房子贱卖给了老二,因为考虑到兄弟情谊,自己在建新房的时候老二也出了很多力,只要了他1000元。双方口头上达成协议。当时他的父母还在世,兄弟和睦,因此没有签立正式的买卖契约。在老房子后面有一个猪圈,在分家的时候是分给老大的,老大在卖房子的时候并没有把这个猪圈一并卖给老二。后来其父母相继离世,老二也讨了媳妇。但老二媳妇并不清楚当年兄弟之间口头协议的具体内容,她只是从丈夫那里得知,当年花了1000元从老大那里买下房子。双方就猪圈的所有权产生了争执。因为双方都拿不出证据出来,而其他亲戚也不愿意卷入,于是这个争执一直悬置下去。随着报业集团投资梅村开发旅游,测量村里各家各户住房状况,丈量房屋面积。这块地又成为双方争论的焦点。当时老二还买了很多木头,雇用了木匠在那块争议之地上开始搭建房子,而且木架都已经搭了很多。老大得知后,就请来村里的调解委员进行协商。调解委员衷某是老二媳妇的亲戚,同时和老大一家的关系也很好。老大和他儿子都是党员,他们在村里和镇里的关系也很好。衷某之所以能够竞选上村干部,他们父子俩给予他很大的支持。对于他来说,一方面是亲戚,另一方面政治竞选中依赖的支持者,都不好得罪。后来他就去两家说服,劝他们各退一步。最后双方在他的斡旋之下终于达成一致,老大给老二1万元,用以补偿其买下的木头以及木工的费用支出,而老二放弃这块土地,承认它归属于老大。这个争执在双方的妥协下获得了比较好的解决,同时也消除两兄弟多年的积怨,使双方继续了一度中断了16年的来往。而衷某在其中的调解工作也使他获得了两边人的赞誉和信任,同时这种皆大欢喜对他自己也更有好处。

老大认为那块地其实算不了什么,如果两边关系和睦,就算送给他弟弟也无所谓。一开始双方就事论事,基于猪圈这块土地的占有权形成了争论,但随着时间越来越长,同村的人都知道这个争执并不断关注后续发展时,两边所争的其实是"一口气",或者说争的是一个"理"字。其他村里人对这个事件的关注,使得卷入争论的双方都不可能承认自己是错的,于是关系也越来越冷淡,直至断绝来往。在梅村这种熟人社会中,"理"总是具有很强的约束能力,对于争执的双方来说,一开始是基于现实利益的冲突,当整个事件暴露在公共舆论之下后就不仅是利益冲突的问题。老大和老二相当于进入一场博弈游戏,其所争夺的已经超越了单纯的利益,而更多的是话语权力,即"道理"是在自己这一方。而熟人社会中持续关注这个事件发展动态的旁观者其实充当的是一个"无名的裁决人"的角色。在这场话语权力的游戏博弈中,任何一方都不会主动做出退让,因为主动的退让在农村人的认知观念中意味着"理亏",意味着在话语权力争夺中的失败和逃离。因此他们都要表明这块土地的价值并不是他们真正所看重的,而是要一种说法,当争执发生的时候,如果老大在这场话语权力的博弈游戏中落败的话,他就担心"无名的裁决者"会认为他以大欺小,从弟弟那里抢那块土地。因此只要老二不承认这片土地没有卖给他,那么在道理上他永远处于弱势的一方。而老二如果承认这块土地的确是哥哥的,那么他在"理"上也就彻底落了下风,相当于是要从老大那里占便宜,这对于他来说也有损声誉。而最后协议的达成是基于双方各退让一步,而在"理"上都不至于吃亏。对老大而言,他成功的收回了土地所有权,捍卫了他的道理,当时挑起争论并不是出于对弟弟财产的无理强占。而对于老二来说,他虽然放弃土地占有权,但他从老大那里拿到1万元,而这钱可以看作是老大从他那里购买了土地所有权。虽然在大家商议的时候,这是算作对木头和工匠的补助,但如果真的有好事者质问老二为何强占哥哥的土地时,他可以反驳说,他只是出于兄弟情谊考虑,只要了老大一万块的补偿,就把这地让予他了。当然,在村子中并不会真的出现这种出来无理取闹的好事者,然而处在熟人社会中的当事人都会想象这样一个好事者,并且在自己对于一些事情处理上时时顾忌到这个"无名的他"的质问。"无名的他"其实代表的是一种乡间舆论。这种舆论是一种潜在的在场,它由人们背后的议论以及人们对议论的猜想所构成。

　　那么这些"无名的裁决者"心中的"理"到底是什么?它没有法律条文那般明确的定义。人们会告诉你"理"就是讲道理,符合传统的伦理道德,按照一直以来的惯例去行事。比如老大抱怨父亲厚待他的弟弟,但他依然履行了作为儿子的义务,每年按照约定赡养父母,甚至都没有要求对父母口粮田的耕种权利,因为他知道弟弟年纪小,家庭负担也重。他还强调自己从没有从父母那里拿过一张桌子一条板凳,还有许多小事不断被用来给"占理"加码。在这些事情中,他没有任何违背传统习惯的做法,而且做出了很多退让,因此并没有违犯孝悌的伦理。但对于"理"的评论是富有弹性的,而在一定的限制之内对于它的坚持是必要的,否则可能被视作"理亏"的逃避或者是无能和"没本事"。但归根结底,道德伦理的功能在于提供一种行为规范,通过这种规范性的制约力量维系村落社会的稳定和谐。而过分的争论则可能带来某些秩序的崩塌,虽然"都有理",但一旦超越了伦理的弹性所能承受的范围,就会给整个社区带来不安。而在熟人社会中,这些背离和谐、无视

第九章 梅村的非正式文化权力

秩序的行为会受到强烈的谴责以及舆论长期的嘲弄。以下就是邹某兄弟的案例。

邹某有四个儿子,老大年轻时候和父亲一起建了一套新房,后来因为家庭无力同时承担老大和老二的婚事所需要的花费,恰逢本村岳家有意招亲,于是老大就入赘岳家。岳家仅有一个独身女,是村里的一个医生,家庭条件很好。招亲以后,老大和老二就赡养父母达成了一个协议,双方都以合同的形式签订下来。随着他们母亲去世,父亲年老,兄弟四个就在如何分财产的问题上产生了争执。老二、老三、老四认为一旦父亲死后,房子应当平分四份,四个儿子各占其一。而老大则不愿意,认为这个房子当年就是自己和父亲修建,其他三个兄弟几乎没有贡献,而且按照梅村的惯例,长孙应该和儿子一样也能分到一份,老大要求要将房屋分成五分,他家要占两份。而他的弟弟们认为,既然老大已经入赘岳家,按照农村的习俗就相当于给岳家当儿子,他生的长子也姓岳,不姓邹,所以要求分两份财产是蛮横无理。老三、老四还认为老大招亲后就没有赡养父母,没资格要求两份,老大则拿出当年签订的合同,认为这就是赡养父母的证据,但到底有没有真的每年拿给其父母600斤谷子,谁也不清楚。因此村里的调解委员多次调解都无功而返。这个矛盾一直搁置到父亲去世。然而这个老人家的离世反而进一步激化了兄弟间的矛盾。因为兄弟间难以就分财产达成一致,以致于丧葬的处理都难以沟通。弟弟们想借此向老大施压,而老大认为自己已经招亲去岳家,岳母过世后都要他承担儿子的责任,现在他自己父母这边三个弟弟都不管父亲的丧事,又让他来承担责任,对此感到非常不满,因此对其父亲的丧葬也是不管不问。族中辈分较高的老人看不过去,出来劝说老大,反而招致老大一家的斥责,认为他偏袒几个小的。村干部也出面劝解,但都无济于事。三个弟弟甚至放话要在老房子挖个坑就地将其父亲埋掉。而老大一家对此更不在意,本身他的家庭条件也较为优裕,在村里也建了一栋很好的房子。因此他更加坚持了非要分到两份财产不可,否则就拖下去,让三个弟弟也别想得到这个房子。在这种局面下,村干部实在没办法,只好以村里的名义将其父亲送去火葬,他的骨灰也一直放在殡仪馆,好几年了几个兄弟也一直没有认领,而那所房子如今已然破旧不堪,几乎要倒掉。

这个事件在梅村的舆论中引起长期的关注和讨论。村民的评论大多是指责以及笑话。对于老大则绝大多数是责骂,当然这些都发生在背地里,认为他的蛮横无理是导致这场闹剧的直接原因。而对于三个弟弟,则认为他们是"没有风水"的人,这在乡下也是一种极其严厉的评价,指的是没有祖先荫避的人,注定了要衰败的命运,这相当于判定了这个家庭的未来要永陷入沉沦中,难以翻身。对于老大,他的名声在村里完全败坏了。名声在熟人社会中作为一种有保证的信誉具有很大的价值。虽然在平时的生活之中,人们依然相互见面、打招呼、聊天,就像什么事也没有发生过一样。但一旦发生新的争吵时,这些事情就会被提起,用作在"讲理"游戏中给对方的减码。比如邹家的四个兄弟要是和别人吵起来或者得罪了某个村民,这人就可能会说,"你连自己父亲都不埋的人,还有资格说什么",这在"理"上面占据了绝对的优势。因此,在这件事后,"老大在村里根本抬不起头",他彻底在公众面前丢失了名声,在舆论空间中也"没资格讲话",因为你说去的话语,在舆论的回旋中最后要返还自身。因此,为了不引起人们将目光更多的关注到他身上的丑闻,没有名声的人只能小心翼翼,畏首畏尾。

在那些有一定社会身份的人眼里,他们所置身的社会文化网络有特定的逻辑,丧失名声的人将在社区中出于一种很不利的位置。虽然前面提到在日常生活的很多层面上,人们依然相安无事。但在很多重大的事情上,人们在这文化网络中的位置将有决定性作用。且不说对政治地位的追求,就以梅村的婚姻选择为例。这里讨论的不是最当下的婚姻选择,而是在社会流动没有如此剧烈,通婚圈也只涉及周边村镇的时代。在村中,一般情况下只有这家名声比较好,才有可能娶到本村的媳妇;名声次一点的,则只能去隔壁村(通婚圈内)找媳妇;而家里名声不好的人,他们是很难在本地找到媳妇,只能找外地,比如娶四川媳妇。名声越好,娶到媳妇的距离也就越短,而名声越坏,距离越长。除了婚姻以外,还有其他方方面面的事情,都需要在社会文化网络中才得以理解,得以妥善的完成。而那些彻底丧失名声而又不能完全脱离这张网络的人,他所要成熟的社会压力可想而知,就像邹家老大一样,"很难在村里抬得起头"。

农村的事情非常复杂,单纯就事情本身,很多时候各方都有一定的道理。但调解的目的在于劝和,使村落社区的和谐秩序得到维护,这就需要冲突者在固守道理的基础上相互妥协。但村干部的调解并不具有强制性力量,很多情况调解都是不成功的。调解不仅仅由村干部出面,还可以是本地权威或者亲属里面的权威。一般舅舅和叔父在地方观念中具有公证角色的象征,一些男性的姻亲或者家族长辈在很多家庭内部纷争中也充当中间人。比如分家,一般都会请一两个中间人作为见证。在早前文字契约形式还未

第九章 梅村的非正式文化权力

在村子中获得普遍应用的时候,人们大多依据口头协议分家或者置换土地等,这种口头的形式尤其在亲属亲戚之间的协议中非常普遍。因为口头协议没有可以呈现的物质性证据,口头语言只是一种声响而已,并不能被保存下来。随着时间变长,人的记忆可能变得模糊,同时那些当年没有参与到口头协议约定的亲属可能会带来争论。尤其是娶进来的媳妇,她们并不知道当年的协定,也不了解这种协议是在何种境况下达成的。人们记忆能力非常有限,随着新的家庭成员的加入以及代际的更替,更加深了模糊性。对于那些经常使用的物件或者田地来说,争议很少出现,因为从口头协议达成后,他们一直都在占有它,这种占有状态也日复一日被强调。但对于那些很少使用的东西就可能产生分歧。就以分家来说,达成口头协议时,会请舅舅或叔父,信得过的村干部或者德高望重的长辈过来吃饭,作一个在场的见证人。以后发生争议时,双方就会请出见证人,他们的话就是最后裁决的标准。公证人也并不能给出一个物质性的证据,因此裁决的权威完全依赖于公证人的个人权威,来源于当事者以及旁观者对于公证人记忆力的信任,并且相信他绝不会撒谎。当这种权威的见证人过世后,有些争论就难以调和。而且在很多情况下根本就没有请见证人,就像王氏分家一样,因其父亲是家庭权威,所以分家就没有请任何见证人,只是由他和两个儿子口头协定。在农村里,这种不用见证人的口头协议,表示签订各方的和睦以及互相信任。因为只有在完全信任对方不会背弃,胡乱篡改的情况下,它才可能被接受下来。如果略有顾忌的话,他们可能会找一两个公证人,如果还不放心,才会签订文字契约。对于"要面子"的人来说,关系亲密的人之间是不需要什么文字凭证,甚至也不需要中间人来见证。在没有中间人的情况下,社会关系不断变化重组后产生的争议就很麻烦。以下是程某和其亲家的后代争谷坪的案例,从中可以看到记忆的模糊以及权威裁决的具体过程。

程某的一个儿子要建一座房子需要集中的土地,就和很多人置换土地,其中就包括和他的亲家(另一个儿子的老丈人)的交换,他用一块晒谷子的谷坪和他亲家换了一块地。当时双方在置换土地的时候只是口头上说好,然后去量了土地,用锄头打了一个印记就算完成。过了一些年后,建了新房的这个儿子每到收谷子的季节时,发现亲家的两个儿子谷坪要多很多。而一般情况下,最早大队里分谷坪都是按人口均分的,程某有四个儿子,理应分到更多才是。程某亲家两个儿媳妇表示,她们从公公手上下来,一直都是在这块谷坪上晒谷子,怎么会是程家的呢。因为程某的几个儿子关系不睦,并不愿管这件事,于是双方就发生了争吵,最后闹到调解委员那里。调解委员叫来当事者双方,并且请来他的一个邻居,他对大队分谷坪的标准非常了解。在双方不断回忆当年的事情,逐渐还原了口头协议的内容,然后请他们的邻居作为中间人,按照当时的分谷坪的分配标准以及双方置换面积,重新拿皮尺测量,其界限刚好落在了当年用锄头砸下的印记上,于是印证了这个口头协议是准确的。而程某和他的儿子也接受了这个调解结果。

权威之所以能够起到调解作用,很大一部分原因是基于他们在文化权力网络中的位置,不管是村干部还是"说话响亮"的老年人,一方面他们出于自己名声的考虑,在调解过程中会追求公平正义的原则。如果调解工作有失公允的话,那么他们的权威将在舆论评价中受到削弱;另一方面,被调解者受到权威裁决的压力,如果他们没完没了的话,那么这些权威就会对他们产生反感,以后要有什么事情就很难获得他们的支持了。而在村子这样的社区里,缺乏地方权威的支持,将会使其在文化权力网络中处于极其不利的地位。因此大多数村民总是愿意维系稳定的社会关系,而在现实利益上做出些微的妥协。

随着现代法律观念的侵入到农村,原先这样一套文化权力网络出现了一些变化。随着旅游的兴起以及商业繁荣,村子和外界的互动也越来越多,根植于小农经济的传统乡规民约受到了挑战,人们衡量世界的标准不是"老头子们"的权威,而是市场的标准,国家法律的标准。就像老一辈人会抱怨的,以前人没有这么"过劲"的,很多都是一句话的事,而现代人则老是说证据证。在老一辈的村干部看来,现在的干部也远没有他们那些人尽责,他们不仅仅要承担上传下达的职责,而且作为地方权威的一部分,他们还要努力维系整个社区的稳定和谐,而不是把什么事情都推给上面,动则让镇里面的人解决。但伴随现代化进程,梅村作为整个武夷山风景区的一部分,其文化权力网络也必然随着现代性的震荡而重新定义。

结　　论

林耀华在描述关系中有个精彩的比喻,所有的关系就像竹竿和橡皮带连接而成的平衡框架结构,只要从中抽出一根竹根,整个框架都有可能崩塌。① 费孝通对传统农村的社会关系提出了差序格局的解释模式,每个个体从自身而言都处于关系的中心,不断向外扩散的过程,其亲密程度也在不断的减弱。② 杜赞奇在对华北农村的分析中提出文化权力网络的概念,强调了等级组织和非正式相互关系网络的交互影响,并且指出了人们在不同的社会交往和实践中组织和文化是如何互相依附论证的。③ 可以说,他们三者都从不同的角度透视了中国农村社会关系的特征。

本篇报告考察的重点在于各种非正式的相互关系网络,以及它在政治、宗教、权威势力中如何体现和表达。本文的分析认为,社区中的熟人们在日复一日的生产生活交往中形成了亲疏有别的社会关系,而且熟悉并认同相似的文化观念和权力结构。在这样复杂的网络中,个人就像是移动的点,在不同的外部环境下,面对不同的人,处理不同的问题时,所能够感受到的牵扯力也是不同的,时而导向这边,时而返还原来的位置。这种牵扯力不仅仅是变化的利益诉求,也可能是宗教观念、亲属关系、娱乐团体或者政治野心、传统伦理等等。所有的这些文化取向都代表一个作用方向,而深深浸淫在文化权力网络中的社员就在不断的博弈中做出最后的抉择。这种博弈既是外部压力的争斗,同时也在个人内部展开,它的结果可能是通过妥协而走向外部的均衡,或者在内部完全的背弃,而成为一个笑柄。随着社会的不断变革,新的发展模式,新的价值体系,新的道德力量潜入到网络的重构之中。有的东西需要清理出去,有的东西要展演出来,有的东西要被重新装扮。但人们依然在网络中游动,在新的符号、新的组织和新的权力中操演着不变的认同结构。

---

① 林耀华,庄孔韶译:《金翼:中国家族制度的社会学研究》,上海:生活·读书·新知三联书店,2008年,第208~212页。
② 费孝通:《乡土中国》,上海:上海人民出版社,2006年,第21~28页。
③ 杜赞奇,王福明译:《文化、权力与国家:1900—1942年的华北农村》,南京:江苏人民出版社,2003年,第3~4页。

第十章

梅村人的生命礼仪

✳ 陶亚楠

前　言

梅村,这个武夷山脉的小山村,既有山村的幽静,又不乏城镇的热闹,静如处子、动如脱兔,总是美的。梅村人的生命轮回便在这里开始:出生,满月,结婚,生子,死亡。本章以 2015 年 6 月 30 日至 8 月 20 日在武夷山市梅村为期 50 天的田野调查资料为基础,概述梅村人的生命仪礼。全文共有三个部分,一是生育与养育习俗,二是婚嫁习俗,三是丧葬习俗。实地观察,佐以访谈,本章力求细致准确呈现梅村的生命仪礼。其中有未臻理想之处,还望大雅方家不吝指教。

一、梅村人的生育与养育习俗

孩子带给父母的幸福与甜蜜是非为人父母者所不能想象到的,看着他们咿呀学语,蹒跚学步,看着他们从"不懂巧与拙"到长成"窈窕淑女"或"翩翩君子",这期间父母的辛苦也是非为人父母者所能想象到的。生儿育女是一门大学问,这些学问少不了祖祖辈辈流传下来的婴幼儿的生育与养育习俗。本文即是关于梅村人的生育与养育习俗。第一部分为"问菩萨"之圣旨庙求子,展现的是梅村人向菩萨求子的习俗;第二部分是满月习俗,窥探梅村人如何对待孩子出生与满月事宜。

第十章 梅村人的生命礼仪

(一)"问菩萨"之圣旨庙求子

古语"不孝有三,无后为大",家庭的圆满少不了孩子的一颦一笑、一哭一闹,久婚未孕也是相当愁人的事情。去医院问诊,求助现代医疗科技手段治疗的同时,梅村依然有很多人相信孩子可以从菩萨处"求"来。求子可在镇国庙,可在万寿宫,可在圣旨庙,三庙求问程序类似,下文是以圣旨庙为钉子,来挂上梅村求子风俗画。

婚后生育不顺者去圣旨庙"问菩萨",可本人亲自去,亦可旁人(一般是母亲或婆婆)代问,自然是亲自去求问菩萨更显虔诚,因而更为灵验。

求子时需带物品:红烛、香、黄表纸、鞭炮、钱

一般流程是:随喜→燃烛→点香→拜菩萨→插香→烧纸→放鞭炮→跪拜求子

进入庙后,求问者将钱投入向功德箱,称为"随喜",金额,根据心意而行,也可以在求问结束准备离开庙宇之后随喜功德。

求子保孕多是求问圣旨庙后庙供奉的三位神娘。红烛、香、黄表纸、鞭炮在袋中装着,求问者先将一对红烛拿出,摆在三位神娘的香案前,之后用火点燃。再从袋中拿出一把香,在燃烧的红烛上点燃并吹灭香上火苗,烟香缭绕。求问者手持香把,每位菩萨像前一一拜过,每拜一位菩萨插一炷香或三炷香,包括前庙中的阿弥陀佛、四大天王和十八罗汉等(四大天王与十八罗汉整体礼拜,插一次香即可),当然不可忘了庙旁的土地社神。

拜完所有菩萨并插好香后,将黄表纸拿到前庙右边的化金炉处,点燃后放入炉中焚烧,此称烧纸化钱。烧之前,一沓黄表纸放在手中转磨使其散开呈圆形,花形与形状类似粘合起来的两把扇子。所有黄表纸放入炉中焚烧时,可以准备点燃鞭炮。鞭炮声响,红纸撒遍炉周,烟云缭绕。

以上都是正式向神娘"开口"之前的准备工作,犹如正式拜访之前的帖子。

走向供奉神娘的殿前,在拜垫跪下,叩首拜神娘。拜法并没有统一严格的规定,一般是跪下、叩首后手撑拜垫起立,如此三拜。而后跪在拜垫上,双手合十,向神娘诉说自己的请求。亦有一拜或不拜者,直接跪在垫子上祈求。首先要自报身世,告诉神娘自己是哪里人,今年几岁,生日是哪年哪月哪日,等等。若是亲自求问,可以说"请神娘赐我一个孩子,男孩女孩都行,若是我怀上孩子,一定过来还愿,我会给庙里香油钱两百块和一对十斤的大

红烛……"若是他人代问,可以说"我家儿媳妇(或女儿)想要一个男孩,请奶娘赐她一个,他日顺利产下孩子后会给庙里捐一个桌子、两条凳子和三百块香油钱,求奶娘赐她一个男孩子……"

请求时可以说出来,也可以在心里默念,据万寿宫的会首介绍,祷告时说出来会更灵一点。

祷告完后,跪在拜垫上摇签。圣旨庙中的签筒只有一个,并不是像万寿宫中分为药签筒和命运签筒。摇签筒时也可边摇边祷告,直到一根签掉落到地上。圣旨庙的签由竹片所做,用墨水写上仟号,如二十一仟、五十六仟等,根据仟号寻找签文。

拿到签后,开始信筶(亦称"打筶",梅村人的不同叫法)。据笔者观察与访谈,发现"信筶"既是一个法器物件,亦是一个仪式过程的称呼。法器"信筶",毛竹根部所做,形似牛角,中间一剖为二,每片都是一面平一面凸。平与凸的组合具有不同的寓意。一个出现平面,一个出现凸面,表示菩萨答应求问者可以来问;两个都出现平面说明菩萨在笑你,此笑也非嘲笑,无伤大雅,求问者此时向菩萨说明自己并不是在开玩笑,所说所求都是真实的即可;若出现两个凸面,这表示求问者不可以向菩萨询问所求之事。出现两个凸面的原因可能是求问者在菩萨面前撒了谎或不虔诚,这样就不可以进行下一步。作为一个仪式过程的"信筶"是指使用法器"信筶"询问菩萨。

问者跪在拜垫上,右手执"信筶",垂直扔向拜垫前方空地处,连续三次。若"信筶"连续三次都是一面平一面凸,这是非常吉利的征兆,可顺利进行下一步;若有两次一面平一面凸,一次两面平,虽不如前者吉利,但也可以;三次中若有一次出现两面凸,那就要重新"信告",直至连续三次皆无两面凸出现。

"信筶"成功后,根据仟号寻找签文。签文悬挂在前庙大雄宝殿左侧,找到之后可请先生解签,如果认字也可以自己解签,请先生解签需要付钱。据周阿姨介绍,求到的签文要三人看过,即使看的人并不懂如何解签。看过后"化掉"签文,即到无人的荒野中将签文焚烧。圣旨庙中有的签文在最后会直接写有需求问者捐助的物品,多是上签,如:助油壹斤、助香拾把等。

来子之后还愿,多是孩子奶奶或母亲前去还愿,孩子一般不会抱到庙里。还愿的方式有:一是带上香、黄表纸、红烛、鞭炮、菜肴、所允之物等供品到庙里还愿;二是圣旨庙庙会前清扫上山道路;三是为清扫道路者送食物;四是在村里庙会时义务帮忙等。

（二）满月习俗

孩子出生后家人会到庙里上香，孩子一般不会带到庙里去，但有一种情况例外。如果这个孩子生下来比较"特殊"，不是很健康，比如天生残疾，就会把他带到庙里去上香祈求菩萨保佑。梅村人喜为新生婴儿定时日（算命）。算命先生根据孩子的生辰八字推算与孩子有关的一切忌讳之事、哪个方位对孩子不利等。其中有一点，若孩子的生辰八字与其父母相克，就又要费一番功夫。有两种化解方法：一是改变称呼，二是"认干亲"。"改变称呼"是指孩子对父母的称呼需要改变，不可以再叫父亲"爸爸"、母亲"妈妈"。与父亲相克，可改爸爸的称谓为"舅舅""叔叔""伯伯""哥哥"等；与母亲相克，可改称谓为"婶婶"，"舅母""姐姐"等。"认干亲"是为孩子找一个"干爹"或"干妈"。"干爹"或"干妈"可以是人，也可以是菩萨。

新生命的到来对一个家庭来说是莫大的喜悦，这份喜悦的分享者不仅仅是自己的爸爸妈妈、爷爷奶奶，还有其他的亲朋好友。他们在孩子出生后，或到医院里，或等妈妈和孩子出院后到家中看望，送上各自真诚的祝福。祝福的礼物各种各样，有礼金、小孩子的衣服、鸡蛋、母鸡、给小孩子的佩戴首饰如：戒指、项链、手链等。

孩子出生后一个月内，新妈妈需要"坐月子"。新妈妈不可外出，只能在屋中走动，头要用布或毛巾包起来，不可吹风，不可洗头。若洗澡必须使用沸水，使其自然冷却，不可在沸水中掺入未煮沸的水，或直接使用未煮沸的温水。坐月子期间不可以吃太咸或其他刺激性的食物，要清淡一点，报导人称吃太咸容易得气管炎，若是剖腹产，吃辣伤口会发炎。

孩子满月后，家人会为其剃"满月头"，特别是头发稀疏、发质较差者。以前家人会留下孩子的胎毛，因有人收购胎毛做毛笔。来家中取胎毛时需给孩子一个红包，六十、八十皆可。现在年轻一辈的父母都是将孩子的胎毛遗留在理发店的地面上。

同时置办"满月酒"，称为"做满月（酒）"。梅村人置办酒席叫"做酒"，参加酒席叫"吃酒"。"做满月酒"，一为庆祝孩子平安满月，二为感谢亲朋好友在孩子出生时赠送的礼物，三为慰劳新妈妈生孩子、哺育孩子的辛苦。做酒时，新妈妈和孩子都会出席，接受大家的祝福。"满月酒"可以推迟，几乎不会提前。做满月那天，东家（做满月酒的主人）发平安蛋。平安蛋圆圆滚滚，既有祝福孩子平安健康成长之意，亦含孩子一生圆满之思。吃满月酒时东家会另外包一包茶叶蛋给吃酒的人带走,六个起,八个、十个都行,但要求是双数。

酒席可选择在家或在酒店操办,现为方便,几乎全部在酒店置办。饭店的满月酒提供午宴和晚宴,午宴为正餐,晚宴多吃午宴剩下的饭菜。两餐酒席正式开始之前都会燃放鞭炮,噼里啪啦的响声,红碎碎的一地中,是孩子家人开心的笑脸。

酒席上必有的一道点心——麻籽粿,香软滑口,有甜甜蜜蜜之意。

梅村婴儿起名字没什么讲究,有的人会取乳名,有的只有大名,名字中也不一定要有家里辈分那个字,只要家人认为哪个名字寓意好,对孩子的日后成长发展好就行了。

传统的生育与养育仪礼正在慢慢简化,年轻的报导人对传统所知甚少,对其所知也是充满怀疑与不屑,"那些都是老迷信,我们不信"。现代人都是科学人,让现代人的生活精确到零点几克零点几秒,少了少许、适量、志异、怪谈,也渐渐少了味道。传统的生育与养育方法需要变迁以适应现代人的生活方式,有些可以丢弃,有些智慧却应当被尊重,与现代科学知识一起形成新型的生育与养育观念。

二、梅村人的婚嫁习俗

女儿长大,出嫁了;儿子长大,娶妻了。7月1日至8月20日,在梅村50天的田野时间里,笔者亲临一场婚礼,实属有幸,因村人说"我们很少在夏天办喜事,天太热了,吃的东西容易坏,人也不空闲,让你碰见了,挺难得的。"本章的撰写是以一场婚礼的现场参与观察为依据,佐以人物访谈,以期呈现梅村婚姻习俗,兼其仪式过程。

(一)婚前仪式过程:求姻缘、提亲与订婚

1. 求姻缘

在梅村,只要是神像,无论是佛家的观音,道教的妈祖,或儒家的孔圣人,他们都称之为"菩萨"。"问菩萨",简而化之就是拜神求签,非常普遍。生病了,可以"问菩萨"赐药;孩子高考,可以"问菩萨"保佑;女子难孕,可以"问菩萨"赐子,等等。想谈一场轰轰烈烈的恋爱?也可以"问菩萨"求姻缘。

笔者走访溪畔万寿宫,为探究"问姻缘"的仪式,"以身试法"请宫中一位会首带着求了一次姻缘。需要指出的是,笔者的参与观察是在会首的带领下进行的,故下文呈现的是较为规范严谨的仪式程序,但村人的仪式实践却非常灵活。"大概有那个样子就行了,怎么跪,手怎么放,我们也不清楚,也没什么关系,重要的是心诚。你信菩萨,不要对菩萨讲假话就可以了。"

问姻缘可求问者本人亲自去"问菩萨",亦可代问,亲自求问会更灵验。求问者首先要三拜菩萨。跪在拜垫上,上身直立,双手合掌当胸,叩首时双手向下,放在拜垫,手背向上。头起,手随之而起,恢复合掌当胸与上身直立状态。以此姿势拜三次。上文已述,这是比较精确的拜佛姿势,少有人会严格遵循,一般是跪下有叩首就行,次数也可以不一定是三次。

三拜菩萨之后,将心中所想所愿向菩萨说明,便开始"信笤"(亦称"打笤"、"打笤子")。"信笤"方法与《"问菩萨"之圣旨庙求子》一节的相同。

"信笤"成功之后,求签。有两个签筒,一个是药签筒,一个是命运签筒。药签是求医问药专用签,其他像问姻缘、时运等使用命运签筒。双手握住命运签筒,摇晃,直到一只签掉落。签上写有签号,按着签号取对应签文。

可找庙中会首解签,亦可自己解签。万寿宫有两位会首,一位经常过来帮忙的信徒,一位会首告诉笔者,只有另一位会首安奶奶会解签。

"信笤"时可以向菩萨"许愿",即求问者"问菩萨"时允诺若自己愿望实现,必会带上供奉物品来还愿。如求问者希望菩萨帮忙一年内找到一个恋爱对象,若找到那么明年必带一对蜡烛、必添一千香油钱等来还愿。还愿时还可上香烧纸,供奉酒菜、水果、糕点等等。许愿必须还愿。没有还愿的话菩萨会怪罪,会招致灾难。如若没有向"菩萨"允诺就可还可不还愿。一般虔诚的信徒都会还愿。

一般过来"问菩萨"都要随喜一些香油钱,数目不定。

2. 提亲

提亲主要解决两大事项:一是确定婚期;二是确定聘礼。

(1)确定婚期

婚期包括订婚的日期和结婚的日期。讲究的人家,确定婚期需要算命先生的参与。算命先生根据男女双方的生辰八字、男方父母的生辰八字挑选两个以上的黄道吉日,由媒婆将候选婚期送到女方家中,女方从中确定一个合适的日子,这个日子便是男女订婚、大婚的吉日。如若不请算命先生,可自行根据生辰八字,按照日历中的黄道吉日进行选择。

(2)确定聘礼

聘礼要非常清楚地写在一张红色的纸张上,称为"礼单明细",包括:

(1)彩礼钱:中国结婚风俗,多是男方赠予女方的聘金。梅村彩礼钱并无定论,情况不一,差别甚大。或两三万,或五六万,或十多万,主要根据男方家的经济条件。报导人称,若是女子心属男方,即使没有彩礼钱(男方家庭困难无力拿出一分钱),同样愿意出嫁。

(2)衣服钱:结婚时的衣服一般是10套,标明相应的人民币金额。

(3)走路钱:赠送对象是新娘。家里到婚车的那段路,新娘"走"过这段路的红包。

(4)谢母恩:男方感谢女方父母养育新娘之恩而给女方父母包的红包。此红包礼金较重,可高达一万元。

(5)黄金钱:黄金按两计,折合成人民币,再用人民币购买黄金首饰。梅村人喜金,结婚几乎全部选择金饰。

(6)酒席钱:女方为女儿出嫁置办酒宴的所有开销。

除此之外,女方出嫁前一天做酒时①与出嫁当天男方需要发出的红包(红包金额一般是100元以上,且为双数):

(1)大厨、小厨的红包:做酒厨师的红包。若在家中办酒有此红包,若在酒店则无。

(2)点蜡烛的红包:婚期前一天,男方接亲队伍达到,舅舅点燃红烛的红包。

(3)放炮竹的红包:与婚事有关的所有放炮竹人的红包。

(4)抱新娘上婚车的红包:新娘出嫁不可以接触到父母家中地面,由舅舅抱入婚车,需要给舅舅红包。

(5)装洗澡水的红包:婚期当天,给新娘装洗澡水的红包。新娘擦洗身体,寓意身体纯洁,干干净净嫁到男方家。

(6)梳头的红包:婚期当天,两位梳头人,一人一个。

(7)偃鞋的红包:偃鞋指婚期当天,家中小孩(弟弟或侄子)将新娘脱下的家中的鞋子放入内屋中,偃鞋的红包便是给这个孩子的红包。

(8)点香的红包:与婚事有关的所有点香人的红包。

---

① 女子出嫁婚期前一天置办酒席,下文将有详细论述。

有无详细的"礼单明细"取决于嫁女儿的父母,若不要求"礼单明细",男方会赠予一笔钱,由女方根据结婚所需自由调配。

(二)婚时现场

梅村婚俗是女方在婚期前一天做婚宴(即出嫁前一天做酒),男方在婚期那天做酒。例如,婚期定在六月三十,那女方家的酒宴时间是六月二十九,男方家的是六月三十。现在婚宴酒席一般选择在饭店进行,因怕麻烦,很少在家中做酒。只有极个别喜爱热闹的人家会把酒宴放在家里,请些亲朋好友帮忙操办。婚宴共有两餐,午宴和晚宴。即使在饭店做酒,酒宴前一天家里的亲戚(全部是亲戚,像姑姑、婶婶、舅舅、叔叔之类的亲戚),多是住在附近,也要到家中吃酒,同是两餐,午餐与晚餐。为期50天的田野中,笔者参与观察了一场梅村婚礼:嫁女儿。女儿住下梅老街,嫁往上梅,婚宴在笔者入住的印象梅村酒店举办。婚期前两天,笔者走进了下梅老街那户嫁女儿的人家。

1. 婚期前一天女方家

点平安香,前门、上房和后门都要插上点燃的香。门上的平安香插在门与墙之间的缝隙处,称为门头香;上房的香插在香案里,主要供奉祖先和菩萨。男方的接亲队伍在婚宴开始之前到达女方家中,队伍由新郎带领,必须要有两位未婚女子和一位男方媒婆,其他人员身份与数量不固定。村梅"接亲"称为"接火"。梅村以前的习惯是接亲队伍(除新郎外)在婚宴这天到达女方家之后会一直待到明天新郎过来接亲。现因交通便利,很少留下,多是明天再与新郎一起过来。接亲要携带一只公鸡、一壶酒、猪肉和一盏马灯。酒壶嘴口处会插入一根柏树枝,取其百事如意之意。酒壶与猪肉需接亲人用扁担挑来,一端酒壶,一端猪肉。公鸡用竹编鸡笼装起来,笼子上贴张红纸条,放在手里提着。马灯灯体的颜色最好是红色,若不是,要贴上红纸,同样用手提。梅村俗语"一只鸡一壶酒,老婆娶到手",猪肉重量不固定,寓意也不清楚。马灯是梅村一种老式的煤油灯,接亲队伍从男方家出发时将马灯点燃,到达女方家中时由女方直系亲属接过,放到上房中的几案上,"接火"由此而来,寓意将新娘接到家中延续香火。从马灯点燃始,到明天婚期新娘离开家门止,马灯不可以熄灭。同时,马灯也代表"明",寓意是新婚夫妇以后的日子一片光明。几案上物品的摆放顺序是：香案、香烛、香案、香烛、"銮驾"①、酒壶。

"銮驾"是女方家准备的。"銮驾"由以下物品组合而成：大米、一个红色塑料桶、一张红纸、一盏油灯（简易油灯，一个小盘子里面倒入少许油，放一根白绳做灯芯即可）、一块红布、十双红筷子、一根红绳（长约两米）、一把红剪刀、一个梳妆镜、一把做衣服用的尺子。红桶里装入约四分之三的大米，米上铺一张红纸，纸上放着点燃的油灯和镜子，镜面正对家中大门，尺子插在镜子后，镜子前留出约四分之一桶周长的长度，类似留一个小门，十双红筷子均匀分布在剩余的地方，并用红绳将彼此相连，剪刀插在红桶的右边，大概在正面第二双筷子处，红布从尺子处搭下呈半盖桶状。"銮驾"的婚俗事项在梅村人口中目前为止有二种解释。一是"拦财"，为防止女儿出嫁将家中财富运气带到男方家中，以前是家里有兄弟或女子出嫁时怀有身孕时需摆放，现在结婚时基本都会制作"銮驾"。二是"銮驾"是古代皇帝出巡所乘车辇，后逐渐演变为官员出行仪仗队，民间不可使用。但皇帝金口宣布结婚当天，新郎就是状元，可穿官服，新娘就是状元夫人，可戴凤冠，新郎接亲可用"銮驾"仪仗队，"銮驾"制作由是而来。

除了上述物品，男方的接亲队伍还挑了两个吊筐，一个筐里放有两片柏树枝（寓意是百事如意、百子千孙）、一个红色喜字（代表婚庆）、四盘鞭炮（一盘是接亲队伍到达女方家时所用、一盘是新娘明天梳妆时所用、两盘是酒宴所用）、两对香烛（一对是接亲队伍达到时由舅舅点燃，男方需要给舅舅包红包，红包金额不定，要求双数，取好事成双之意，现在一般是100元起；另一对是明天新娘梳妆时所点）；另一个筐里放有两片柏树枝（寓意同上）、一个喜字（寓意同上）、一双红色高跟婚鞋（新娘明天离开自己家穿到新郎家的鞋子）、两套衣服、一副绞脸工具（两个绞脸工具，据介绍这是非常古老的风俗，古时女子出嫁前要绞脸净面，是一种身份转变的标志，从待嫁闺中的女孩子变为他人的妻子。现在结婚一般没有这个工具）。

附近亲友会在这一天将礼金送到新娘家中，远处的亲朋在吃酒那天带来。礼金放入红包中，纸上写明送礼之人的姓名，由女方家中专人负责写入

---

① 梅村语"luan ga"（音"峦嘎"），笔者所问不下10人，无人知道对应的普通话是哪个词。最后笔者重要的报导人徐爷爷说，这是"銮驾"，古时皇帝出行的仪仗队，下文将有详细解释。笔者学理有限，无法考证，自认为徐爷爷之说较为合理，暂以此用。

礼单。新娘舅舅的名字一定写在礼单最前面。礼金有贺礼与串礼之分,贺礼是给新娘父母的礼金,串礼是赠送给新娘的"私房钱",可自由支配。但串礼只有新娘的至亲或亲密的朋友才会赠送。只有新娘家的礼金才有贺礼与串礼之分,新郎家则没有。

酒宴分为午宴和晚宴,午宴是正餐,晚宴的菜肴通常是午餐剩下的,最多加一两个菜,多是附近的亲朋过来吃酒。女方家在酒宴进行时发放喜糖与红包,喜糖一户一包,红包一户一个,红包金额为10元左右(金额不固定,视经济条件而定,要求双数)。

晚宴开始时间一般是五点半左右,开席之前也要燃放炮竹。晚宴的结束标志着女方订婚酒宴的结束。

2. 婚期当天女方家

今天是新娘出嫁的日子。与前一天酒宴相同,家里(信奉基督教的家庭除外)早早就要将平安香点上。

新娘化妆回来之前,家中需要进行一系列的准备。一是"有接有还":处理昨天男方接亲队伍带来的赠品。猪肉从中间切下,一半留着,一半还给男方。酒壶中的酒倒出,装入大米,"酒壶"变"米壶",壶嘴处照例插入一根柏树枝,百事如意。梅村人认为,酒为米所酿造,酒的存在少不了米,就像男人不能没有女人。所以男方拿"酒",女方还"米"。将公鸡从笼中取出,放入一只母鸡与十二个鸡蛋。鸡与鸡蛋称为"母子鸡",带到男方家不能吃,母鸡养着,鸡蛋用于孵化小鸡,喻意早生贵子、多子多孙。带去的鸡蛋若孵不出小鸡,可与他人换能够孵化的鸡蛋。十二个鸡蛋,一个鸡蛋代表一个月,十二个就是一年。鸡生蛋,蛋孵鸡,鸡再生蛋……年年岁岁,一代一代,喻意子嗣绵延不绝。酒壶中的米多用来喂养此母鸡。"改装"后的赠品等待女儿出嫁离家之时,由男方接亲队伍带走。二是"梳妆打扮":将两把红梳子、一个红镜子、两把绞脸工具(放在一个红包中,女方酒宴时由男方接亲队伍带来)摆放在一个竹编的筛子内,竹筛放在桌上,为新娘化妆回来"梳妆打扮"之用。古时女子出嫁都是在家中梳妆,现在都是由专业美容造型师为其化妆定型,这里的"梳妆打扮"是象征性的、仪式性的,作为一种文化遗存是先人生活的再现。

男方有接亲队伍,新娘亦有送亲人员。女方送亲人员与男方人员构成类似,两位未婚女子,一位媒婆,其他是家中亲戚。据说送亲人数越多越好,这样显示新娘气势大、面子足,以后在婆家不容易受到欺负。

新娘化妆回来,家中开始"动"起来。首先将摆放"梳妆打扮"用品的笋筛取下后放在桌下地面上,一把红椅子,椅子的前两条腿放入笋筛内,后两条腿放在外面,笋筛内撒入一捧花生、瓜子、桂圆、糖果,婚鞋放也在其中。新娘化妆回来之后要换上在父母家中穿的鞋,为之后方便起见,一般是拖鞋,此鞋不可以穿走,坐在椅子上准备"梳妆打扮"时换上婚鞋,脚放在笋筛内,家中的鞋子放在笋筛旁。此时要换香烛。将昨天酒宴男方接亲队伍到达时点燃的红烛取下熄灭,换上一对新的红烛点燃,专为梳妆所用。

准备停当之后,两位梳妆人开始为新娘梳妆。梳妆人的选择很有讲究,首先是女性,其次要"命好",即一般梳妆人是中老年已婚妇人,生活幸福,家庭和睦,多儿多孙,以此希望新娘婚后的生活也可以美满幸福、家运兴顺。男方需要给梳妆人包红包,金额要求双数,取好事成双之意,现在一般是100元起。两位梳妆人同时进行,先将镜子对向新娘,用绞脸工具象征性地为新娘绞脸净面,三下,然后放下工具,拿起红梳子象征性地在新娘头上划过,"梳妆打扮"即告完毕。

出嫁这天亦要戴上所有金饰。梳妆完毕后,新娘坐在椅子上不可走动,等待新郎接亲。

早上十点左右随着一阵炮竹声响,新郎手捧鲜花与接亲队伍到达新娘家中。新郎将鲜花送给新娘后与新娘并排而坐,开始吃"平安蛋"。"平安蛋"共有两碗,每碗两个鸡蛋,外加少许瘦肉片与汤汁,新郎新娘每人一碗,不一定要吃完,象征性地尝两口就好,寓意新婚夫妇平平安安。

吃完"平安蛋",照全家福。新郎新娘、新娘父母与兄弟姐妹合照全家福,之后新娘准备离家。穿了婚鞋之后的脚不可以再踏在父母家中的地面上,以防将父母家中时运带到男方家里,传统上是由舅舅将外甥女新娘从椅子上抱入婚车中,新郎要为舅舅包红包,一般是800元或1000元。若实际情况不允许(如舅舅年龄较大,无力抱起新娘),便要依靠放在笋筛旁家中的鞋子自己行走。穿上婚鞋的脚再套上此鞋便可行走。踏出家门之后,家中鞋子可以脱下,由家里小孩子(一般是弟弟或侄子)"偏鞋",即将新娘刚刚穿过的家中鞋子拿到家里内屋放着(古时是放到存放谷物的房间里),也是将家里财运留下之意。"偏鞋"亦需红包,金额较大,一般是600元。

陪嫁物品(以下简称"陪嫁")由新娘送亲队伍带着随新娘一起"出门"。一般陪嫁有冰箱、洗衣机、空调等家用电器;棉被、枕头、暖水瓶、脸盆、脚盆、牙刷等日用品,可以说一应俱全。还有一个小孩子的洗澡盆,希望新娘早生贵子。两个红色行李箱,箱中有父母给的压箱钱(一般是一万元以上,笔者了解到的有三万六的、两万的),压箱钱是新娘的"私产",可由小夫妻自由支配。所有陪嫁基本全是喜气洋洋的红色。陪嫁中比较特殊的是"盖镜钱"。将面值一百的人民币缝在一块红布上,红布的四个角缀上银元,用此布盖着一面红镜子带到男方家中,即为"盖镜钱"。"盖镜钱"可多可少,上千到上万不等,若一张一张缝,大概是几千元;若六百、八百叠在一起缝,必然是要上万的。"盖镜钱"是新娘(包括娘家)面子的显现,布上缝的钱越多新娘越有面子,越有地位。并不是所有新娘的陪嫁中都有"盖镜钱"。若是婚期在冬天,新娘的陪嫁还会有木炭和冬笋。木炭,雪中送炭,男女两家互结友好之意;冬笋,笋体一节一节的构造,喻意新人婚后生活节节高,一日比一日幸福。男方接亲人员挑着两个扁担跟在送亲队伍中,一个扁担挑着肉和"米壶",一个扁担挑着带来的两个吊筐,筐里只余红色喜字、柏树枝与红包。马灯在新娘离家时被熄灭,一人用手提着,新娘进入婚车时再次点燃。鸡笼也是提在手中。

新娘踏出家门时,火炮声起,称为"出嫁炮",很大一盘,示意礼节隆重。此时男方接亲队伍中的一名未婚女子为新娘撑起一把红伞,一直到新娘进入婚车才可将伞收起来。女子若是二婚,便无红伞。

新娘离开家门之后,"銮驾"反转。出嫁之前镜面正对大门,出嫁之后,整个"銮驾"反转180度,将镜子的背面对准大门方向,油灯不灭,直至拆除。新娘出嫁之后"銮驾"并不会立即拆除。拆除时间不一,一般选择两个时间点:一是新婚女子回门那天,二是女子新婚"满月"那天。

(三)婚后生活:归宁与满月

1. 新婚归宁

女子出嫁后第二天回门,父母以"回门宴"迎接。宴席时间是午餐时间,女子娘家至亲的人员(基本上是女子父亲的兄弟姐妹)都会受到邀请参加。父母与至亲需给新婚夫妇回门红包。女子与丈夫晚上不可留宿娘家,因新婚一月之内婚房不可留空,即一个月内新婚夫妇必须要睡在自己的婚房中。若选择在这一天拆除"拦驾",拆除时间就是女子在娘家吃完"回门宴"回婆家之后。

2. 新婚满月

女子出嫁一个月,三十天,称为"满月"。那天,娘家人要将新买的针、

线、尺子、剪刀、围裙、菜刀送去,所谓"三日入厨下,洗手作羹汤",表示女子这天要开始操持家务、照顾公婆与丈夫了。娘家谁人去送并无讲究,多半是早上过去,在夫家吃完中午饭便回来了。当然,为表重视,夫家的酒菜是不会随便的。"

中国传统的婚俗礼仪是"三书六礼"。"三书"是聘书、礼书和迎亲书。"六礼"是纳彩、问名、纳吉、纳徵、请期、亲迎。但变化总是时刻存在的。梅村人的婚姻仪式过程、婚礼形式与婚姻观念都在发生着变化,一方面变简单了,一方面又变隆重了。简单的是那些"老祖宗留下来的规矩"——"现在年轻人他们不懂这些,也不想做这些,认为是迷信,不科学的,而且也认为那些规矩麻烦。"隆重的是婚礼操办的场面,表现为高额的彩礼钱、众多的黄金首饰、丰盛的婚宴、高额的压箱钱与盖镜子钱、丰富的陪嫁物品等等。"生活好了,孩子又不多,就那么一个女儿或儿子的,父母都舍得。而且都想风风光光的,面子上好看。"

三、梅村人的丧葬习俗

人从呱呱坠地开始,便一步一步走向死亡即使我们千方百计想要活着,并努力想活得久一点。"恋世"是一种情结,普遍存在于人类社会,但我们却无法阻止死亡的脚步。面对"死亡",人们的所思所想、所作所为形成一种文化,代代流传便成一种习俗,这就是受到各民族的高度重视的丧葬习俗。尽管是令人伤心的话题,却是不可缺少的部分。本报告以2015年6月30日～8月20日在武夷山市梅村为期50天的田野调查资料为基础,概述梅村人的丧葬习俗。主要报导人为"做道场"的先生与庙中负责做纸质寿衣的女性会首①。

实地观察,佐以访谈,本章按照丧俗仪式过程的内容,力求细致准确呈现梅村丧葬习俗。

---

① 梅村庙会制度,每人20元即可入会,成员称为"会首"。做纸质寿衣的会首相对固定,就是镇国庙或万寿宫里那几位念经的奶奶们。她们做的并不是穿在身上的寿衣,而是烧给死者的纸质寿衣,"让他\她在'下面'穿的。"

第十章 梅村人的生命礼仪

（一）丧礼程式

梅村旧俗，在村外去世的死者遗体不可运回村内，在入村路口处搭一个简易小棚存放遗体。村人认为遗体若运回，会将村外的煞气带入村里，影响村内时运。道场仪式在家中进行。现在有所改变，因意外事故在村外死亡的年轻人，其遗体依然不可回村，可放在棚中，也可选择存放在市内殡仪馆处，多放在殡仪馆。七月份梅村一位不到三十岁的年轻人因在村外做工触电身亡，其遗体就没有运回村内，丧事也在外举行，故这场丧礼笔者未观察到。但因病在医院去世的老人，其遗体允许回村。丧礼程式简述如下：

1. 初终

弥留之际，儿子女儿等子孙后代定要伴其床侧，陪着亲人走完人生最后一程。在外游子，尤其是儿子，要竭尽一切赶回家中见上最后一面。弥留之际，死者多会留下遗言，嘱咐子孙好好做人，和气相处等。

确定死亡之后，丧家要赶紧组织人员将家人去世的消息告诉亲朋邻友，是为"报丧"。报丧作用有二：一是让至亲密朋"见死者最后一面"，二是邀亲友邻里相助操办丧事。梅村的报丧人是一根麻绳系在脖子上，袖子上戴一个白布做成的袖套，到亲友家中下跪报丧。亡者若是女性，到其娘家报丧的人必须是儿子，其余亲友可由亡者孙子辈代替；亡者若是男性，需儿子到叔伯家中报丧，其余亲友可由孙子辈代替。报丧者来到亲友家中跪下，告诉谁人去世，这时亲友需把报丧者扶起，并说"坐得起，坐得起"，大意是说亡者在世时被照顾得很好，报丧者并无对不起亡者之事，无愧于心坐得起。关于"坐得起"的另一种解说是，父亲或母亲已不在人世，无法继续照顾报丧者，从今以后要自己担负起家庭责任。现在亲自下跪报丧渐渐减少，多是用电话通知。

组织亲友相帮丧事。亲友相帮主要是准备家中丧宴、砍柴与上礼单三项内容。昔时梅村丧事做酒全部在家操办，需要众多"帮手"，有负责洗菜的，有负责切菜的，有负责做菜的，有负责端菜的，有负责刷碗洗盘子的，等等。如今，梅村丧事正式做酒一般放在酒店操办。丧家在死者出殡当天为前来吊唁的亲友提供丧宴以兹答谢，出殡前在家丧宴主要是为丧家本门、"做道场"的先生及帮忙人员提供饭食，规模很小，一般为三到四桌，所需帮手也少。砍柴是比较特别的丧俗事项，与梅村环山的地理生态紧密相连。无论家中有没有柴火，亲朋好友都要帮忙上山砍柴，供操办丧事使用。梅村林木现在设有专人看护,禁止乱砍乱伐,平时上山砍柴定会遭到护林人员的阻拦,但家中丧事用柴得到允许。上礼单即是安排专人将亲友吊唁所带礼物如礼金、花圈、火炮等详细记录在案。

2. 殓

殓,通敛,为死者穿衣以及入棺,有大殓与小殓之分。①

清洗遗体、整理遗容。清洗遗体所用之水乃是村内井水(如村内坤井、乾井、天一井),不可用水龙头里放出来的自来水。报导人解释说这是自古流传下的习俗,"古时哪有自来水,都是用井水,直到现在也没有改变"。打水之前,先往井中投上几枚硬币,面值一元,金额随意,一般是奇数。为何是奇数,无人可以解释,均表示"这个说不来"(梅村本地语,即"不知道")。笔者联想到在喜事中通常使用偶数,取"好事成双"之意,那么丧事中的奇数自是与偶数相对,表悲痛伤心之情。至于投钱,访谈中主要有两种解释,一是"辟邪",二为"买水"。古时货币使用铜钱,铜钱具有辟邪之用,用此水清洗亡者遗体,有助于去除邪气,保佑在世者平安。今以流通硬币代替古时铜钱。"买水"之说,来源于亡者与在世者的区分。已经去世的人与活着的人分属不同的世界,在世者是此世界中人,亡者属于彼界之人,井水是活着人的水,乃此世界的水,使用此界之水擦洗另一世界之人需用钱"购买",故为"买水"。死者子女用"买"来的井水为父或母象征性地擦洗身体。清洗遗体时体现出一定的性别避讳。梅村人认为,条件允许的情况下,最好是儿为父擦洗,女为母擦洗。若遗体放在殡仪馆,一般还会请殡仪馆的相关人员为死者化妆,修饰遗容。

小殓是为死者穿寿衣。寿衣由上衣、下衣和鞋子组成,以前有帽子,现在基本无帽,由死者女儿在丧葬用品店中购买,若无女儿,再由儿子代替。"如果再没有儿子怎么办?"面对笔者的追问,报导人徐爷爷一顿,想了一下说"没儿子就其他人买,侄女、侄子都可以,总归是有人买的。"这一稍许的停顿,应该是无儿无女的亡者非常少见。下衣有裤子和裙子,男性死者穿裤,女性死者可穿裤,也可穿裙,亦可同时穿裤与裙。寿衣的件数(上衣与下衣相加)逢单不逢双,多为七件或九件。寿衣穿戴完毕,遗容整理干净后,盖上在丧葬用品店买来的被子。死者有几个女儿就会盖上几床被子,被子由脚

---

① 王夫子:《殡葬文化学》,长沙:湖南人民出版社,2007年,第269页。

第十章 梅村人的生命礼仪

覆盖到肩膀处,露出头部,保持此种状态直至与遗体一同化为灰烬。

大殓为移尸入棺。火化之前,移尸入棺会由先生带领进行一系列的仪式,如今是殡仪馆的人动手将遗体搬入棺内即完成了入棺程序,再简单不过了。

3. 停殡

停殡,即为停柩待葬。

移尸入棺之后,在棺前置灵案祭拜。以桌为案,上摆:六个杯子,三杯茶水,三杯酒;两个香烛,香烛中间是香案,香案中一般插三柱香;一碗米饭,米饭上放一枚鸡蛋,饭中插筷一双,较粗一端朝上,较细端向下;死者遗像;一碗蒸熟的饭菜,碗上放筷一双;一盘糕点,花生、饼干、瓜子、桂圆之类;一只生全鸡,一个膀蹄(猪腿的一部分,尽量切成正方形,与祭祖时所用相同)。先生到来后会做一个纸质的灵位与一个引魂幡。一个小型器皿中放入适量的大米,将灵位与香插在其中。引魂幡上写有文字,一般是"金童前引路,魂幡显考(若亡者为女性,使用显妣)××(死者姓名)灵柩归赴××(墓地),玉女后随行。"烧纸钱的火炉(铁锅),可放在摆香案的桌前,亦可放在门前,火炉旁立一根点燃的白蜡烛和一小盒红烛。

做"寿衣",梅村人称"做衣服"。此"寿衣"并非死者去世后穿在身上的衣服,而是纸做的,一般由梅村万寿宫或镇国庙中念经的老人所做。一套寿衣分为短上衣和裤子,一般做80套,三位老人两天可完工。鞋子无需那么多,十双以内,一般是五双外出鞋、两双家居拖鞋,做寿衣的老人说一个人不需要穿那么多鞋,有几双就行了。这个回答并没有让笔者疑问的眉头舒展开来,按照这个逻辑,不用穿那么多鞋的话,需要穿那么多衣服吗?虽有疑问,但笔者只是笑笑,并未继续追问下去,因为笔者总觉得与灵魂有关的事情是在世者的逻辑无法解释的。寿衣做好之后,放在纸房子(先生念道场之前做的,下文将有详细描写)中一起烧给死者。做寿衣期间,还要叠"元宝"。正方形的纸张,分为金银两色,叠成古时元宝的形状,与黄表纸一起烧掉。寿衣、元宝与纸要先经过一个简单的仪式才具有可用性。在一个杯中放入适量的大米,插上一根红蜡烛与三炷香,做寿衣的老人边念经边将寿衣、元宝与纸在香烛烟上过一下,此后其就具有了"法力"。这一仪式称为"打经"。给老人的报酬是做事情时提供的点心水果以及事后的酬金,有时还会有其他物品以表酬谢。比如,笔者在一场丧礼中观察到除了酬金,丧家在老人离去时每人另赠送了一箱牛奶饮品。

停殡期间亲属按照与死者关系的亲属远近更换丧服,古谓"成服"。孝子、孝女与孝媳需穿孝衣,由丧葬用品店内租来。值得一提的是,这租来的孝衣其"前身"竟是医院医生或护士的大白袍。笔者第一次在葬礼上见到它们时,非常困惑,死者的儿子与女儿为什么要穿医生与护士的服装呢?难道是死者病故的原因?或是在医院死亡?

"那个呀,孝服啊!你没见过?"

"孝服?从来没见过这样的。为什么是医院的衣服啊?"

"(丧葬用品)店里租来的,提供什么样的只能租什么样的。以前用麻布做孝衣,现在都是这样的。也方便,直接在衣服外面套上就行了。"

不得不说,这真的是物尽其用。除了上衣,还有孝帽与白鞋。孝帽由请来做纸质寿衣的老人用白麻布缝制而成,白鞋由商店购买而来。家中父系将孝帽戴在头上,长度要比身高略长,拖到地上。男性的是将白布一端缝入一根绳子,用此绳将布系在头上形成帽子。父系直系亲属如死者儿子、孙子使用麻绳,父系直系亲属如死者外甥、女婿、外孙使用的是红绳。女性的帽子是三角形的,直接戴在头上,无绳,可用黑色发卡固定,类似盖头。母系直系亲属盖头上粘有一圆形小块红纸,父系至亲不需。除此之外,父系直系亲属如儿子、女儿、媳妇、孙子要将一根麻绳系在脖子后,即"披麻戴孝"。儿子、女儿、孙子要穿白鞋,若因具体原因无法穿白鞋,鞋子也要贴一块白布。死者的长辈不为死者披麻戴孝,死者的妻子或丈夫也不会戴白帽、系麻绳、穿白鞋。丧事期间,帽子可以摘下,衣服可以脱下,但麻绳不可除,白鞋不可换。

为死者选择墓地。梅村还实行土葬时,遗体不需火化,直接放入木质棺材中,可在梅村周围的山中自由选择墓地入土。墓地虽是已逝之人所住之处,但对活着的人仍会产生影响,所以墓地的选择至关重要,需要请"做道场"的先生勘探风水。先生会根据死者生辰八字,确定与其相合的天干地支后,带着罗盘来到附近山上,寻找合适的墓地方位与地点。四面的环山,养育了一代又一代的梅村人,活着的和已经逝去的。先生手持罗盘,将其水平放置,指针对准南北后,将罗盘上的一根白绳移到相合的天干地支处,此白绳的朝向就是。

2002年,梅村改土葬为火葬,所有遗体必须火化,殡仪馆在村中丧葬中开始扮演着不可或缺的角色。死者所用的棺材,无论是夏天的冰棺还是其他普通的木质棺材,都来自殡仪馆,家人不可私自打造。夏天天气炎热,遗体防腐,需从殡仪馆租用冰棺(插电后制冷,类似冰箱原理)。冰棺种类不一,租用费用不等,按天计算。一般村人所用冰棺每小时30元左右。其他时间不需要冰棺,木质棺材也是从殡仪馆购买。此种棺材,木质较差,棺体很薄,与土葬时打造的棺材不可比拟。火化时,棺材推入火化炉与死者遗体一并烧掉。

骨灰不可随意安葬,要求放入武夷山市公用陵墓中。墓地不过茶几大小,需要购买,价格不一,从几百元到上万元不等。墓地风水好一点价格就要高一点,风水差的地方自然是便宜的。在公墓选择墓地不再使用罗盘。报导人解释,罗盘在陵墓中无法使用,因其对不准方位,找不到精确的绝佳风水处,只能大致判断。

停殡期间亲友陆续到丧家吊唁,称为"吊丧"。现今的梅村人一般以礼金吊丧,一表慰问,二也可缓解丧家操办丧事的经济压力。礼金用白纸包着,纸上写明吊丧人的姓名,领回两条白毛巾,将白毛巾系在手臂上,同时意味着出殡当天家中要有两个人送死者出殡。毛巾虽送两条,但不是每户人家都会来两人送殡。毛巾上缀有一小块红布或一小片红纸或一角绑上红线,出殡后,白毛巾可以拿回家使用,但拿回家之前必须先将毛巾上的红布或红纸、红线除去。若平时无礼尚往来的人携礼吊丧,先将礼金收下,丧事结束后将白纸换成红纸重新包好方可送还。不可直接将白纸包着的礼金送回,这是诅咒对方家将有丧事降临。亲友吊丧,死者后代(一般是儿子)要跪谢。以前不分年龄辈分一律跪谢,后来只跪长辈,现在只会给至亲长者下跪,有时甚至省去跪谢。女性至亲亲属吊丧时要到死者棺前哭丧,死者家人陪同一起哭丧。除礼金外,亦会有其他的慰问物品,如花圈、礼炮等。

守灵。停柩待葬时期,孝子、孝眷们通宵守候在灵柩边谓之"守灵"。附近亲友一般会陪同守灵,这对守灵人是一种默默的关怀。期间丧家备有点心以飨亲友,他们自己亦会进行些娱乐活动,消乏解闷,多是打牌。陪同守灵无需彻夜不眠,实在撑不住的困乏亲友也就回家歇着了。

请先生"念道场"。梅村人一般家庭在亡者出殡前一日请先生"念道场",少数生活优裕的人家会请三天三夜的道场。一次道场主要分为以下几个部分:做"房子"、"念道场"、规定出殡事项等。梅村丧事道场有文武之分。

"文场":为老人做法事,特别是寿终正寝的老人。"武场":为意外死亡的人做法事,如车祸而亡、溺水而死、触电而亡等。做法为其消除伤处,使其使其身体完好无损,投胎转世可做个身体完好的人。

4. 出殡

出殡之日，死者儿子、女儿、儿媳要穿孝衣戴孝帽披麻绳，儿子与孙子还要戴一种特殊的冠，用稻草秸秆编成，儿子为三梁，类似圆锥体，孙子为一梁。

停殡几日，几时出殡，出殡忌讳，出殡仪式等皆有"念道场"的先生主持，与"念道场"活动息息相关。

5. 出殡之后

焚烧死者遗物。家人在道场结束之后，即出殡后的日子，将亡者遗物如生前所穿衣服、所用物品拿到荒野中焚烧。并不是所有遗物都会付之一炬，一些物品得到保留，以备亲人纪念。

"添土"。梅村旧俗，出殡后三天"添土"。梅村以前土葬时，出殡后三天要带上供品与丧事时烧纸钱留下的灰为死者坟墓添一点土，称为"添土"。供品有酒（白酒、啤酒、米酒皆可）、水果、糕点、菜、香、纸钱（黄表纸、冥币等），将烧纸钱留下的灰撒在坟墓上。供品可留下亦可带走。火葬后葬在集体公墓，"添土"有所改变，不再是撒土在坟上，而是用布擦一下墓碑，但处理供品与纸灰的做法相同。

"添土"之后，除清明节扫墓、逢年过节祭祖，梅村人几乎不再进行任何类似"做百日"、"周年祭"等葬后大型集体哀悼活动。

死生，大事也。关于死的礼仪历来受到人们的高度重视，梅村人也不例外，至今仍沿袭着一套非常复杂的丧葬风习。根据实地观察与访谈资料，笔者按照葬礼程式，依次记述了：临终习俗、初终习俗、成服与丧服习俗、停灵习俗、祭奠习俗、吊唁习俗、守灵习俗、出殡习俗、安葬习俗、葬后祭仪等等。梅村的丧葬习俗杂糅了儒释道三家的元素。儒者，乃孝。亡者后代谓之孝子、孝女、孝孙、孝媳；后代之衣，谓之孝服；葬后，亦有守孝之说。"孝"，儒家学说的重要要理念是葬礼主要践行的儒家概念。念道场有文武之分，自称文者属佛，武者归道。但通过前文可知，无论文武道场，皆是民间佛、道之改编与结合。

福建多地葬礼中有类似"念道场"这一风习，程式大致相同，叫法有所不同，如称为"做功德"，但鲜有文、武之分，此为梅村特别之处。

结　语

死生，大事也。关于"生"与"死"的礼仪历来受到人们的高度重视，梅村人也不例外。通过生育与养育习俗、婚嫁习俗和丧葬习俗，本报告试图描绘出梅村人的生命仪礼。既有传统的沿袭元素，又有现代元素。老祖宗流传下来的总是无时无刻不在变化着。与生命礼仪有关的各种仪式过程、形式与观念都在发生着变化。一方面变简单了，一方面又变隆重了。简单的是那些"老祖宗留下来的规矩"，现在年轻人他们不懂这些，也不想做这些，并认为是迷信，不科学的，而且也觉得麻烦。隆重的是大操大办一酒席的排场。

第十一章
梅村的医疗保健系统

※ 庄 柳 黄 祎

前 言

"疾痛"与"健康"一直是人类关心的两大重要议题。围绕这两大议题,人类社会发展出丰富多元的医疗认知体系,其与所处的自然地理环境、文化系统密切相关。Arthur Kleinman 将医疗体系分为专业(professional)、民间(folk)和大众(popular)三个层面的划分,①其观点与传统划分相比有实质性的区别,②使人类社会丰富多元的医疗体系有了比较的可能,并为医疗体系的跨文化比较研究提供了一套行之有效的方法。参照 Arthur Kleinman 的医疗划分体系,本调查报告在对闽北武夷山市梅村的田野调查基础上,③对该村的医疗保健系统进行分析和探讨。报告的主要内容安排如下:

第一部分描述梅村人的疾病、致病、治病与健康观,以及村人对日常疾病的认知与分类;第二部分从草药认知与药性分类、草药采摘、草药运用、草药知识来源等四个部分出发,分析梅村人的草药实践;第三部分将梅村人的医疗体系作专业、民间和大众层面的划分并进行分析;第四部分详述村人的日常保健,包括食疗与体育健身两大部分;第五部分则对本田野调查报告进

---

① Arthur Kleinman, *Patients and Healers in the Context of Culture: An Exploration of the Borderland between of Anthropology, Medicine, and Psychiatry*, Los Angeles: University of California Press, 1980, p. 24—59.
② 传统观点将医疗体系划分为生化医学、补充代替医学、民族医学或民俗医学。
③ 本次田野调查从 2015 年 6 月 30 日起至 2015 年 8 月 20 日止共 50 天。

行总结。

本次调查采用了传统人类学质化研究的参与观察、结构式访谈、半结构式访谈、口述史、文献搜集等调查方法。

因医疗体系与当地自然地理环境密切相关,故在进入正文之前,有必要对梅村的自然地理环境作一番扼要描述。

梅村地处福建省南平市武夷山市,为山间小盆地。① 村落四周有坑头、均山、后山等低山、丘陵环绕,仅有一条近年新修的公路通往村外,地形密闭,为典型的南方低山丘陵地区。梅溪、当溪穿境而过,水热充足,属亚热带季风气候。据1983年《崇安县城总体规划》载,崇安属亚热带东部大陆季风型气候区,温暖多雨,比较潮湿。气象站资料显示,崇安年降水量为1946.4mm,历年平均降水量为1881.4mm,雨季集中在春夏两季,雨季雨量650~750mm,年平均相对湿度为78%。② 1988年《南平地区综合农业规划》记载,南平地区是福建省降水中心之一,年平均降水量为1602.2~1889.6mm,一日降水量最大为247mm(武夷山市发生在1968年7月11日),多年平均日照时数为1667.9~1972.2h,最热为七月,平均气温27.5℃~28.5℃,极端高温可达39℃~41.4℃。③ 由此可见,潮湿、闷热是梅村一年四季的主要气候特征,尤以夏季最盛。

一、梅村人的疾病、致病、治病、健康观

梅村人较长寿,村中有多位百岁老人,对此,村人认为是由于梅村地处武夷山区,空气、水源质量好,环境污染小。但据武夷山市街道办卫生院提供的辖区内各村卫生所《2015年国家基本公共卫生服务项目量化任务指标表》显示,梅村总人数2531人,患高血压人数380人,约占人口总数的

---

① 武夷山市原名崇安县,1989年8月经国务院批准撤县建市,所辖范围与原崇安县一致。
② 崇安市人民政府编:《崇安县城总体规划》,未出版内部资料,1983年,第3页。
③ 南平地区农业区划委员会编:《南平地区综合农业规划》,未出版内部资料,1988年,第15~17页。

15.01%;患糖尿病人数为196人,约占人口总数的7.74%。① 而2013年全国农村地区高血压患病率为约12.31%,糖尿病患病率为约2.13%。② 显然,梅村人糖尿病和高血压的患病率远高于全国农村地区平均水平。

(一) 村人的疾病观

中医认为,病是致病邪气作用于人体,人体正气与之抗争而引起的机体阴阳失调、脏腑组织损伤、生理机能失常或心理活动障碍的一个完整的生命过程。因此疾病这一概念反映了某一种疾病全过程的总体属性、特征和规律。③ 罗伯特·汉提出:"失调说明(Disorder accounts)认为疾病的源头和发病地并不仅在个人身上,还关乎整个宇宙。当宇宙失衡时,疾病就会在特定的场所和个人身上显现。"④ 中医学不仅认为人体本身是一个有机的整体,人与自然、社会也是统一体,因此疾病是指这个有机整体或统一体的破坏。

而西方生化医学则认为疾病是由于人体生理机能受到阻碍从而不能正常运转所导致,是身体器官或结构功能的不正常。罗伯特·汉认为生化医学强调的是一种疾病说明(Disease accounts),集中关注的是病人的身体,认为它是疾病的源头。⑤

不同于传统中医和现代生化医学的观点,梅村人对疾病有着不同的理解,其认为疾病是一种自身不愿意承受的使人感到难受的状态,换句话说,只要觉得某种状态在自己可接受的范围内,那就不能称作疾病。梅村广场诊所的何倩医生讲道:

> 有一次,我诊所旁边有个懂草药的老人,来我这儿做体检量血压,血压最高达到200多帕,本来这么高的血压必须赶紧吃降压药。但是那位老人不听,还骂我说,你才有病呢,我一点儿屁事儿没有,哪来的

---

① 因村人对疾病的认知与现代生化医学(俗称西医)不同,故很多村民不愿意参加体检,导致梅村的高血压患者实际人数多于统计人数。
② 国家卫生和计划生育委员会编:《中国卫生和计划生育统计年鉴》,北京:中国协和医科大学出版社,2014年,第238页。
③ 孙广仁:《中医基础理论》,北京:中国中医药出版社,2007年,第18页。
④ [美]罗伯特·汉著,禾木译:《疾病与治疗:人类学怎么看》,北京:东方出版中心,2010年,第25页。
⑤ [美]罗伯特·汉著,禾木译:《疾病与治疗:人类学怎么看》,北京:东方出版中心,2010年,第24页。

病,我自己懂草药嘞,有病我自己就医了。结果没到一年就脑溢血发作去世了,我说吧,当初他要是听我的,肯定不会那么快就死了。

笔者在梅村搜集村人日常生活常见疾病的过程中发现,很少有人提及高血压和糖尿病,当就这两种疾病问及村中老人时,村人张氏告知笔者:

> 我们以前都不知道什么糖尿病、高血压嘞,都是现在越来越多人中风、偏瘫,医院告诉我们,那是高血压和糖尿病引起的并发症。我们才慢慢知道原来自己很早之前就得了这些病。但是这些人之前都好好的,能吃能睡,哪来的病嘛,我也搞不懂。医生说我也有,但是我觉得自己好好的,没有病。

由此可见,在村人的疾病观中,糖尿病和高血压不是病,只有当身体出现并发症而感到偏离正常状态时,村人才会出现患病感。疾病乃是一种自我不想要的状况,或某种会导致这种状况出现的实质性威胁。①

(二)村人的致病观与治病观

George M. Foster 将病原论划分为"自然论体系"(naturalistic)和"拟人论体系"(personalistic)两大范畴。前者认为疾病是由自然的、客观的原因所致,相应地治疗也应该采取药物、物理乃至手术等自然手段,生化医学、中医、前工业化社会中的各种草医等均属此类;后者认为疾病乃是由超自然因素所致,相应的治疗应求助于巫医、萨满、灵媒等能与超自然力量沟通的治疗者,通过信仰和仪式等手段来实现。②

根据病原论的不同可将村人分为两大类——基督教徒与非基督教徒。梅村基督教徒关于疾病的观点便属拟人论体系。信徒村人李氏认为,致病的原因在于人的罪恶,作为凡人,平时难免会臆想、做错事,在意念和行为上犯罪,如此不严格按照上帝的旨意办事,故导致患病。因此,为了恢复健康就得赎罪,而赎罪的最好方式是向主祈祷,祈求上帝的怜悯和原谅。信徒张氏生病后的第一反应不是吃药,而是向主祈祷,若祈祷效果不好,才去医院

---

① [美]罗伯特·汉著,禾木译:《疾病与治疗:人类学怎么看》,北京:东方出版中心,2010年,第16页。
② George M. Foster, "Diease Etiologies in Non-Western Medical Systems," in Peter J. Brown, ed., *Understanding and Applying Medical Athropology*, Mountain View: Mayfield Publishing Company, 1976[1998], pp.110—117.

就诊。但李氏认为,去医院就诊是因为教徒的信心、定力不足,如果坚信主的力量,就不需要看病拿药,疾病也会痊愈。对此,李奶奶讲述了这么一个故事:

> 我上次出车祸,腿骨都被撞断了,盆骨粉碎性骨折,但我自己坚持向主祈祷,教会的弟兄、姊妹也为我祈祷,结果自己都没怎么觉得痛,在医院住了一段时间,很快就好了。这是因为我自己有信心,上帝宽恕了我的罪恶。后来还摔断了两次手,当时就不断地向主祈祷,向主赎罪,也是感觉不到手痛,去医院拍片才知道手断了,不过很快就好了。这都是因为我有信心。

信徒江氏告知笔者,教会里八九十岁的高龄老人很多,他们大多带病信主,患病后,在主的庇护下,很快康复,此后几乎不生病,身体十分硬朗。江氏谈及家里婆婆的经历,有一次江氏婆婆突然在家中病倒,浑身颤抖冒冷汗,表情十分痛苦,后来花了很多钱四处求医都没有效果,于是有人让江氏婆婆试着信奉基督,江氏第二天便去教会请人到家中为婆婆祈祷,连续祈祷几日过后,婆婆的病竟奇迹般康复,由此江氏一家都信了教。他们认为,能够恢复健康,是上帝的力量。

由此可见,梅村基督教徒认为自身罪恶乃致病根源,治愈疾病需虔诚信教、诚心祈祷,生化医学治疗对他们而言只是辅助手段。

不同于基督教徒,梅村的非基督徒对疾病有着不同的看法。笔者在梅村调查期间,搜集了村人日常生活的常见疾病,根据村人对疾病的分类理念,可将疾病大致分为以下三类:

第一,正常情况下发生的疾病。主要分为三大类:感冒、发烧、腹泻、中暑①等日常轻微内科疾病;(蜈蚣、蛇等)咬伤、刀伤等普通外科疾病;重大疾病,如癌症、车祸等。

第二,非正常情况下发生的疾病,主要分为两种类型:一是因"中邪"而导致的意外伤害(如跌倒、肢体麻痹、昏厥等);二是因"受怕"而导致的疾病(如发烧、惊厥、腹泻等)。

---

① 按病情程度不同,村人又称中暑为"发痧"或"发冰"。"发痧"主要表现为有呕吐感、头昏乏力、骨头酸痛、发烧等症状;区别于"发痧","发冰"除包含以上症状外,直接表现为呕吐,严重时甚至昏厥。在村人的疾病理念中,"发痧"一年四季都可能出现,"发冰"则只会出现在炎热的夏季。

第十一章　梅村的医疗保健系统

第三,被"忽视"的疾病。如上文所述,在村人的疾病观中,在没有出现并发症之前,村人不认为自己患病。只有当村人感到难受时,才会有患病感。

针对第一种类型的疾病,村人认为是由客观、"自然"的因素所致,依据疾病程度的不同,会向民间草医、中医或生化医学寻求帮助;如遇第二种类型的疾病,村人则会通过仪式或信仰与超自然力量沟通,从而恢复正常身体状态;第三种疾病比较复杂,如果这些疾病处于村人可承受范围之内,则不会采取治疗手段。若疾病的严重程度超出村人可承受的范围,村人也会向民间草医、中医或生化医学寻求帮助。

综上所述,自然论与拟人论的病原论,在村人的日常生活中得到灵活而综合地运用。依据疾病类型与信仰类型的不同,村人会寻求不同的医疗手段,将疾病控制在可承受范围之内,使身体恢复到可接受的状态。

(二)村人的健康观

村人对健康的理解与传统中医理论的观点相似,皆认为身体处于平衡的状态便是健康。村人喜食凉性草药或食物,每逢晴天,村人经常逢人便道"热死掉了,热死掉了,今天真是热死掉了①"诸如此类的话语。当笔者就此情况问及村人时,张氏有如下解释:

> 因为我们这里天气热,所以我们这里的人一般身体都比较热,所以要吃凉的。为什么要吃凉的?因为吃凉的对身体好,只有身体虚弱的人才会去吃一点热性的东西。健康啊?不冷不热才是最好。

梅村一年四季较为潮湿、闷热,故梅村人喜食咸、辣的食物,导致糖尿病和高血压等疾病高发,而梅村人则认为糖尿病、高血压等慢性疾病是身体太热、冷热不协调所致,需食凉性食物治疗。而如遇"中邪"、"受怕"等非正常情况导致的疾病,村人则会通过特定的仪式或手段来祛除体内的"邪气"或"脏脏"②,使身体恢复到正常状态③。

---

① 村人口头用语,表示天气炎热,使人难以忍受。
② 村人认为被"怕"到的原因有很多,"肮脏"、人、动物、植物、建筑等都会使人"受怕",而导致"中邪"的原因只有"肮脏"一种。"怕"即惊吓,"肮脏"则指"鬼神",村人又称"土气",实际上特指"鬼魂",而以"菩萨"称呼"神灵"以示区分。
③ 相关具体仪式和治疗手段,第三部分〈梅村的医疗体系〉将会有详细描述与说明。

总而言之,梅村人秉持一种平衡的健康理念,认为"冷热均衡"、"正邪平衡"才是最理想的身体状态。

二、梅村的草药实践

(一)草药认知与药性分类

草药,对梅村人来说并不陌生,且几乎人人都具有一定的草药知识。笔者共搜集到村人常用的草药共174种,并分别就中医学和当地村人的观点对这174种草药的药性进行分类。详情见下表:

表11-1 中医学对梅村常用草药的药性分类统计表

中医学的草药药性分类		占总体百分比
寒性草药	76	43.7%
凉性草药	13	7.5%
平性草药	32	18.4%
温性草药	52	29.9%
热性草药	1	0.5%
合计	174	100%

表11-2 梅村村民对常用草药的药性分类统计表

梅村村民的草药药性分类		占总体百分比
凉性草药	155	89.1%
中性草药	5	2.9%
热性草药	14	8.0%
合计	174	100%

从中医学的药性分类来看,174种草药中寒性草药共计76种,凉性草药共计13种,平性草药共计32种,温性草药共计52种,热性仅1种。而按照梅村人的分类,凉性草药高达155种,中性草药仅5种,热性也只14种。

万姓氏认为,不管是热性或中性,只要生长在水边,草药都带有凉性。其还认为慢性疾病如乙型肝炎、肠胃病等,需用水边的凉性草药治疗,因为凉性草药的药效柔和而绵长,沾有"水气"的凉性草药更是如此;生长在山上的草药因为沾了"土气",所以药性较为猛烈,适合用来治疗急性疾病。此外,柯氏认为大多数草药皆为凉性,更甚者,江氏认为所有青草药都是凉性的。

万姓氏、柯氏、江氏这三位梅村草药专家一致认为,人体本身热性大,热气过重会致病,凉性的草药和食物起着"泻"的作用,故平日需要多食用凉性草药①。

村人亦多用草药治感冒。他们认为感冒是因为外部寒气入体(如风寒、雨水等),包裹住人体内本身的热气,使其无法散出,以致冷热失衡发烧,而发烧是"热"的表现,故要用凉性草药"泻"寒。村人江氏还认为病人服用凉性草药后的最佳效果是腹泻。如此,人体内的外寒、邪气才会"泻"出来,身体才得以恢复冷热和正邪平衡。

此外,村人亦食用凉性草药治疗中暑。他们认为中暑是"太阳气"所致,②因此要食用凉性草药以拔除体内的"太阳气",且不可食用酸、甜和油腻的食物,亦不可食用鸡蛋、面食和茶。因为"太阳气"加重人体热气,导致血液粘稠而不畅通,而酸性食物具有"收缩"、"敛内"的效果,甜食、油腻的食物和鸡蛋、面食则具有粘性,都会使血液变得更加粘稠、凝结;部分村人还认为茶叶是热性食物,食用后会导致热上加热,故不可食。

通过观察村人的草药药性认知和分类,对"凉"的偏爱和对"暑气"、"热气"的恐惧,以及就"感冒"和"中暑"两种疾病的治疗理念与手段,我们可管窥其冷热、正邪平衡的致病观与健康观。

(二)草药采摘

村人对草药采摘有着自己独特的一套理念。其认为采药人各有各的气

---

① "泻",当地方言,即疏通。
② "太阳气"即太阳的热量,村人认为这种热量广泛存在于自然环境中,空气、地面、烈日晒干的衣物中都存在"太阳气",而"太阳气"会导致很多疾病。若村人小便时尿道刺痛,是因为白天太阳气入体所致;若村人立刻穿着阳光曝晒干的衣物,则可能导致中暑,因为衣物中有太阳气;村中妇女在哺乳期间不可在烈日中外出半小时以上。若一旦超过这个时间,则会"太阳气"入体,致使婴儿生病。

运，不同的人上山采同样的药，即使按照相同的比例配置，药效也会不一样。村人张氏的话印证了这一说法：

> 我小的时候，家里人就拿爷爷和奶奶采的药作过对比。爷爷和奶奶一起上山，采同样的药，回来按相同的比例配置，疗效就是不一样，奶奶的药总是比爷爷的药有效，家里人都认为很神奇。

此外，村人认为草药采摘的最佳时间在清晨雨露还未消散之时。村人方氏一家为草药世家，祖训草药采摘须用左手，且每次采药都只能取单数，这样才能保持良好的气运，若取双数，今日所采草药则达不到最佳效用。方氏认为，略显繁琐的祖训是祖先为了保护草药正常生长繁衍、避免采药这门手艺失传，但同时亦认为，在清晨雨露还未消散之时采摘草药十分有道理，因为那时草药不仅最为新鲜，还处于一天中刚刚苏醒的时刻，最富"灵性"，故入药效果最佳。对草药"灵性"的认知，显现出村人的"泛灵论"思想。

图 11-1　村人上山采集草药
（庄柳摄）

（三）草药运用

村人将草药治疗广泛地交叉运用于医疗体系的各个层面——专业、民间和大众医疗，其不仅显现出梅村人草药实践的复杂与多元性，也体现了 Arthur kleinman 医学体系划分的权宜性。

在专业医疗层面，梅村三家诊所中除何氏夫妇外，其余两家诊所的岳氏和邹氏均广泛使用草药。岳氏会不定期从村民手中或草药市场购入草药①，而邹氏每日上山干农活时发现可用草药便会采摘回家。笔者分别对岳氏和邹氏的日常医疗实践进行观察，发现二者的医治疗法虽以西医为主，但遇某些慢性疾病，则会向患者推荐草药治疗，他们认为草药的药性更加柔和而绵长，利于慢性疾病的治疗，村人也多会听取他们的建议。

图 11-2　梅村路边诊所邹氏日常采集的草药
（庄柳摄）

图 11-3　邹氏所采新鲜草药九节香
（庄柳摄）

从民间医疗层面看，梅村的草药专家均采用草药为病人进行治疗。梅村多虫蛇，村人常在低山、丘陵中劳作，时常会遭遇虫蛇咬伤或跌打损伤等。村人吴氏便擅长此类疾病的治疗，每遇村人求药，知悉病情后，他都会亲自上山采集相关草药。此外，梅村镇国庙和万寿宫中常年念佛经的几位老年女性则掌握着"万能"良药"凤凰蛋"的制作方法②。村人蔡氏、江氏等草药专家还知晓多种民间偏方，用于治疗妇女痛经、小儿吐奶、眼疾、口舌生疮等多种疾病。

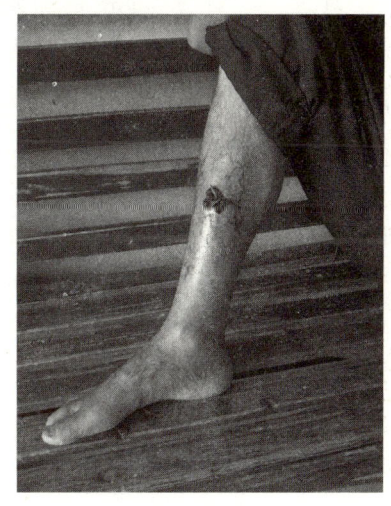

图 11-4　村人用草药治疗蛇伤
（庄柳摄）

---

①　武夷山市区每年农历二月初六日和二月二十一日会分别举行柴头会和蜡烛会，武夷山区的草药人会将草药集中于此售卖。

②　凤凰蛋为当地草药制成的药物，详情见第三部分《梅村的医疗体系》。

在大众医疗方面,村人大多掌握一定的草药基础知识,会依据不同疾病采摘相应草药进行治疗。现任梅村党支部书记吴氏表示,他本人就认识十来种草药并知悉其用法。同时,每遇中暑,村人会采集鱼腥草食用,这是村中人人共知的医疗常识。每遇"受怕",村人也会采集相关草药捣烂敷于手腕处,以拔除使人"受怕"的力量,使身体恢复平衡。

(四)草药知识来源

村人的草药知识大多祖传所得,部分来源于报刊书籍或媒体,极少来源于邻里。若村里人家中有草药专家,此人一般都会将毕生所学草药知识言传身教于子孙。村人草药知识的传承过程共分两个阶段——"讲方"和"对青"。"讲方"即长辈向晚辈传授自己所学药方,要求晚辈熟记各种药方的实用病症和疗效。"对青"即在长辈确认晚辈已将自己所传药方熟记后,亲自领着晚辈上山采摘草药,告知其草药名称,要求晚辈熟记各种草药的形状和生长环境,以便日后能够熟练采摘草药,只有经过这两个阶段,村人才算基本掌握草药知识。接下来便是运用草药治疗疾病,即经过长时间练习并在村中替人治病而取得威望之后,成为村里的中草药专家。

图11-5　村人路边采集草药
(庄柳摄)

随着村人经济、教育水平的提升以及自我保健意识的加强,越来越多村人会购买健康养生类的书籍、报刊阅读,学习健康保健知识,部分村人甚至家中购置有专门的草药图册和医疗书籍。在笔者调查期间,主要报道人草药专家柯氏及张氏便经常对笔者讲述自己从电视、广播上新学到的药方。

三、梅村的医疗体系

Arthur Kleinman将医疗体系划分为专业、民间和大众三个层面,并指出,专业医疗通常建立于实体化的医疗体系之上,其特点是正式且专业;民间医疗包括神圣和世俗两方面,神圣方面以萨满、仪式治疗为代表,世俗方面则涉及传统外科手术及操作性治疗、非神圣的象征治疗和草药治疗等,其特点为非正式但专业性高,共享程度低,为少数民间精英所掌握;大众层面则基于个人、家庭、社会关系网络、社区信仰与行为之上,其特点为非正式且共享程度高,知识来源基于对上述两者的大众化(popularization)。基于此,本部分将分别从专业、民间和大众三个层面对梅村的医疗体系进行分析。

(一)专业医疗

目前梅村共有三所乡村卫生诊所,分别为梅村广场诊所、梅村当溪诊所和梅村路边诊所,皆属武夷街道办卫生院管辖。①

梅村广场诊所由何氏夫妇开办,村人如遇日常轻微疾病均在此医治,每逢赶墟门诊更是门庭若市。诊所营业时间为早上七点至晚上九点半,一年几乎全勤,很少歇业。1997年,何氏及其夫曾氏分别毕业于福建中医药学院及河北保定医学院,后经曾氏表哥介绍,来到梅村开办诊所。并且,何氏分别于2004年9月考取中医执业助理医师证,2006年9月以411分南平市第一名的成绩考取中医执业医师证,2013年9月考取执业药师资格证。

图11-6 梅村广场诊所
(庄柳摄)

2008年,何氏在武夷学院附近的世纪桃源小区开设了另一家诊所,由丈夫管理,一直营业至今;同年,在河北一家生物电医疗设备公司学会了一套理疗技术,将其应用于日常医疗实践,并发展了自己的直销团队,现在福州拥有一个四十人的团队,并着手建立河北团队。2014年,何氏还与其友合作经营了一家大药房,医疗事业蒸蒸日上。谈及未来的打算,何氏希望等自己的直销团队发展壮大后,从事理疗技术的推广,不再从事基层医疗,世纪桃源小区的诊所请人代管或关闭,而梅村的诊所则由其夫曾氏管理。

相较于何氏夫妇蒸蒸日上的医疗事业,乡村医生岳氏开办的梅村当溪

---

① 为便于描述,本文按照梅村三所诊所各自的地理位置,分别为其命名为梅村广场诊所、梅村当溪诊所、梅村路边诊所,文中图片则为诊所实际样貌。

诊所和邹氏开办的梅村路边诊所就显得较为惨淡。

行医四十余年,现年62岁的乡村医生岳氏经营着梅村当溪诊所。因害怕出现医疗事故,岳氏只处理村人的轻微疾病。如遇患严重疾病的村人,岳氏都会请他们转去市区医院诊治。

岳氏曾是当地的赤脚医生,接受过武夷卫生院提供的正式培训。后来武夷山地区实行赤脚医生转为乡村医生的计划,岳氏成为乡医。1980年,梅村的农村集体医疗制度取消,诊所由个人承包且自负盈亏,加之外来专业医生的到来,一系列缘故令岳氏诊所的生意每况愈下。面对未来,岳氏显得很悲观:

> 我自己在农村当了一辈子的赤脚医生,后来叫乡医,到今天为止,都没有向上进取的希望,政府也不关心我们,一辈子就这样了,不像人家那些正规医生,还可以到医院去工作,比如范姐,哎,连当年差不多的农村老师,人家都好多晋升了,像我就一辈子这样了,真是无奈可怜哦。

当笔者问及岳氏关于自家诊所的未来发展,岳氏认为目前只能暂时由自己继续经营,等到老得干不动时,就把从南平卫校毕业、目前在城里打工的大儿子叫回来继续经营诊所,如果儿子不愿意,也只能关闭诊所。

梅村路边诊所由邹氏于1984年开设。据邹氏回忆,1983年他与岳氏一同参加了自己行医生涯的第一次培训,次年就开了这家诊所。目前梅村路边诊所兼营中医、西医和草医业务。邹氏的中医和西医诊疗技术均习自乡医培训班,而草医知识则是通过祖传及阅读相关草药书籍所得。邹氏目前仍以务农为主,每天上午坚持上山看护农田,如遇熟悉的草药,便采摘回家;下午及晚上则待在家中,如有病人前来,便为其治病。谈及诊所未来的发展,邹氏无奈笑道:

> 我这个诊所也就这样子,本来也算我自己的一个副业,现在我儿子和女儿对这个都不感兴趣,现在只有先开着,以后干不动了也就只能关门。

目前梅村三所诊所的发展状况与村民的就医选择紧密相关,村人大多认为梅村广场诊所的医生是从专业医学院校毕业,医术较好,诊治效果亦明显好于其他两家诊所,故大多前往广场诊所就医。

2002年,梅村三所诊所加入由政府组织、引导和支持的新型农村合作医疗项目,大部分村人皆已自愿加入。2015年政府对基层卫生医疗机构实行药品零差价政策,即基层卫生医疗机构在所属卫生院购买药品并以成本价出售给村人，由政府对基层卫生医疗机构进行补贴。虽然目前梅村三所诊所已实施该政策，但依然按照原来的价格售卖药品给村人，故村人普遍认为上述三所诊所收费过高。武夷街道办卫生院主任官氏表示，目前该政策刚开始实施，日后将会严格执行，切实做到还利于民。

图 11-7　梅村路边诊所

（庄柳摄）

（二）民间医疗

梅村的民间医疗资源，主要掌握在少数民间草药精英与灵媒手中。前者掌握村人信服的民间秘方和偏方，如"万能"良药"凤凰蛋"的配方及制作方法；后者则掌握着与神灵沟通的手段，借此手段，可向神灵求得治病良方，村人俗称此过程为"问茶"。

制作"凤凰蛋"的草药多达近百种，故村人称其为"百草丸"，并认为其可以治疗日常生活遇到的各种轻微疾病，如感冒、发烧、中暑、腹泻等，故又有"凤凰蛋去百病"的说法。同时，因为"凤凰蛋"制作的时间及所用材料特殊，其还具有驱邪功效。笔者将几位村中草药专家的意见汇总，将"凤凰蛋"的制作材料大致分为三类：草药类、杂物类和经文类[①]。

图 11-8　寺庙中老人所制符经

（庄柳摄）

《崇安县新志》记载："问乩，卜紫姑之类也。邑人偶为之，以沙盘写字，间或为人治病。"[②]村人所信灵媒并不以沙盘写字，但为人治病确是其主要职

---

① 草药专家在制作凤凰蛋的过程中会念到铁牛咒、雷霆咒、解冤经等经文。
② 刘超然、吴石仙编：《崇安县新志》，武夷山市志编纂委员会，1996年，第185页。

能之一。村人认为"问茶"能使灵媒与神灵直接沟通,神灵从而能够更清楚地了解自身情况,因而更显灵验,故有条件的村人如遇鬼魂侵扰,一般都会去找灵媒"问茶"。目前梅村老一辈的灵媒皆已去世,村中尚无新灵媒出现,故梅村人"问茶"只得去邻村溪洲的灵媒处。

村人深信"问茶"十分灵验,梁氏从湖北嫁到梅村已有五年,在此期间,远在湖北的母亲疾病久治不愈,婆婆知悉其母的病情后,便前往溪洲一位灵媒处替梁氏母亲"问茶",与神灵沟通后,神灵为梁氏母亲开了一副草药,梁氏母亲服下后不久便痊愈。梁氏感到十分震撼,从此开始相信此类民间信仰。同时,不仅普通村人对"问茶"这一治疗方式深信不疑,梅村广场诊所的医生何氏也认为其十分灵验。

何氏在梅村行医将近二十年,经常遇到村中有小孩发烧来诊所就诊,其中有小孩无论如何医治都无法痊愈。后来实在没有办法,孩子父母便去"问茶",灵媒告知其小孩被鬼魂所扰,于是,孩子父母在与鬼魂沟通后,满足了鬼魂的条件,菩萨再为小孩开了一副药方,小孩服下几日后,烧便退了,且再也没有复发。这让何氏深感震撼,于是便给自己规定,凡是遇到发烧、半夜惊厥等情况在自己诊所久治不愈,便让他们去"问茶"。

综上所述,地方草药"凤凰蛋"的制作方法与"问茶"的"特权"皆掌握在民间少数医疗精英的手中,村人如遇麻烦事,需请求他们的帮助以恢复身体健康。村人认为,鬼、神与人类接触,可能会使其力量进入人体,导致人类身体失衡而致病。为祛除体内的鬼、神力量,需借助驱邪药物,或向灵媒求助。村人正邪平衡的健康观在此治疗过程中得以充分体现。

(三)大众医疗

根据疾病类型与村人信仰类型的不同,梅村医疗体系的大众层面大致包括如下五类:(1)"扭"痧及草药治疗;(2)问菩萨;(3)扫邪、拍手腕;(4)"绑怕怕";(5)向耶稣祷告。

由于梅村独特的自然地理环境,村里一年四季都有人"中暑",尤以夏季为盛①。针对此高发疾病,村人形成了一套大众化的治疗方式——"扭"痧及草药治疗。村人口中的"扭"痧不同于中医理疗技术中的刮痧,中医的刮痧

---

① 多方面的原因导致村人把符合呕吐、恶心、发烧、头昏乏力等类似于中暑症状的疾病都称为中暑,由于篇幅有限,在此不作探讨。

术是以专门的刮痧器在患者后背刮痧,"扭"痧则需有人帮助。患病者端坐于板凳上,治疗者以呈弯曲状的右手食指和中指分别夹住患病者面部眉心处、锁骨凹陷处、后颈中心处等几处地方的皮肤不断向上提,直至出现淤青为止①。村人认为通过这种方法可以将人体内的热毒排除,使身体重新恢复正常状态。村人认为"扭"痧只是从外部排除体内的热毒,而热毒在体内可能还有残留,因此需辅以草药来彻底排除身体的热毒,故"扭"痧完毕后,患病者还会采集新鲜的鱼腥草、金银花等草药服用。这一技术被梅村人广泛采用且效果极佳②。

"问菩萨"即村人向庙宇中所供奉神灵求取药方以治病的方式。③虽然村人认为"问茶"相较于"问菩萨"更灵验,但由于梅村的老辈灵媒皆已去世,而新灵媒尚未出现,加之溪洲村距离梅村仍有较长一段距离,故选择就近"问菩萨"的村人亦不在少数。

村中镇国庙、圣旨庙和万寿宫3座庙宇内均设有药方区和

图11-9　村人在万寿宫中"问菩萨"
(庄柳摄)

运气方区,药方区位于寺庙左侧,寓意可治百病;运气方区则位于庙宇右侧,用于解答姻缘、命运等问题。

村人如遇患病去"问药",拿到药方后,便回去抓取相关药材。药备齐后熬制好,按药方上神灵所嘱饮用即可。并且,村人会在疾病康复后返回"问药"寺庙,向神灵兑现当时自己的许诺,而住得较远的祈祷者则会在当时就兑现,以免再次奔波,亦害怕忘记。村人认为,如未能兑现承诺,会受到神灵的严重惩罚,后果十分严重。故村人对此不敢有丝毫怠慢,一般来说都会按时兑现承诺。

---

① 如患者觉得疼痛难忍,治疗者会将手指沾水后再对患者进行"扭"痧,村人认为这样可以减轻患者的痛苦。

② 笔者在梅村调查期间中暑过一次,有幸体验到此地方性疗法,事实证明效果颇佳,中暑症状很快得以消解。

③ 因本文主要探究梅村的医疗问题,故下文仅着重对"问药"进行介绍。

村人吴氏今年七十岁,约二十年前患过鼻咽癌。当时吴氏先在崇安县医院接受治疗,医生表示以医院技术条件无能为力,便叫吴氏转院或回家休养。当时吴氏身体已十分虚弱,行动困难。万般无奈下,她便去万寿宫住下,希望以此得到菩萨保佑,并向神灵祈求到一副药方。服药过后,吴氏精神便好了许多。又过了几日,崇安县卫生院的杨院长告知吴氏,院方帮她联系到南平市区医院的鼻咽喉主治医生,让她赶去看病。于是吴氏前去治疗,一个月后,身体便康复。

出院回家后,吴氏最感谢的,是万寿宫的许真君菩萨,她认为若不是许真君在自己患病绝境中为自己赐药,自己根本无法支撑到去南平市去医院治疗。最重要的是,神灵为自己创造了莫大的机缘,若不是神灵保佑,她便没有机会到南平市区医院接受治疗,也不会多出这二十年的寿命。于是从那时至今,吴氏改信许真君,几乎每日都来庙中跪拜,一遇身体不适,便向神灵"问药"。

而如遇中邪,村人则会根据中邪程度和致病情况的不同,选择不同的治疗方式。如中邪严重,则须"扫邪",而轻微程度的中邪,只需怕打手臂。

村人江氏告知笔者,梅村经常有人受"妖风"而中邪,人中邪后嘴角歪斜,严重者直接倒地昏厥,若不及时救治,则有生命危险。一般来讲,村中有经验者会给中邪者从头到脚扫邪。扫邪完毕后,通常情况下中邪者都会立即恢复正常,如若中邪程度较深,则苏醒时间稍长。随后,施术者会让人把患病者抱回床上休息,并对患病者念解怨经。念毕,所有人退出并关闭房门,由施术者在中邪者房门正上方"挂印"①,以镇压邪灵。同时,江氏表示若中邪者程度较深,还需去寺庙"问菩萨",求取药方,熬制饮用,以彻底解除邪气,因村人认为中邪严重者体内会有邪气残留。

若中邪程度轻,患者则一般会莫名出现四肢麻痹、手脚无力等症状。此时,亦需要村中有经验者对患病者拍打手臂加以治疗。村人认为拍打手臂可以将患病者体内邪气祛除,以恢复身体健康。治疗者一般会在一小碗内倒入半碗清水,加入酱油混合成酱油水②,并用右手沾酱油水不断对患病者手臂进行拍打,直至出现淤青为止。村人认为淤青便是体内邪气。

---

① "挂印"即施术者以右手手掌正对患者房门正上方,在空中作拍打状,口中怒念"哄"字,以镇压邪灵。
② 村人认为酱油具有驱邪之效。

若村人因受惊吓而被"怕"到,则表现为白天健康无病,夜里却出现突然惊厥、发烧、腹泻和做噩梦等症状,使用西医消炎药物或针剂无效。此时,患病者须采集专门的草药,再配合相关驱邪材料,捣烂后敷于手腕处,并用纱布或丝袜包裹患处一周天①,村人称这一治疗方式为"绑怕怕"或"绑怕"。一周天后方可取下,若是被"怕"到,手腕处则

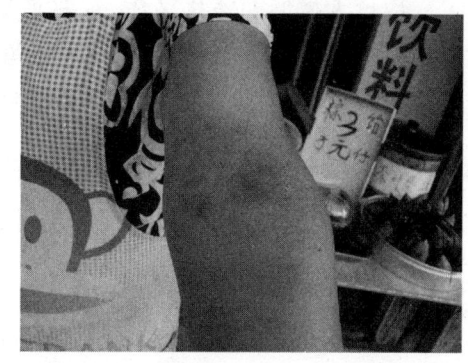

图 11-10　村人拍打"邪气"后出现淤青的手臂
（庄柳摄）

会出现淤青,有经验者更是可以根据淤青的形状判断患病者是被何物所惊吓。

蔡氏告知笔者,在自己儿子很小的时候,一天傍晚,儿子哭着跑向自己,这时候蔡氏正与其姐聊天。儿子哭喊着叫道:"妈妈、妈妈,后边有人在追我,有人在追我,我好害怕。"她们定睛一看,原来是儿子的影子随着小孩的奔跑在移动,于是对儿子说:"那是你自己的影子,不要怕。"但小孩一直哇哇大哭,晚上便发烧了。她知道儿子是被影子"怕"到了,于是找来草药和纱布给他"绑怕怕"。第二天孩子便烧退,患处拆药后,出现了人影形状的淤青,证明儿子是被影子所"怕"。

邹氏三十来岁时,一日凌晨三点早起做油饼②,时值秋日,路上还下着雨,正认真做饼的邹氏,突然看到自己右方三米来远的地方有人站在雨中盯着她,邹氏十分害怕,便问那人:"你怎么不吭声啊,吓死我了。"但那人还是站在那里望着她,由于天黑,她没法看清那人的长相,过了一会儿,那人自己走了。当天晚上邹氏便病倒,整夜发烧,第二天去医院打针吃药都没有彻底治愈,反复发烧了将近半个月,身体十分虚弱。后来有一天,她走在路上,一位老太对她说:"你怎么脸色那么难看还在路上走。"邹氏告知其原因,老太认为邹氏是被"怕"到了,于是让她回家"绑怕怕"。邹氏"绑怕怕"后第二天便烧退,再没有复发。

---

①　村人一周天即 24 小时。
②　村人早上经常食用的一种食物。

梅村人遵循着冷热平衡、正邪平衡的健康观,根据疾病的种类、程度与信仰的不同,有选择地将医疗体系中专业、民间和大众医疗方式应用于日常生活实践中,梅村的医疗体系呈现出复杂而多元的样态。

四、梅村人的食疗与保健

梅村人热衷食疗,茶叶、草药、家畜、野生动物都在其食疗范围之内。此外,该村亦是武夷山区知名的茶叶经销区,村人亦好饮茶,尤其是陈茶①,认为茶叶具有消炎之效。《武夷文史资料》记载:"茶最早为人们发现作为药用及饮料问世,流传于民间作药品,以及少数民族作饮料,已有千年历史。单从历代治病应用来看,单方、复方、验方不仅治疗常见病、多发病,还治顽症,它有人类健康有着密切的关系。"②村人梁氏告知笔者,如遇眼睛发炎,闭眼后用湿巾浸润茶水敷于患处约十五分钟,即可起到消炎之效。村人饮茶后剩余发泡茶叶,一般都不会直接倒掉,而是收集起来泡脚用,认为茶叶泡脚具有祛除脚气和舒筋解乏的效用。如遇脸上长青春痘,用发泡后的茶叶沾上些许食盐敷于患处,疗效极好。

村人张氏一家在早年便开始种茶、卖茶,深谙茶叶的保健功能。其认为,武夷岩茶可助消化、通便,因此还有减肥的功效。每有因饮食不当而导致的腹胀感,张氏便泡上一壶武夷岩茶饮用,不多时腹胀感便会消除。其次,还认为茶具有提神醒脑之效。张氏兄弟在烘焙茶叶期间经常熬夜,疲劳之时喝上一杯武夷山岩茶,疲劳感很快得以缓解。另外,对张家兄弟而言,茶还具有解烟毒的作用:

> 我们做茶的,经常熬夜,没办法就只有频繁抽烟以提神,但是抽多了总有抽不下的时候,不抽又很困,没法工作。于是就泡茶喝,喝完后又感觉可以再继续抽。

此外,村人还认为茶叶具有美容之效。村人梁氏认为,梅村人多显年轻,不出老态,除得益于梅村得天独厚的自然环境之外,亦跟村人喜好茶饮这一习惯有关。《武夷文史资料》记载:"据化学分析,茶叶的主要成分是茶

---

① 村人认为 6 年及以上的茶叶方可称为陈茶,且年份越久越好。
② 武夷山市文史资料委员会编:《武夷文史资料》,内部资料,1990 年,第 78 页。

多酚、生物碱、黄酮类、麦角留醇、芳香油、多种氨基酸、碳水化合物、维生素A、B、C、E、P以及微量元素氟、铁、锰、铜……因而茶叶具有美容之效。"[1]

野生蛙类石灵也是村人喜好的食补之物。石灵是一种居住在深山山涧中与蛇伴生的蛙类,梅村人俗语云,"石灵是蛇养的鸡",以此来形容蛇与石灵之间的伴生关系。村人认为石灵性寒,而人体本身属热,因此石灵是上好的补品。在梅村,成人、小孩都喜食清炖石灵。不过目前梅村已无人从事捕蛇这一职业,村人所食用的石灵皆从墟市上购买,当地人购买价格为每500克售价220元,外地人购买则需300元以上。

图11-11　石灵
（庄柳摄）

每逢节日,村人还会杀鸡、鸭配合草药炖煮。若在村子附近山上采摘不到,就需要去诊所购买。

与此同时,村人也深谙"以形补形"的食补方法。如遇脚痛就会购买一对猪后脚炖草药吃,手痛则购买猪前脚,村人认为如此可以治疗手、脚疼痛;如遇腰痛,村人就会购买猪脊椎骨配合草药炖煮,并认为猪脊椎骨可以治疗腰痛;再如遇胸闷、心慌,则会购买猪心一副配合中、草药炖煮;如遇头痛、头昏,则须买新鲜鸭头或兔子头配合天麻炖汤食用。

梅村人还喜食红菇,认为红菇具有滋补功效。"红菇炖鸭"是当地妇女坐月子期间才能吃到的一道补品,因为红菇十分难得,只有每年的七、八月才会生长,且有固定生长地点,不熟悉山林之人根本无法寻到,因而红菇对村人来说亦十分难得,故晒干制好的红菇每500克可卖至1500元。

在梅村,女人无论年龄大小,都会在每次月经来潮时食用"红酒炖蛋"。据当地妇女讲,"红酒炖蛋"有"散"和"补"的功效,月经来潮时食用可以起到疏通血脉、散淤血之效,以缩短经期,便于尽快投入日常劳作,同时亦有滋补

---

[1] 武夷山市文史资料委员会编:《武夷文史资料》,内部资料,1990年,第84～85页。

身体之效。报道人方氏每月就会食用"红酒炖蛋"三次。

此外,村人亦喜食"仙草蜜",由村人称之为"仙草"的一种植物加水熬制而成,具有清热解毒之效。

除食疗外,村人平时亦通过体育锻炼来保健身体。近年来,村中中年妇女喜爱跳广场舞,而青、少年男性则喜欢打篮球,并发展到一定人数。

图 11-12 红菇
(庄柳摄)

近几年,广场舞风靡全中国,梅村也不例外。广场舞于 2012 年开始在梅村流行,村部还专门在聘请了两位广场舞老师来村中对妇女进行培训,并在广场南面安装了一台液晶大屏电视,用来播放舞蹈影像,方便村人学习,从此,跳广场舞的妇女逐渐多了起来,目前已有四十人左右。

梅村的男性青少年热爱篮球,平时打球的人数约二十人左右,多的时候约三十人。据梅村青年讲,在新区尚未修建篮球场前,他们读书时就在学校打球,放假后偶尔有少数人会在梅村小学的篮球场打球。随着新区球场的落成,村中喜爱打球的青、少年逐渐多了起来,甚至连以前每天呆在家中玩游戏的青年也一同加入,大家基本能保证每天锻炼 2 小时左右,下雨天除外。笔者在梅村田野调查期间正值暑假,因此打球的人数众多。村中有威望的青年张氏告知笔者,因为他们都还没有出去工作,空闲时间比较多,而打球能锻炼身体,和同龄人在一起玩耍也很开心,所以一有时间大家都会相约在新区打球。

由此观之,梅村人热衷保健,并相应地发展出一套丰富的保健系统。食疗和广场舞、篮球等运动锻炼方式构成村人保健系统中的重要一环。

结　语

梅村的医疗系统复杂而多元,其独特的自然、文化环境形塑着梅村人的疾病观与健康观,并对他们的日常医疗实践产生了重要影响。在日常医疗实践中,梅村人对疾病的理解和认知有其独特的地方性逻辑,并因时因地选择不同治疗方法应对各种疾病。

对村人来说,疾病是一种自我不想要的状况,或某种会导致这种状况的实质性威胁。只有当身体出现并发症而感到偏离正常状态时,村人才会出现患病感。依据疾病类型与信仰类型的不同,村人会寻求不同的医疗手段,将疾病控制在可承受范围之内,使身体恢复到可接受的状态。自然论与拟人论的病原论,在村人的日常生活中得到灵活而综合地运用。同时,梅村人秉持一种平衡的健康理念,认为"冷热均衡"、"正邪平衡"才是最理想的身体状态。遵循这一理念,梅村人根据疾病的种类、程度与信仰的不同,有选择地将医疗体系中专业、民间和大众医疗方式应用于日常生活实践中,梅村的医疗体系因此而呈现出复杂而多元的样态。其中,民间草药作为梅村人的一项重要医疗方式,广泛应用于梅村医疗系统多个层面,村人对草药的药性认知、分类和采摘有其独特的理解逻辑。同时,村人亦认为鬼、神的力量会导致人类身体失衡而致病。为祛除体内的鬼、神力量,需借助驱邪药物,向仪式专家求助。

此外,梅村人亦热衷于保健,并相应地发展出一套丰富的保健系统。当地特产武夷岩茶、红菇、石灵皆可被纳入村人的食疗保健系统中,以家畜配合相应中、草药炖煮的食疗方式更进一步体现出村人"以形补形"的保健思想。同时,随着梅村经济发展与村人健康意识的提升,广场舞、篮球等运动锻炼方式日益成为村人保健系统中的重要一环。